Karo Katzmann

Schwarzbuch Wasser

Verschwendung, Verschmutzung, bedrohte Zukunft

Mit einem Vorwort von
Alternativ-Nobelpreisträgerin Vandana Shiva

Molden Verlag

Inhalt

Einleitung

Nichts ist so wichtig für uns wie sauberes Trinkwasser. Doch genau dieses Überlebensmittel ist auf der Erde nur in begrenzter Menge vorhanden und kann nicht beliebig vermehrt werden. Weltweit haben schon heute mehr als 1,1 Milliarden Menschen keinen Zugang zu sauberem Wasser. Dies könnte mit finanziellen Aufwendungen in der Höhe von 7 Milliarden US-Dollar ziemlich rasch geändert werden – klingt nach viel Geld, ist es aber nicht. Denn pro Jahr wird genau diese Summe in den USA für Schönheitsoperationen ausgegeben oder allein in Europa für den Luxusartikel Parfum...

Und dennoch: die Zahl der Menschen ohne ausreichende Wasserversorgung wird in den kommenden Jahren steigen, wenn nicht rasch konkrete Maßnahmen gesetzt werden. Die Millenniumsziele der UNO sehen vor, die Zahl der Menschen ohne Zugang zu sauberem Wasser bis zum Jahr 2015 zu halbieren. Nun muss dieses hehre Ziel schnellstens in die Tat umgesetzt werden.

Auf der anderen Seite bringt uns der durch den Menschen beschleunigte Klimawandel Wasser im Überfluss: als Hochwasser und Sturmflut verbreitet Wasser zunehmend auch innerhalb Europas Angst und Schrecken. Wir alle erinnern uns an die verheerenden Hochwässer in den Jahren 2002 und 2005, als ganze Landesteile in Österreich, Deutschland und der Schweiz überflutet waren.

Trotzdem nimmt auch das Fehlen von Wasser in Europa zunehmend einen höheren Stellenwert im Bewusstsein der Menschen ein: in Spanien sehen wir schon heute die Auswirkung der sich anbahnenden Dürre. Durch die riesigen landwirtschaftlichen Monokulturen und den Tourismus wurden die Grundwasserkörper über die Maßen ausgebeutet, die Flüsse zu Bewässerungszwecken geleert und als Resultat konnte Spanien schon im zweiten Jahr in Folge nicht ausreichend Wasser an Portugal weitergeben. Auch wenn wir den Blick von Europa abwenden, sehen wir eine Jahrtausenddürre in Australien, die die Menschen vor die Existenzfrage stellt.

Doch nicht nur das Fehlen von Wasser oder der Überfluss an Wasser stellt die Erdbewohner vor Probleme: auch die zunehmende Privatisierung im Bereich der Trinkwasserversorgung und das damit einhergehende Betrachten von Wasser als Handelsware steht in krassem Gegensatz zu dem von der UNO verabschiedeten »Menschenrecht Wasser«.

Es wird ein Umdenken geben müssen, denn wir sind aufgefordert, jetzt zu handeln.

Wien im Februar 2007   Karo Katzmann

Water Wars or Water Peace?

Prologue by Vandana Shiva

From the Himalayas to the Alps, from India to Europe, the ecological crisis generated by economic greed and social and ethical irresponsibility is threatening our precious water resources. My home is the Himalaya. The Himalaya where I have grown up had springs every few miles and streams so pure you could drink from them. Today, the springs and streams have disappeared, the glaciers are receding, the sacred Ganga and Yamuna are polluted, and our precious water resources are being privatized. The World Bank is financing privatization. The WTO (World Trade Organisation) would like to see water defined as a commodity to be traded through the GATS (General Agreement on Trade in Services) agreement. And global corporations are funding new ways to make profits out of dwindling water resources.

Climate change is affecting the sources of our sacred rivers. As global warming continues to increase the atmosphere temperature, it will lead to a continuous shift of zero temperature line (snow line) toward higher altitude. Thus glaciers will receive more liquid precipitation and less monsoonal solid precipitation. Shift in snowline will result in lesser input to glacier mass balance during summer periods. Therefore, higher atmosphere temperature and more liquid precipitation at higher altitude in the Himalayas will lead to rapid retreat of glaciers and downstream flooding in the coming future (Hasnain 2002, Kadota et al. 1993).

Glaciers are products of the climate and climatic changes. Changes in the impact of global warming is perhaps already upon the Himalayas. The 30.2 km-long Gangotri Glacier is receding rapidly: the rate of retreat in the last three decades has been found to be more than three times the rate during the earlier 200 years or so. Study of Geological Survey of India (GSI) has revealed that glaciers are receding at an alarming rate viz. Gangotri (17.5 m/yr), Dokriani (17.5 m/yr), Milam (13.3 m/yr), Pindari (23.5 m/yr), and Zemu (13.2 m/yr).

The enhanced rate of retreat is attributed to the increased anthropogenic contribution to the climate on account of greenhouse gas emissions contributing to global warming.

While deglaciation may hinder economic development nationally, the impacts are likely to be hardest felt at the local level by the most vulnerable in society, particularly the women and children of poor families.

River diversions are being offered as solutions to the water crisis. However, they will solve the crisis for urban areas and industry, and generate crisis for rural areas. India's $200 billion »River Linking Project« will re-route the Brahmaputra, the Himalayan rivers, Kosi, the Gandeh, the Ghagra, the Sharda, the Ganga, the Yamuna, changing the hydrology and generating new conflicts.

China is planning to divert 200 billion cubic meters of water to feed the Yellow River through the great western route water diversion project in an attempt at ceasing acute water shortage in Sheanxi, Hebel, Beijing and Tianjin. The South-North Water diversion will drain at least 48 billion cubic meters of water from the Yangtze through their alternative routes. Of these, the southern part envisages changing the course of Yalrung Tsangpo away from India and Bangladesh, where it flows as Brahmaputra and is worshipped as the lifeblood of millions of peasants.

The water crisis demands humility and compassion in our actions. Yet hubris and arrogance is defining the projects of the powerful. Those with economic and political power have declared a war against the planet.

It is ordinary citizens world wide who will have to create water peace and I am sure Karo Katzmann's book on water will contribute to building a water peace.

Wasser-Kriege oder Wasser-Frieden?

Vorwort von Vandana Shiva

Vom Himalaya bis zu den Alpen, von Indien bis Europa, bedroht die ökologische Krise, hervorgerufen von ökonomischer Gier und sozialer sowie ethischer Verantwortungslosigkeit, unser kostbares Gut Wasser. Meine Heimat ist der Himalaya, und der Himalaya, in dem ich aufwuchs, hatte Quellen alle paar Kilometer und Bäche und Flüsse so rein, dass man davon trinken konnte. Heute sind die Quellen versiegt und die Bäche verschwunden, die Gletscher ziehen sich zurück, die heiligen Flüsse Ganges und Yamuna sind verschmutzt, und unsere kostbaren Wasserressourcen sind im Begriff privatisiert zu werden. Die Weltbank finanziert diese Privatisierungen, die Welthandelsorganisation WTO möchte Wasser im Zuge des »Allgemeinen Abkommens für den Handel mit Dienstleistungen«, kurz GATS, als Handelsware betrachtet sehen. Globale Großkonzerne investieren ihre Geldmittel in immer neue Wege, um mit den schwindenden Wasservorräten Profit zu machen.

Der Klimawechsel bedroht die Quellen unserer heiligen Flüsse. Die globale Erwärmung der Atmosphäre führt zu einer fortschreitenden Verlagerung der Frostgrenze (Schneegrenze) in immer größere Höhen. So fallen Niederschläge auf die Gletscher immer mehr als Regen anstelle des monsun-zeitlichen Schnees. Als Resultat der Verlagerung der Schneegrenze kommt es in den Sommermonaten zu viel zu geringem Schneeeintrag, um die Balance der Gletschermassen aufrecht zu erhalten. In der Folge werden höhere Lufttemperatur und größere Regenmengen in den hohen Regionen des Himalaya zukünftig zu einem schnelleren Rückzug der Gletscher und zu mehr Überschwemmungen an den Unterläufen der Gletscherflüsse führen (Hasnain 2002, Kadota et al. 1993).

Gletscher sind ein Resultat des Klimas und der Klimaänderung unterworfen. Die Veränderung des Klimas, hervorgerufen durch die globale Erwärmung, wirkt sich mit großer Wahrscheinlichkeit auch bereits im Himalaya aus. Der 30,2 Kilometer lange Gangotri-Gletscher schwindet immer rascher. In den letzten 30 Jahren zog sich dieser Gletscher mehr als dreimal soweit zurück wie in den etwa 200 Jahren zuvor. Eine Studie des Geological Survey of India ergab, dass Gletscher in alarmierender Geschwindigkeit schrumpfen, und zwar: der Gangotri (17,5 Meter/Jahr), der Dokriani (17,5 Meter/Jahr), der Milam (13,3 Meter/Jahr), der Pindari (23,5 Meter/Jahr) und der Zemu (13,2 Meter/Jahr).

Die größere Rückzugsrate ist dem vermehrten, von Menschen verursachten Beitrag an klimarelevanten Treibhausgasen zur globalen Erwärmung zuzuschreiben.

Während der Rückzug der Gletscher auf nationaler Ebene die ökonomische Entwicklung beinträchtigen könnte, werden die Auswirkungen am deutlichsten auf regionaler Ebene von den Schwächsten in der Gesellschaft zu spüren sein, hier besonders von Frauen und Kindern armer Familien.

Zur Lösung der Wasserkrise werden Verlegungen ganzer Flüsse vorgeschlagen. Dies mag die Krise in städtischen Bereichen und für die Industrie bewältigen, wird jedoch Krisen in den ländlichen Gegenden hervorrufen.

Indiens 200 Milliarden Dollar »River Linking Project« wird den Brahmaputra und die Himalya-Flüsse Kosi, Gandeh, Ghagra, Sharda, Ganges und Yamuna umleiten, damit die hydrologischen Verhältnisse verändern und neue Konflikte heraufbeschwören.

China plant mit einem »Great Western Route Diversion Project« (Wasserumleitung über die Große West-Ost Achse) 200 Milliarden Kubikmeter Wasser umzuleiten, und den Gelben Fluss (Hoangho) zu speisen, um die akute Wasserknappheit in Sheanxi, Hebel, Beijing und Tianjin zu beheben. Die »South-North Water Diversion« (Süd-

Nord Umleitungsachse) soll zumindest 48 Milliarden Kubikmeter Wasser aus dem Yangtse entnehmen und auf andere Routen umleiten. Der südliche Teil dieser Projekte plant den Lauf des Yalrung Tsangpo umzuleiten, weg von Indien und Bangladesch, wo dieser Fluss als Brahmaputra von Millionen von Bauern als heilige Lebensader verehrt wird.

Die Wasserkrise verlangt von uns, mit Demut und Mitgefühl zu handeln. Doch Überheblichkeit und Arroganz zeichnen die Planungen der Mächtigen aus. Wirtschaftsmagnaten und Politiker haben schlichtweg dem Planeten den Krieg erklärt.

Den Wasser-Frieden werden weltweit die einfachen Bürger stiften müssen.

Ich bin sicher, dass Karo Katzmanns Buch über Wasser einen Beitrag zum Wasser-Frieden leisten wird.

Vandana Shiva, 1952 in Dehradun, Indien geboren, ist Umweltschützerin, Bürgerrechtlerin und Feministin. Sie erhielt 1993 den Alternativen Nobelpreis für ihre Publikation »Frauen und Ökologie im Zentrum des modernen Diskurses um Entwicklungspolitik«.

Vandana Shiva wurde am Fuß des Himalaya geboren. Sowohl ihre Mutter (Schuldienst) als auch ihr Vater (Militär) hatten sich entschieden, den staatlichen Dienst aufzugeben, um als Bauern zu arbeiten. Als Kind erlebte sie, welche gravierenden Auswirkungen die wirtschaftliche Erschließung auf die Umwelt ihrer Umgebung hatte.

Shiva studierte unter anderem in Kanada Quantenphysik. Statt einer möglichen wissenschaftlichen Karriere in den USA entschied sie sich dafür, nach Indien zurückzukehren. Im Kuhstall ihrer Mutter richtete sie ein Forschungslabor ein, das die Bevölkerung im Kampf gegen die Rodung großer Gebiete mit Fachwissen unterstützte. Shiva engagierte sich seit den 1970ern unter anderem in der ersten indischen Umweltbewegung, der Chipko-Bewegung. Dies ist eine Bewegung indischer Frauen zum Schutz der Wälder. Die Frauen umarmten Bäume und ketteten sich an diesen fest, um sie vor der Abholzung zu retten. Schließlich erreichten sie, dass die Regierung Kredite zur Verfügung stellte, um die örtlichen Gemeindewälder zu erhalten. Shiva versuchte vor allem ihr Fachwissen zu benutzen, um die mit internationalen Wirtschaftsorganisationen und staatlichen Stellen wenig vertrauten Einheimischen vor einer Übervorteilung zu schützen.

Sie selbst versucht mittlerweile die Grundlagen eines Ökofeminismus zu entwickeln. Aus ökologischer Perspektive spielen insbesondere der Kampf um Biodiversität und gegen Biopatente eine entscheidende Rolle. Neben ihrem sozialen Engagement berät sie auch die Welternährungs-Organisation (FAO) der Vereinten Nationen. 1982 gründete sie die Research Foundation for Science, Technology and Ecology.

Als Globalisierungskritikerin engagiert sie sich vor allem gegen transnationale Unternehmen, die versuchen, zunehmenden Einfluss auf die indische Landwirtschaft zu nehmen. Sie sieht die dabei engagierten Bauern in der Tradition Mahatma Gandhis. Shiva ist zusammen mit Jerry Mander, Edward Goldsmith, Ralph Nader und Jeremy Rifkin Vorsitzende des International Forum on Globalisation und Mitglied des Club of Rome.

Einfach zum Nachdenken

Szenario I

Sechs Uhr morgens, irgendwo in der Provinz Murcia in Spanien. Ein ganz normaler Sommertag. Pilar möchte für ihre Familie wie jeden Tag Kaffee kochen. Sie dreht den Wasserhahn auf, es blubbert und gurgelt – nichts. Zweiter Versuch: wieder nichts. So müssen Pilars Lieblinge wohl ohne Kaffee und vor allem, ohne geduscht zu haben, in die Arbeit... Ein Einzelfall? Leider nein. Da es seit Herbst 2004 um 50 Prozent weniger Niederschläge als in den vorangegangenen Jahrzehnten in Spanien gegeben hat, richtete die spanische Umweltministerin Cristina Narbona einen dringenden Appell an die Bevölkerung, endlich sparsamer mit dem Wasser umzugehen. Allein: die mindestens 500.000 illegalen Brunnen, aus denen vor allem die Landwirtschaft ihr Wasser bezieht, werden weiter betrieben. Und zudem arbeiten nur fünfzehn Prozent der Bewässerungssysteme in Spanien effizient.

Trotzdem zerschneiden weiterhin Presslufthammer mit sirrendem Ton die Stille des spanischen Südens, ein Hotel neben dem anderen schießt aus dem Boden. Auch Golfplätze, die weithin das satteste Grün zeigen, sind im Zunehmen begriffen. Ein tristes Bild bieten dagegen die Büsche und Sträucher, die die Straßen säumen, grau und vertrocknet ragen sie gen Himmel. Die Felder schmutzig-ockerfarben, staubig, die Ernte fast zur Gänze an die Dürre verloren.

Die Situation im Süd- und Nordosten Spaniens – und hier vor allem in den Provinzen Alicante und Murcia – ist verheerend. Viele Dörfer konnten nur mehr über Tankwagen mit Wasser versorgt werden, die öffentlichen Schwimmbäder waren zwar geöffnet, die Becken jedoch leer. Auch die Bewässerung der zahlreichen Golfplätze aus meist illegalen Entnahmestellen wird von der spanischen Regierung toleriert, denn wenn die Landwirtschaft im wahrsten Sinne des Wortes vertrocknet, braucht man hier wenigstens die Gewinne aus dem Tourismus. Und Golfspieler fühlen sich nur auf satt-grünem Rasen wohl, obwohl die »greens« in Spanien eher »browns« ähneln würden, müsste man ohne zusätzliche Beregnung auskommen. So lautet das Credo der Spanier offenbar, dass die lokale Bevölkerung zum Sparen angehalten wird, denn alles Wasser geht in die Landwirtschaft und den Tourismus. Und das ist erst der Anfang.

Szenario II

Juli 2006. Mitteleuropa stöhnt unter der abnormen Hitze dieses Sommers. Allein im Raum Wien sind 16 Tropennächte in Folge zu verzeichnen. Mensch und Tier lechzen nach einem kühlenden Regenguss. Doch dann kommt der August. Sintflutartige Regengüsse setzen – so wie schon im Frühjahr desselben Jahres – weite Landesteile unter Wasser. Feuerwehr und Hilfsorganisationen müssen abermals all ihre Reserven mobilisieren. Viele Menschen sehen sich einmal mehr vor den Trümmern ihrer Existenz. Und nicht nur jene, die riskant in Flussnähe bauten, sind betroffen, längst stehen auch die historischen Ortskerne durch die Megahochwässer der letzten Jahre unter Wasser. Man kann sich des Eindrucks nicht erwehren, dass die Wetterkapriolen von einem Extrem ins andere fallen. Regelmäßig hält nun auch das Wetter Einzug in die beliebten Rückblicke der Zeitungen und Magazine zum Jahresende, wo in dieser Rubrik früher Promikinder und Spitzengehälter dominierten.

Während der Sommer 2006 in manchen Teilen Europas sogar den Rekordsommer 2003 wortwörtlich in den Schatten stellte, war der August 2006 in unseren Breiten der regenreichste seit 200 Jahren. Das Schlagwort Klimawandel ist in aller Munde und in allen Gazetten, doch immer noch stehen wir vor dem Phänomen wie das sprichwörtliche Kaninchen vor der Schlange.

Klimawandel macht Hochwasser

Feuer und Wasser sind zwei gute Diener, aber schlimme Herren

Sprichwort

Ein Buch, das sich mit der zunehmenden Problematik der weltweiten Wasserverteilung beschäftigt, kommt nicht umhin, sich mit dem Schlagwort »Klimawandel« auseinanderzusetzen und hier in erster Linie seine Auswirkungen auf den Wasserhaushalt der Erde. Niederschläge, die als Starkregenereignisse bezeichnet werden, mehren sich auch in Mitteleuropa, was eindeutig mit dem Klimawandel im Zusammenhang steht. Problematisch ist indes die Polemik, mit der die Diskussion um den Klimawandel in den Medien geführt wird; diffuse Ängste werden durch immer drastischere Schlagzeilen geschürt, ohne allerdings der Sache zu dienen. Je häufiger die Erderwärmung medial beschworen wird, desto eher ist der Konsument überfordert, aus der Informationsflut herauszulesen, welche Verantwortung der Einzelne mitträgt, um hier eine Änderung zum Positiven herbeiführen zu können.

Unserer Meinung nach wird damit eher das Gegenteil bewirkt, nämlich eine Abstumpfung und Gleichgültigkeit diesen Themen gegenüber. Ende der 1980er Jahre war das Waldsterben ein solches medial breitgetretenes Thema, aber haben Sie in den letzten Jahren Meldungen zum Thema Waldsterben gelesen? Na also, gegenwärtig stehen noch überall Bäume, und im Gegensatz zu sämtlichen Prognosen drohen ganze Landstriche Mitteleuropas zu verwalden, was der Landschaftspflege im Sinne einer funktionierenden Landwirtschaft nicht zuträglich sein wird. Also alles halb so schlimm? Denken Sie an die Empfehlungen des Club of Rome in den 1970er Jahren, die Wirtschaft Erdöl-unabhängig zu machen und die Grenzen der Ressourcen zu erkennen. Was haben sie bewirkt? Eine bessere – und tiefer gehende – Ausbeutung der Ölquellen scheint uns neue Vorräte für weitaus längere Zeit zu bescheren, als vor dreißig Jahren vorhersehbar war. Wobei die steigenden Benzinpreise weniger auf eine Verknappung des Rohöls als auf ein politisches Taktieren der erdölfördernden Länder zurückzuführen sind.

Wir wenden uns aber an den kritischen Konsumenten, der, richtig informiert, selbstständig entscheiden kann, wie er für die Zukunft seiner Kinder – und schließlich auch seiner Umwelt – Vorsorge tragen möchte. Um das Problem des Klimawandels zu verstehen, ist es unerlässlich, sich mit den Fragen des Wasserhaushaltes auf unserer Erde zu beschäftigen. Dazu nun im Folgenden mehr.

Die Wasserbilanz

Wasser ist die Grundvoraussetzung dafür, dass Leben auf der Erde überhaupt möglich wurde. Doch wie verteilt sich dieses Wasser auf unserer Erde? 71 Prozent der Erdoberfläche sind von Wasser bedeckt, 29 Prozent sind Landfläche. In absoluten Zahlen haben wir die unvorstellbare Menge von 1,4 Milliarden Kubikkilometer Wasser zur Verfügung, doch davon können lediglich 2,5 Prozent vom Menschen als Süßwasser genutzt werden.

Vom gesamten Wasseranteil auf der Erde sind sogar 96,5 Prozent des Wassers Salzwasser mit einem Salzgehalt von durchschnittlich etwa 3,5 Prozent in den Ozeanen. Weitere 1,7 Prozent des Wassers sind in Polen und Gletschern gebunden, der Rest verteilt sich auf Grundwasser, Bodenwasser, Seen, Flüsse, Feuchtgebiete und – nicht zu vergessen – auf den Wasserdampf in der Atmosphäre.

Betrachtet man den Wasserkreislauf und die weltweite Wasserbilanz, so zeigt sich, dass von der gesamten Verdunstung des Meeres von jährlich 425.000 Kubikkilometern wieder 90 Prozent (385.000 Kubikkilometer) über dem Meer selbst abgeregnet werden. Von den restlichen 10 Prozent (40.000 Kubikkilometer), die über dem Land abgeregnet werden, bilden sich interne Kreisläufe, die schließlich wiederum mit einem Rückfluss von 10 Prozent (40.000 Kubikkilometer) ins Meer enden. Sei es über das Grundwasser, sei es über die Oberflächengewässer. Die über Land fallenden Niederschläge, die etwa dreimal so hoch sind (111.000 Kubikkilometer), speisen sich also überwiegend aus der Verdunstung und Transpiration von Seen, Flüssen, Vegetation sowie Böden. Rechnet man die Zahlen nach, kommt man auf die Summe Null. Das bedeutet, dass der natürliche Wasserhaushalt ausgeglichen ist. Dieses Rechenspiel nennt man weltweite Wasserbilanz.

Der Wasserkreislauf wird von der Sonne angetrieben, die der »Motor« für die Verdunstung ist. Pro Jahr wird der flüssige Wasseranteil etwa 35 bis 40 Mal in Umlauf gebracht. Böden, Flüsse, Seen, die Ozeane und das Grundwasser bilden die Speicher für den Niederschlag. Die durchschnittliche Verweildauer des Wasserdampfes in der Atmosphäre beträgt neun Tage, danach regnet er ab.

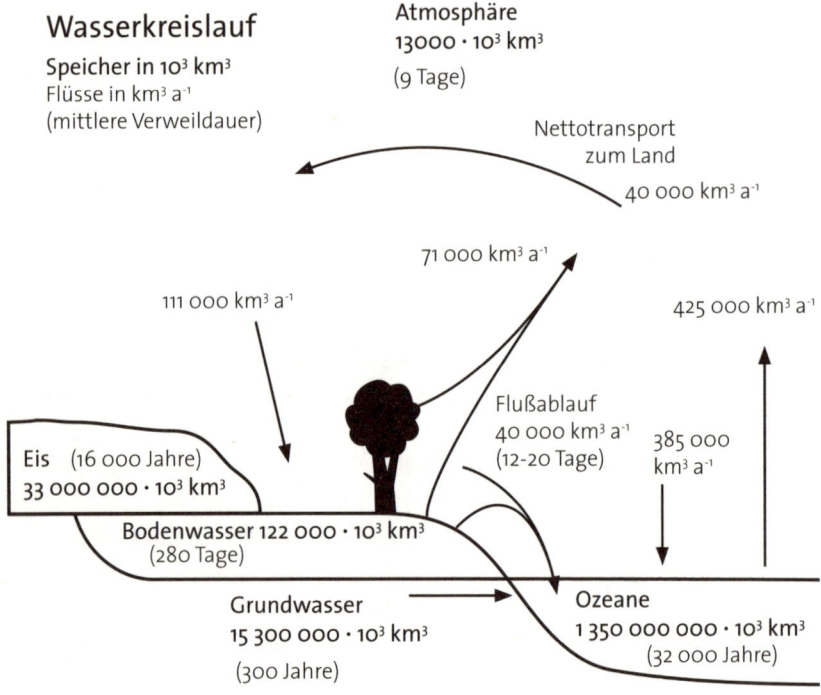

Wasserkreislauf

Speicher in 10^3 km³
Flüsse in km³ a⁻¹
(mittlere Verweildauer)

Atmosphäre
13000 · 10^3 km³
(9 Tage)

Nettotransport
zum Land
40 000 km³ a⁻¹

71 000 km³ a⁻¹

111 000 km³ a⁻¹

425 000 km³ a⁻¹

Eis (16 000 Jahre)
33 000 000 · 10^3 km³

Flußablauf
40 000 km³ a⁻¹
(12-20 Tage)

385 000
km³ a⁻¹

Bodenwasser 122 000 · 10^3 km³
(280 Tage)

Grundwasser
15 300 000 · 10^3 km³
(300 Jahre)

Ozeane
1 350 000 000 · 10^3 km³
(32 000 Jahre)

Von Treibhausgasen und Extremereignissen

Wolken, die aus Wassertröpfchen gebildet sind, und eisbedeckte Flächen bestimmen weitgehend die Reflexion des Sonnenlichts durch die Erde. Die bodennahe Temperatur und die Verdunstung wird durch das Bodenwasser – also jenes, das in den Poren des Bodens haftet, nicht zu verwechseln mit dem Grundwasser – reguliert. Der Abfluss von Süßwasser durch die Flüsse in die Meere beeinflusst die Meeresströmungen, die das Klima regeln. Landoberflächen wiederum dienen als Wasserspeicher und verdunsten Wasserdampf in die Atmosphäre, wo er als wichtigstes Treibhausgas eine bedeutende Rolle spielt. Diese komplexen Zusammenhänge werden erst in letzter Zeit von der Wissenschaft verstanden, und seit kurzem ist die Forschung imstande, Klimamodelle mit Aussagekraft zu entwickeln.[1]

» Wussten Sie, dass Wasserdampf das wichtigste Treibhausgas ist?

Betrachtet man die Extremereignisse der letzten Jahre, fällt auf, dass alle mit dem »Element Wasser« in enger Verbindung stehen, seien es Hochwässer, Dürren, Lawinen oder Hurrikans.

Und es hat den Anschein, dass sich auch in Mitteleuropa die Katastrophen zu häufen beginnen. Die Nachrichten über Schäden nach Naturereignissen betreffen verstärkt unseren unmittelbaren Lebensbereich.

Welche Hintergründe haben sie, warum betreffen diese Phänomene zunehmend auch uns? Im Folgenden der ansatzweise Versuch einer Erklärung.

Zu allererst ist es notwendig zu erkennen, dass Klima etwas Veränderliches ist; und es ist auch ohne die menschlichen Einflüsse einem ständigen Wandel unterworfen. Allerdings fällt während der letzten Jahre auf, dass es scheinbar gehäuft zu abweichenden Erscheinungen kommt.

Auch der viel zitierte Treibhauseffekt ist etwas ganz Natürliches und nichts, das prinzipiell Anlass zur Sorge bietet, im Gegenteil: ohne den Treibhauseffekt läge die Durchschnittstemperatur auf der Erde bei -18 Grad Celsius und nicht wie derzeit bei vergleichsweise kuscheligen + 15! Unter dem Begriff »Treibhauseffekt« versteht man den langsamen, jedoch stetig wachsenden Temperaturanstieg auf der Erde. Die Zunahme des Kohlendioxids (CO_2) in der Atmosphäre trägt dazu entscheidend bei.

Und trotzdem wird in vielen Gazetten undifferenziert getitelt: »Wie können wir den Treibhauseffekt verringern? – Es steht uns eine Klimakatastrophe unmittelbar bevor«. Das Problem ist jedoch nicht der Treibhauseffekt an sich, sondern die Zunahme von treibhauswirksamen Gasen und der anthropogene Einfluss auf selbige. Man vermutet, dass der Anstieg der treibhauswirksamen Gase die Ursache für die Temperaturveränderung ist – im globalen Mittel immerhin 0,6 bis 0,8 Grad Celsius im letzten Jahrhundert, im Bereich der Alpen sogar 1,8 Grad.

>>
Der Temperaturanstieg in den Alpen innerhalb des vergangenen Jahrhunderts beträgt bereits 1,8 Grad

Den schon erwähnten Anteil am wichtigsten Treibhausgas Wasserdampf können wir kaum beeinflussen; anders sieht es jedoch bei Kohlendioxid aus: lag der CO_2-Wert vor der Industrialisierung um 1850 bei 280 ppm, liegt der Gehalt in der Luft derzeit bei 381 ppm. Die Einheit ppm ist jene, mittels derer Klimatologen rechnen. Gemeint ist »parts per million«, das heißt im gegebenen Fall 280 beziehungsweise 381 Teilchen von insgesamt einer Million Gesamtteilchen sind Kohlendioxid.

Im Protokoll von Kyoto zum Rahmenübereinkommen der Vereinten Nationen über Klimaänderungen, das 1997 erstellt wurde, sollte der durch Menschen verursachte CO_2-Ausstoß auf den Stand von 1990 verringert und gehalten werden, dennoch stieg er im Jahr 2005 so hoch an wie nie zuvor. Der Mensch scheint das »Vogelstrauß-Prinzip«, nämlich bei drohenden Problemen den Kopf in den Sand zu stecken, lieber zu praktizieren als der vorbildliche Vogel. Man kennt das Phänomen schließlich auch von gescheiterten Diäten und deren Jojo-Effekt. Doch im Bereich des Klimaschutzes ist diese Taktik

Kohlenstoffkreislauf

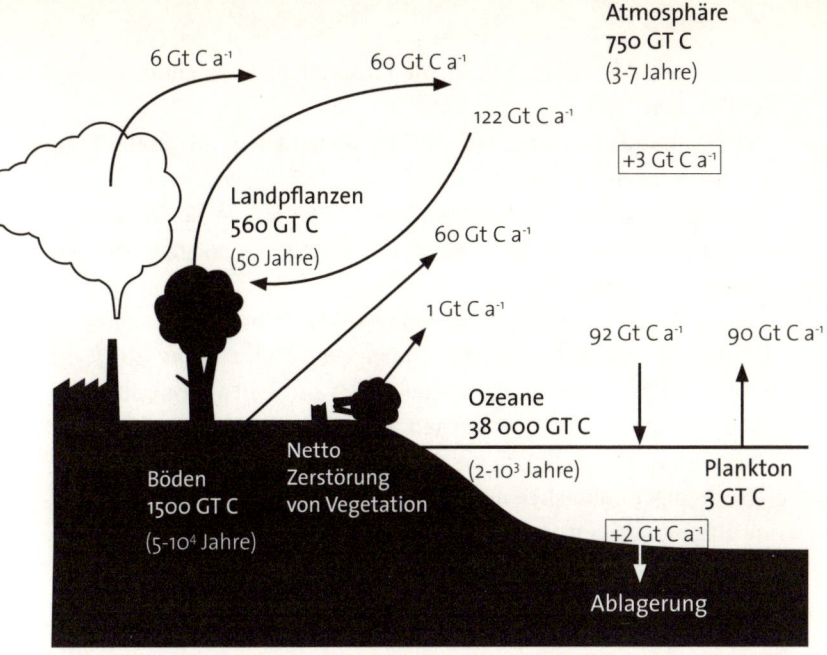

unangebracht und auch zerstörerisch für die nachfolgenden Generationen, denn Handeln ist jetzt angesagt.

Natürliche CO_2-Emissionen durch Böden, Ozeane, Vegetation betragen pro Jahr 770 Gigatonnen (1 Gigatonne entspricht einer Milliarde Tonnen oder einer Billion Kilogramm) weltweit, die vom Menschen verursachten CO_2-Emissionen durch Verbrauch fossiler Reserven und die Brandrodung der Regenwälder machen insgesamt 28 Gigatonnen aus. Die natürlichen CO_2-Ausstöße können von der Natur in so genannten CO_2-Senken ausgeglichen werden, das sind zum Beispiel die Bäume, die im Holz CO_2 binden, es aber auch über die Wurzeln in den Boden weitergeben. Beunruhigenderweise zeigen jüngste Bodenforschungsprojekte wie das Programm »Bodenlandschaften als Quellen und Senken für klimarelevante Spurengase« des Leibniz Zentrum für Agrarlandschaftsforschung (ZALF) aber auch, dass je nach Art der Bewirtschaftung Böden das Kohlendioxid jedoch auch wieder freisetzen können.[2]

Auch Kalk in den Ozeanen in Form von Korallenriffen, Muscheln, und anderen Meereslebewesen, die Kalk einlagern, ist ein bedeutender CO_2 Speicher.[3]

Der menschliche Anteil von 28 Gigatonnen klingt im Vergleich zu den natürlichen Quellen in der Höhe von 770 Gigatonnen nicht verheerend und dennoch: der Kohlenstoff unterliegt in der Natur wie auch das Wasser einem Kreislauf – das natürlich entstandene CO_2 kann die Natur bewältigen.

Schätzungen zufolge liegt der Kohlendioxid-Wert momentan höher als in der gesamten Periode der vergangenen Million Jahre, so David King, oberster Wissenschaftsberater des britischen Königshauses. Ebenso fallen die zehn wärmsten Jahre seit Beginn der Klimaaufzeichnungen gesammelt in die Periode seit 1994.[4]

Der Temperaturanstieg um einige wenige Grad klingt nicht sehr beunruhigend, weiß man jedoch – wie Helga Kromp-Kolb, Universitätsprofessorin für Klimatologie, in ihrem »Schwarzbuch Klimawandel« schreibt –, dass die globale Mitteltemperatur ein stabiles Maß für großräumige und lang anhaltende Veränderungen ist, so sind diese Werte vom heutigen Stand der Wissenschaft her betrachtet doch bedenklich.[5]

»

Bis heute sterben immer noch Tiere an den Folgen des 1989 verunglückten Öltankers Exxon Valdez

Um die Folgen des durch den Menschen verursachten Klimawandels zu verringern muss nun rigoros gegengesteuert werden. Glücklicherweise hat die intensive Klimaforschung dazu beigetragen, dass die Wissenschaftler die Zusammenhänge zunehmend verstehen und Trends prognostizieren können. Dadurch wird das Aufzeigen notwendiger Schritte zur Verringerung des von den Menschen verursachten Treibhauseffektes möglich. Natürlich gibt es nach wie vor Skeptiker, die meinen, dass der Mensch unschuldig an dem Dilemma sei, auf das wir sehenden Auges zusteuern, wenn wir unseren Lebensstil nicht ändern.

»Ändern« bedeutet aber nicht – wie allgemein befürchtet – eine Verringerung unserer Lebensqualität, sondern nur ein bewussteres Konsumieren und Überdenken der täglichen »Notwendigkeiten«. Das wiederum beinhaltet ein Umsteigen bei der Energiegewinnung weg von fossilen Energieträgern (Erdöl, Erdgas, Kohle) hin zu erneuerbaren Energien wie beispielsweise Windnutzung und Nutzung der Sonnenenergie. Dazu gehören aber auch Investitionen in die Entwicklung umsetzbarer Innovationen. Vor allem werden die nationalen Regierungen schnellstens handeln müssen, denn sie geben die Rahmenbedingungen vor, innerhalb derer sich die Wirtschaft und die Bürger jedes Landes bewegen. Wenn wir schnell handeln, kosten die Folgen des Klimawandels Schätzungen zufolge drei- bis neunmal weniger, als wenn wir noch 20 Jahre abwarten.[6]

Das bedeutet die Notwendigkeit, alternative Energiequellen zu erschließen, Transportwege zu verkürzen, kurzum: jeder Einzelne von uns kann durch bewusstes Konsumieren zur Reduktion des Kohlendioxid-Ausstoßes beitragen. Um nur einige wenige Beispiele zu nennen:

- Bessere Isolation der Häuser, um den Energieaufwand in der Heizperiode zu senken
- Kurze Wege zu Fuß gehen oder per Fahrrad zurücklegen, das hält als Zusatznutzen sogar fit
- Für lange Wege auf öffentliche Verkehrsmittel umsteigen statt allein im Auto zu fahren
- Obst und Gemüse aus heimischem Anbau kaufen – das spart energieaufwändige weite Transportwege
- Kleidung aus kontrolliert ökologischem Anbau spart den Einsatz von Spritzmitteln, die in die Baumwollanbaugebiete importiert werden müssen, was wiederum weite Transportwege bedeutet, dies wiederum kostet viel Flugzeugtreibstoff, der aus fossilen Energieträgern erzeugt werden muss...
- Und so weiter.

Wir hoffen, uns verständlich gemacht zu haben. Denn für jedes einzelne Produkt, das konsumiert wird, kann man so den nötigen Energieaufwand durchdenken. Der kritische Konsument hat daher die Möglichkeit, langfristig die Wirtschaft mitzugestalten, weil die Produkte, die nicht nachgefragt werden, über kurz oder lang aus dem

Angebot verschwinden. Der Haken: es stellt sich hier als Hürde das immerwährende Problem menschlichen Verhaltens in den Weg, dass in den meisten Fällen allein der Preis eines Produktes den Markt regelt. Das erklärt den Boom billiger Diskontketten, die ihre Ware zu Preisen anbieten, die weder fair gegenüber den Produzenten noch realistisch in Bezug auf die wahren Kosten sind. Und hier vor allem auf die Folgekosten für die Umwelt.

Fest steht, dass die Verlierer des Klimawandels die armen Länder sind, deren Stimmen kein politisches Gewicht haben und wo auch die nötigen Geldmittel fehlen, um sich auf veränderte Umweltbedingungen einstellen zu können.

Die Profiteure des Klimawandels stehen ebenso fest: paradoxerweise sind es ausgerechnet die Ölmultis, die durch das Abtauen des Eises in der Arktis bequemen Zugang zu den stillen Reserven fossiler Energiequellen bekommen. Und sie profitieren nicht nur von den Reserven an sich, sondern auch von verkürzten Transportwegen für ihre Tanker: denn dadurch, dass die Temperaturen auf der nördlichen Halbkugel doppelt so schnell ansteigen wie auf der südlichen, wird die Route quer durch die Arktis Berechnungen zufolge im Jahr 2015 für sechs Monate pro Jahr für Schiffe passierbar sein. So sparen Tanker, die von Venezuela nach Japan fahren, 12.000 Kilometer Fahrtweg ein. Einzige Hürde: die Zunahme an Eisbergen, an denen auch schon die Titanic gescheitert ist...[7]

Die Katastrophe – ein Prozess

Eine Katastrophe wird erst als solche empfunden, wenn die menschliche Zivilisation betroffen ist. Das Lawinenunglück von Galtür in Vorarlberg beispielsweise hätte bestimmt niemand als Katastrophe empfunden, wäre die Lawine in einem unbesiedelten Seitental abgegangen.

Ebenso wird ein Sturm – und sei er noch so stark – nicht als Katastrophe empfunden, wenn er über der unbesiedelten Wüste wütet.

Ist eine Katastrophe nun ein Prozess oder ein punktuelles Ereignis?

Welcher Prozess führt zur Katastrophe? Und schließlich geht es nicht um die Erstversorgung allein. Meist sind die Folgeprobleme langfristig spürbar beim mühsamen Wiederaufbau der Infrastruktur, wobei hier zuerst die Wasserversorgung im Vordergrund steht. Zumeist gibt es zusätzlich nicht nur materielle, sondern auch soziologische Probleme, die beispielsweise aus zerstörten Familienstrukturen oder Neid und Missgunst unter den Opfern resultieren können.

Dazu schreibt Robert Dempfer in Heft 3/2006 in »Henri«, der Publikation des Österreichischen Roten Kreuzes, die sich schwerpunktmäßig mit dem Wasser befasst: »Soforthilfe ist notwendig. Aber die wirkliche Hilfe wird in den kommenden Jahren nicht im Verteilen von Nahrungsmitteln und Zelten bestehen. Sie steckt in geänderten landwirtschaftlichen Methoden, in der veränderten Planung der Landnutzung, in Mikrokrediten und Mikroversicherungen, in neuen Methoden des Risikotransfers und in Maßnahmen zur Katastrophenvorsorge.« Denn: »Die Kombination aus von Menschen verursachtem Klimawandel und sozioökonomischen Bedingungen – etwa zunehmender Armut und Slumbildung durch Verstädterung – werden zu einer Dekade von Super-Desastern führen«, zitiert Dempfer den Weltkatastrophenbericht 1999 der Internationalen Föderation der Rotkreuz- und Rothalbmondgesellschaften.

» Die Niederschlagsereignisse werden auch in Mitteleuropa immer extremer

Eine genaue, eindeutige Definition des Begriffes »Katastrophe« gibt es nicht – fest steht, es kommt immer auf den subjektiven Blickwinkel der Betroffenen an, ob es sich um eine Katastrophe handelt oder nicht.

Weiters steht zu bedenken, dass es Prozesse gibt, die schleichend eintreten und oftmals zu spät beachtet werden, die schließlich zu einer Katastrophe führen. Zu dieser Art von schleichenden Katastrophen zählt die Dürre. Das besonders Heimtückische: es ist schwierig, sich auf den Wassermangel vorzubereiten. Wir wissen mittlerweile, dass uns auch in Mitteleuropa eine Dürre ins Haus steht. Aber wie bereiten sich die einzelnen Länder darauf vor? Sind wir gewappnet? Denn die Auswertungen der Klimasimulationen weisen darauf hin, dass die Mitteltemperatur in Europa in der jüngeren Zukunft ansteigen wird.

Hinzu kommt, dass die Niederschlagsaktivitäten zunehmen und auch extremer werden. So drohen in Zukunft in ganz Europa häufiger Unwetter. Besonders betroffen wird das Mittelmeer im Spätsommer/Herbst sein. Das hängt von der jeweiligen Temperatur der Wasseroberfläche ab, die sich tendenziell immer weiter aufheizt. Die Tiefdruckgebiete im Mittelmeer werden sich weiter verstärken. Auch Hurrikans sind in Zukunft nicht mehr auszuschließen, wie das Beispiel des Orkans »Kyril« beweist, der im Januar 2007 über Nord- und Mitteleuropa fegte.

Auf der anderen Seite stehen Hitzewellen und Dürren im Sommer, die in Zukunft zunehmen werden. Mit den entsprechenden Auswirkungen wie Ernteausfällen und Wasserknappheit.[8]

Es gab – von 1990 bis 1999 – eine »UN-Dekade zur Katastrophenvorsorge«, die in der Öffentlichkeit wenig Beachtung fand. Dies ist aus ethischer Sicht insofern unverständlich, als sich viele Katastrophen mittlerweile durch die technische Weiterentwicklung recht gut vorhersagen lassen und auch Menschenleben gerettet werden könnten. Gut vorhersagbar sind beispielsweise tropische Wirbelstürme, Vulkanismus und Tsunamis, die infolge von Seebeben entstehen, schlecht sieht es dagegen mit der Prognose der Erdbeben selbst aus.[9]

Nachsorge bringt monetär immer noch mehr ein als Vorsorge. Das Geschäft mit der Katastrophe ist nicht mit den Einheimischen und dem Wiederaufbau von deren meist ärmlichen Hütten zu machen. Durchaus jedoch mit dem Wiederaufbau der Hotelanlagen und der touristischen Infrastruktur. Deshalb scheint Vorsorge für alle Betroffenen – ob arm, ob reich – bei den Entscheidungsträgern nicht sehr populär zu sein. Katastrophen wie die von Aceh in Indonesien im Jahr 2004 sind noch dazu ein Bombengeschäft für die großen Versicherungsanstalten und für die Rückversicherungen: die Hotels vor Ort waren oft unterversichert, da für viele Tourismusbetriebe ein Zusatzvertrag, der die Abdeckung von Tsunamischäden inkludiert hätte, zu teuer war. Die Katastrophe mit geschätzten Folgeschäden in absoluten Zahlen war jedoch wochenlang Bestandteil der täglichen

Berichterstattung in den Medien und somit kostenlose Werbung für die Versicherungswirtschaft. Fazit: viele Hotelbetreiber und Betreiber touristischer Infrastruktur werden sich in Zukunft gegen derartige Schäden zusätzlich versichern.

Sehr deutlich zeigt sich die Ignoranz der Vorsorge am genannten Beispiel Aceh in Indonesien. Durch die Installation eines Frühwarnsystems hätten viele Menschenleben gerettet werden können, tatsächlich starben aber in Ermangelung eines geeigneten Vorhersageinstruments durch die verheerende Flutkatastrophe etwa 250.000 Menschen am 26. Dezember 2004 an der Küste des Indischen Ozeans. Mittlerweile wurde in Zusammenarbeit mit Deutschland ein Tsunami-Frühwarnsystem installiert. Es gab schon vor der Katastrophe Gespräche über eine derartige Maßnahme, die allerdings nicht rechtzeitig realisiert wurde. [10]

Was bedeutet das Wort »Tsunami«? Es kommt aus dem Japanischen und heißt

» Hurrikans benötigen zu ihrer Entstehung eine Wassertemperatur von 26 Grad Celsius

»Hafenwelle« – den Namen erhielt die Welle durch japanische Fischer, die auf dem offenen Meer die Wellen eines Tsunami oft nicht einmal wahrnahmen. Kehrten sie allerdings in ihre Häfen heim, sahen sie das Ausmaß der von ihnen nicht wahrgenommenen Katastrophe, die Infrastruktur war oft völlig zerstört. [11]

Diese enorme Wucht können Tsunamis entwickeln, da sie im Gegensatz zu »normalen« durch Sturm erzeugten Wellen, nicht nur das Wasser der Meeresoberfläche bewegen, sondern die gesamten Wassermassen bis zum Meeresgrund aufwühlen.

Das Heimtückische: ein Tsunami entsteht meist (in 86 Prozent der Fälle) durch ein Erdbeben unter Wasser – steht also nicht in Zusammenhang mit dem Klimawandel – die Welle breitet sich kreisförmig über das Meer mit Geschwindigkeiten von bis zu tausend Stundenkilometern aus. Bis 2005 gab es weltweit erst ein einziges Tsunami-Frühwarnsystem für den Pazifischen Ozean, das auf Hawaii schon im Jahr 1947 nach einem verheerenden Seebeben installiert wurde, welches mehrere hundert Opfer gefordert hatte.

Aber auch für Mitteleuropa droht laut Experten Gefahr, denn mehrere Kontinentalplatten treffen hier aufeinander. Beim Erdbeben von Lissabon wurden vor zirka 250 Jahren durch den darauf folgenden Tsunami 60.000 Menschen getötet. Legt man dieses Ereignis auf die Gegenwart mit ihrer viel höheren Besiedelungsdichte um, würden noch mehr Todesopfer zu beklagen sein.[12]

Hurrikan (aus der Sprache der Maya »hurakan« der Gott des Windes), Taifun (chinesisch: »tai fung« starker Wind), Zyklon (griechisch: »kyklos« Kreis): diese Begriffe bezeichnen – je nach örtlichem Vorkommen – einen tropischen Wirbelsturm mit einer Stärke von über 118 Stundenkilometern.

Voraussetzung für die Entstehung derartiger Wirbelstürme ist eine Wassertemperatur von mindestens 26 Grad Celsius. Das Jahr 2005 war ein Hurrikan-Rekordjahr: die Namen der tropischen Wirbelstürme werden zu Anfang der Hurrikansaison mit dem Buchstaben A beginnend vergeben, in keinem Jahr zuvor wurde der Buchstabe V erreicht.

»Vince« bildet in diesem Fall eine zweifache Ausnahme von der Regel. Außer seinem ungewöhnlich seltenen Anfangsbuchstaben »V« zeichnet ihn sein einzigartiger Entstehungsort aus: er bildete sich im Oktober 2005 über einer Meeresfläche zwischen Kanaren und Azoren, wo die Wassertemperatur nur 23 (!) Grad Celsius betragen haben dürfte. Dieser Hurrikan war der erste tropische Wirbelsturm, der seit Beginn der Aufzeichnungen bis nach Spanien zog, sich dort aber zu einem »normalen« Sturm abschwächte. Als der Wirbelsturm die Stadt Funchal auf Madeira passierte, fielen dort innerhalb weniger Tage 128 Millimeter Niederschlag, 171 Prozent der sonst üblichen Monatsmenge von 75 Millimeter. Nach dem Landgang des Sturmes über dem spanischen Festland fielen immer noch bis zu 86 Liter Regen innerhalb von sechs Stunden – soviel wie normalerweise innerhalb eines gesamten Monats vom Himmel fällt.

Wirbelstürme können einen Durchmesser von bis zu 500 Kilometern haben. 97 Prozent aller Stürme über dem Atlantik treten zwischen dem 1. Juni und dem 30. November auf. Global betrachtet ist der September der aktivste und der Mai der ruhigste Monat.[13]

Die Entstehung aller genannten Katastrophen scheint nach der gültigen Lehrmeinung durch die Erderwärmung begünstigt zu sein. Konkrete Aussagen durch die Wissenschaftler sind selten zu finden, Zusammenhänge werden meist relativiert. Dennoch verdichten sich die Fakten, dass die Erwärmung des Klimas Wetterextreme verursacht. Machen wir uns mittels folgender Fakten selbst ein Bild am Beispiel der Hochwässer: durch die fortschreitende globale Erwärmung nehmen die Schneefälle in den Bergen ab, es fällt zunehmend mehr Regen. Vor allem im alpinen Raum kommt es zu einer rascheren Erwärmung als im restlichen Europa. Etwa um 1,6 bis 1,8 Grad Celsius ist die Temperatur seit 1850 bereits angestiegen, während der Anstieg im globalen Mittel zwischen 0,6 und 0,8 Grad beträgt.[14] Dadurch, dass Schnee als Wasser zeitverzögert während der Schneeschmelze abgegeben wird, Regen aber unmittelbar zum Abfluss gelangt, kommt es zu einem sofortigen Anschwellen der Flüsse, welche die Wassermengen nicht aufnehmen können und über die Ufer treten. Die während der letzten Jahrzehnte zunehmende Verbauung entlang der Flüsse führt dazu, dass immer mehr Menschen und deren Häuser durch Hochwasserschäden betroffen sind.

 »

Wussten Sie, dass tropische Wirbelstürme einen Durchmesser von 500 Kilometern haben können?

Auch die Begradigung der Flüsse ist der Entstehung von Hochwässern zuträglich: in seinem natürlichen Umfeld konnte sich der Fluss bei Hochwasser über das Überschwemmungsgebiet ausbreiten, verringerte die Geschwindigkeit, und seine Wässer konnten versickern. Die erhöhte Fließgeschwindigkeit in einer Betonrinne führt unweigerlich zu katastrophalen Folgen von Hochwässern.

Ebenso führt die fortschreitende Flächenversiegelung dazu, dass der Untergrund nicht mehr genügend Wasser speichern kann, wodurch das gesamte Wasser eines Regenereignisses sofort zum Abfluss gelangt. Gekoppelt mit der Zunahme von Starkregenereignissen und einer daraus resultierenden höheren Abflussmenge innerhalb eines kurzen Zeitraumes kommt es zur Entstehung von fatalen Hochwässern, wie die Ereignisse der letzten Jahre glaubhaft demonstrierten.

Warum aber nehmen die Starkregenereignisse mit der Klimaerwärmung zu? Das hat folgenden physikalischen Grund: mit der Erwärmung der Luft können pro Grad Celsius sieben Prozent mehr Wasser gehalten werden, kommt eine »Vb-Wetterlage« (sprich: 5b) hinzu, sind die Voraussetzungen für das Auftreten eines Starkregens besonders günstig. Voraussetzung für diese Wetterlage ist ein Hochdruckgebiet über den Azoren. Resultat ist nach komplizierten meteorologischen Zusammenhängen, dass ein Tiefdruckwirbel über der Adria entsteht, der warme Luft von Nordafrika heranführt. Über dem Mittelmeer saugt sich diese Luft mit Feuchtigkeit voll – mächtige Wolken entstehen. Zieht das Tief nach Österreich oder Slowenien nordwärts, kann es im Winter zu rekordverdächtigen Schneefällen kommen, im Sommer zu den gefürchteten Starkregenereignissen mit Überschwemmungen.[15]

Mit der Zunahme von Starkregenereignissen nimmt jedoch auch die Gefahr von Vermurungen zu: Abhänge können die Wassermassen nicht so schnell im Boden speichern und kommen, je nach geologischem Untergrund, mehr oder weniger schnell ins Rutschen. In Extremfällen, wenn zusätzlich eine Bewaldung fehlt, kann es zu einem Abtrag enormer Erdmassen kommen. Deshalb lautet eine Empfehlung der Alpenkommission, die Alpen schnellstmöglich mit standortgerechten Baumarten wieder aufzuforsten.[16]

Paradoxerweise hat auch die Dürre, also das Fehlen von Wasser, weltweit zugenommen und ist bis Europa vorgedrungen. Die wachsende Trockenheit im Mittelmeerraum wird nach Meinung der Experten durch den vom Menschen beschleunigten Klimawandel verursacht. Zu diesem Schluss kommt das europäische MICE-Projekt (Modelling the Impacts of Climate Extremes).[17] Ebenso gibt es derzeit in Brasilien, in Australien, in Tasmanien und anderen Teilen der Erde schwere Dürren, die im Zusammenhang mit der weltweiten Erwärmung stehen dürften.

Als weiteres Extrem treten in mitteleuropäischen Sommern immer öfter Hitzeperioden auf, so forderte der Rekordhitzesommer 2003 allein in Europa 30.000 Menschenleben.[18] Heftige Dürren könnten sich in den kommenden Jahren in Europa häufen, ein Team unter Leitung des PIK (Potsdam Institut für Klimafolgenforschung) warnt vor einer Zunahme der Dürre im Mittelmeerraum. Dadurch steigt die Bedrohung durch Trockenheit und auch die Gefahr für Waldbrände nimmt zu. Flussläufe werden während der Sommermonate nicht mehr schiffbar sein, im Winter hingegen könnte es zu einer Zunahme von Überschwemmungen kommen.[19]

Hurrikans wiederum brauchen zu ihrer Entstehung, wie bereits gesagt, eine relativ hohe Meerwassertemperatur von 26 Grad Celsius. Bei Oberflächentemperaturen in diesem Bereich verdunsten große Mengen Wasser und pumpen immer mehr Energie in den Hurrikan. Jeder erinnert sich noch an den Hurrikan »Katrina«, der im August 2005 die Stadt New Orleans komplett verwüstete. Damals haben Meteorologen Windgeschwindigkeiten von mehr als 250 Stundenkilometern gemessen. Wie schon zuvor erwähnt, kann pro Grad Celsius Lufterwärmung um sieben Prozent mehr Feuchtigkeit in der

» Im Rekordhitzesommer 2003 starben allein in Europa 30.000 Menschen an den Folgen der hohen Temperaturen

Atmosphäre gespeichert werden, was generell mehr Energie für die Entstehung von Wirbelstürmen bedeutet. In der Zeitschrift »Nature« bestätigte der renommierte Klimaforscher Kerry Emanuel vom MIT (Massachusetts Institute of Technology) eine Zunahme von Windgeschwindigkeit und Sturmdauer während der letzten 30 Jahre um 20 Prozent. Problem sei nicht die Zunahme der Anzahl der Wirbelstürme, sondern die Zunahme ihrer Intensität. Erst wenn die Stürme »an Land gehen«, nimmt ihre Intensität ab, da die Energiezufuhr durch feuchtwarme Luftmassen fehlt.[20]

Dennoch wird in Zukunft auch Kontinentaleuropa zunehmend von Stürmen heimgesucht werden, vor allem auch deshalb, weil laut Sir David King, einem wissenschaftlichen Berater der britischen Regierung, die EU es wohl nicht schaffen wird, die globale Klimaerwärmung unter zwei Prozent zu halten. Denn um den globalen Temperaturanstieg unter zwei Grad zu halten, dürfte die CO_2-Konzentration in der Atmosphäre einen Wert von 450 ppm nicht übersteigen. Ein Temperaturanstieg von unter zwei Grad könnte aber schon ausreichen, um Grönlands Eisdecke zum Schmelzen zu bringen, so der

Experte, selbst wenn der CO_2-Ausstoß stabilisiert würde. Zwar gebe es bereits technologische Möglichkeiten, die Emissionen langfristig zu reduzieren, allerdings warnt der Wissenschaftler, dass umfassende Investitionen in Verringerung und Anpassung der Technologien erforderlich seien, wenn dieses Ziel erreicht werden soll.

Zu den empfohlenen Technologien gehören unter anderem »Energieeffizienz, Atomkraft (sic!), Kraftstoffe mit niedrigen Emissionen und Kraftwerke mit Technologien zur CO_2-Abscheidung und -Speicherung«.[21]

Zielführend scheint nur eine gekoppelte Strategie zu sein: einerseits Anpassung an die schon erfolgte Temperaturerhöhung und andrerseits drastische Reduktion des jetzigen CO_2-Ausstoßes. Das kann aber nur durch sofortiges Handeln erreicht werden. Darüber hinaus muss bedacht werden, dass das Klima ein sehr komplexes und träges System ist und sogar trotz einer sofortigen und einschneidenden Verringerung der Kohlendioxidemissionen die Erderwärmung weiterhin etwa um ein halbes Grad zunehmen würde.

»
Wussten Sie, dass es einen Handel mit CO_2-Emissions-Zertifikaten gibt?

Davon betroffen sind wohl zuerst die Länder der Dritten Welt, doch in der Folge auch die der Ersten. So meinte der deutsche Bundesumweltminister Sigmar Gabriel auf der Klimakonferenz »Klima im Wandel – Fakten, Folgen, Perspektiven« in Berlin im September 2006, dass der Versuch, Klimaschutzstrategien gegenüber den Schwellen- und Entwicklungsländern auf die Tagesordnung zu setzen, immer dann scheitern würde, wenn es nicht gleichzeitig gelänge, eine Antwort zu geben, wie die Energieversorgung in diesen Ländern sichergestellt werden kann. »Jeder, der diese Antwort nicht gibt, wird schnell merken, dass Klimaschutzpolitik in diesen Ländern dann als ein Versuch der Industrieländer gewertet wird, ihre eigene Verantwortung auf andere Länder zu übertragen und deren wirtschaftliche Entwicklung zu behindern. Die Frage des Zugangs zur Energie ist auch im internationalen Kontext der Klimaschutzdebatte eine Frage, die wir beantworten müssen«, so Gabriel.[22] Der Minister bezieht sich hier auf den

Ansatz zur Reduktion des CO_2-Ausstoßes und somit der Erreichung des Kyoto-Zieles durch den Handel mit Emissions-Zertifikaten.

Dabei hat sich folgendes Handelssystem eingeschlichen: im Prinzip werden den Unternehmen Emissionsrechte (Zertifikate) zugeteilt, wobei jedes Zertifikat zur Emission einer Tonne des betreffenden Gases berechtigt. Emittiert das Unternehmen in der Folge eine geringere Menge als prognostiziert (zum Beispiel aufgrund technischer Umstellungen), so kann es die überschüssigen Zertifikate am Markt verkaufen. Auf gleiche Weise kann ein Unternehmen entscheiden, mehr als die vorgesehene Menge an Gasen zu emittieren und die nötigen Zertifikate am Markt zu kaufen. Im Gegensatz zu klassischen Umweltauflagen, die einzelne Anlagen mit fixen Emissionslimits versehen, gibt ein Handelssystem den betroffenen Unternehmen die Freiheit, Reduktionsziele nach ihrer eigenen Strategie und nach eigenem Plan zu erreichen.[23]

Skurrile Blüten treibt indes der Klimawandel in den klagefreudigen USA: Dort verklagte der Bundesstaat Kalifornien sechs Autohersteller wegen der Klimaerwärmung durch Abgase, die Klage zielt auf drei amerikanische und drei japanische Automobilhersteller ab.

Begründung für die Klage sei die Unwilligkeit der US-Regierung und der Autobauer, endlich geeignete Gegenmaßnahmen zur Reduktion der treibhauswirksamen Gase zu ergreifen. Laut Berechnungen machen die Autoabgase 20 Prozent des in den USA ausgestoßenen CO_2 aus.[24]

Eine Welt ohne Eis und Schnee

Das Abbrechen des Eisschildes Larsen B im Jahre 2002 sorgte für einige Beunruhigung unter den Klimaforschern. In weniger als einem Monat brach damals ein Eisschild von der doppelten Größe Londons ab und trieb auf dem Meer.

Da es sich dabei um Schelfeis handelte, das sich – im Gegensatz zu Festlandeis – nicht auf die Erhöhung des Meeresspiegels auswirkt, war der Vorfall schnell vergessen. Dennoch gibt das schnelle

Schmelzen der Gletscher weltweit Anlass zur Sorge. Sollten beispielsweise Grönlands Gletscher komplett abschmelzen, würde das den Meeresspiegel um bis zu sechs Meter weltweit ansteigen lassen. Das bedeutet, dass Teile von New York, Venedig, Amsterdam und Bangladesh unter den Wassermassen begraben werden würden.[25] Allein in Bangladesh und China wären über 140 Millionen Menschen betroffen, wenn der Meeresspiegel um nur einen Meter steigen sollte. In Holland bis zu zehn Millionen Menschen, in Japan sogar 15. Der Inselstaat Kiribati und die Marschallinseln wären vollständig vom Meer bedeckt und damit die gesamte Bevölkerung dieser Staaten betroffen.[26] Diese Ergebnisse basieren auf der heutigen Besiedlung der betroffenen Gebiete und der Annahme, dass keine geeigneten Vorsorgemaßnahmen getroffen werden.

Auch für Deutschland hat ein weiteres Abschmelzen der Gletscher enorme Auswirkungen:

Das IPCC (Intergovernmental Panel on Climate Change), läutet in seinem am 2. Februar 2007 erschienenen Klimabericht die Alarmglocken: bis zum Jahr 2100 wird es auf der Erde eine Erwärmung von 2 bis 4,5 Grad geben.

Nach den letzten Berechnungen werden noch vor dem Jahr 2100 14.000 Quadratkilometer an der Nord- und Ostsee unter Wasser stehen. Denn das Eis schmilzt mit einer Geschwindigkeit, die Forscher noch im Jahr 2000 nicht für möglich gehalten hätten.

Und wie sieht die Situation der Niederlande aus, wo große Teile des Landes unter Normalnull liegen? Hier treibt das Vorsorgekonzept interessante architektonische Blüten: Architekten und Ingenieure planen, ganze Städte auf das Wasser zu verlegen. Beim Projekt »Aqua-Wohnen« treiben die Häuser in Amphibienmanier auf der Wasseroberfläche – mittels Bügeln sind sie an massiven Stahlträgern am Ufer befestigt. Je nach der Höhe des Wasserstandes können sie sich an diesen Pfeilern nach oben oder unten bewegen. Alle Versorgungsleitungen bestehen aus flexiblen Kabeln und Schläuchen, um auch wirklich für jede Situation gewappnet zu sein. Die geplanten Wohnblocks sind bis zu drei Stockwerke hoch, haben sogar Dachterrassen. Zusätzlich zu den Häusern wird in den Niederlanden aber auch durch eine breit angelegte Informationskampagne vor den Folgen des Klimawandels für Holland gewarnt und über Vorsorgemöglichkeiten informiert.[27]

Zum Thema Klimawandel publizierte auch das renommierte US-Journal »Science« im März 2006 eine Studie, wonach die Erde sich der so genannten »Eem-Warmzeit« annähert, die vor etwa 125.000 Jahren stattfand. In einer 11.000 Jahre andauernden Periode kam es in dieser erdgeschichtlichen Periode zu einem Anstieg des Meeresspiegels um vier bis sechs Meter. Laut Untersuchungen von Eisbohrkernen und abgestorbenen Korallen war Grönland (der Name stammt von »Grünland«, was wiederum beweist, dass Grönland schon wärmere Zeiten erlebt hat) während dieser Zeit völlig eisfrei.[28]

»

In Holland werden Städte auf dem Wasser geplant, um sich für den Anstieg des Meeresspiegels zu rüsten

In den Alpen sieht es allerdings mit der Prognose nicht besser aus als in Grönland, es sind im Verlauf der letzten 150 Jahre bereits mehr als 50 Prozent der Gletscher abgetaut, bis 2100 könnten nur mehr riesige Geröllhalden übrig bleiben. In den Alpen sind zudem die Gletscher bedeutende Trinkwasserspeicher.

Ein weiteres nicht zu unterschätzendes Naturphänomen ist die sinkende Reflexion des Sonnenlichts mit Abnahme der Eismassen. Weiße Flächen reflektieren einen großen Teil der eingestrahlten Wärme, mit abnehmender Eisfläche steigt die Masse der absorbierten Wärmemenge – die Gletscher schmelzen noch schneller. Auch wird das Gletschereis durch die Luftverschmutzung in Mitleidenschaft gezogen und vermindert das Reflexionsvermögen. Ist es so kalt, dass der Niederschlag als Schnee auf den Gletscher fällt, wächst der Gletscher, fällt dieser Niederschlag aufgrund höherer Temperaturen jedoch als Regen, werden darunter liegende dunkle Schichten freigelegt und der Gletscher schmilzt.

Durch das Abschmelzen des Eises kommt es auch zu einem Auftauen der bei uns über 2.400 Meter Seehöhe liegenden Permafrostböden – das bringt das lockere Schuttmaterial, die so genannten Gletschervorfelder, in Bewegung. Dies wiederum verstärkt die Neigung zu Hangrutschungen und Geröllawinen, die Dörfer und Streusiedlungen bedrohen. Vielleicht gilt bald das bedrohlich klingende Motto:»Der Berg ruft nicht, er kommt«.

Das Auftreten von Hochwasserereignissen wird zusätzlich durch die Gletscherschmelze begünstigt: große europäische Flüsse wie Rhein, Rhône und Po entspringen in Gletscherregionen, schon jetzt sind die Abflüsse dieser Flüsse stark angestiegen.[29]

Wilfried Haeberli, Geographieprofessor und Gletscherforscher an der Universität Zürich, beschreibt die Entwicklung der Gletscher in den Alpenregionen folgendermaßen:»Man kann sagen, dass die Alpengletscher seit 1850 bis etwa in die 1970er Jahre rund ein halbes Prozent pro Jahr verloren haben, also insgesamt ungefähr die Hälfte ihres Volumens, seit 1970 bis 2000 ungefähr noch einmal 25 Prozent in 25 Jahren, also ungefähr ein Prozent pro Jahr und seit dem Jahr 2000 sind es, das sind jetzt nur fünf Jahre, die gemessen waren, 15 Prozent. Also wir sind ungefähr bei drei Prozent pro Jahr angelangt. Das heißt mit anderen Worten, es geht sehr, sehr schnell.

Der Sommer von 2003 allein hat nach den besten Schätzungen etwa acht Prozent des Volumens der Gletscher eliminiert, mit anderen Worten: Ein paar solche Sommer, und von den Gletschern in den Alpen ist tatsächlich nicht mehr viel da.«

Ein weiteres Beispiel für das Abtauen der Gletscher ist die Bildung neuer Gletscherseen an Stellen, wo nie zuvor Seen waren: besonders in der Schweiz kommt es hier immer wieder zu dramatischen Zwischenfällen. Am Grubengletscher, der in den Kanton Wallis abfließt, entstanden sechs neue Gletscherseen, im Sommer 1968 und auch im Sommer 1970 brach der See aus und schwemmte zusammen mit dem Wasser eine riesige Menge an Geröll in das nächstgelegene Dorf Saas Balen. Danach folgte während der späten 70er und 80er Jahre eine Phase erneuten Gletscherwachstums, doch seit den 90er Jahren nimmt die Gletscherfläche rapide ab. Daher fürchtet die Bevölkerung in der dicht besiedelten Schweiz um ihre Behausungen. Derzeit scheint die Stabilisierung der Gletscherseen geglückt zu sein, einer der sechs Seen wurde künstlich entleert, die anderen werden über Schleusentore und Kanäle kontrolliert.[30]

Weltweit speichern Gletscher etwa 70 Prozent der Süßwasserreserven, ein Abschmelzen wird vor allem in Ländern, die Trinkwasser überwiegend aus Gletschern gewinnen, wie Peru, Bolivien und Ecuador, zu einer Trinkwassernot führen. Doch auch für unsere Breiten zeichnet Haeberli kein rosiges Bild:»Man muss sich das Szenario, sagen wir, in 50 Jahren vorstellen, wenn generell die Temperatur höher ist, wenn die Schneeschmelze vorverlagert ist, also nicht mehr im Mai und Juni sondern im März und April erfolgt, wenn wieder der Niederschlag ab dem Mai ausbleibt und kein Gletscherwasser mehr kommt, dann könnte es durchaus sein, dass selbst die großen Ströme Rhein und Rhône im Juli und August praktisch kein Wasser mehr haben. Ganz, ganz wenig oder sogar trocken fallen könnten.«[31] Durch die erhöhten Temperaturen tauen auch die Permafrostböden in den Alpen ab. Darunter versteht die Wissenschaft

» Wussten Sie, dass die Wasservorräte der Himalayaregion fast ein Drittel der Weltbevölkerung mit Wasser versorgen?

Böden, die ab einer gewissen Tiefe aufgrund der klimatischen Umstände das ganze Jahr gefroren bleiben. Das darin gebundene Wasser wird durch die Schmelze aus der Region abgeleitet und ist so als Trinkwasserreserve verloren.

Die Region rund um den Himalaya ist durch den Klimawandel ebenfalls stark betroffen, der überwiegende Anteil der regionalen Flüsse speist sich aus Gletschern, diese wiederum versorgen ein Drittel der Weltbevölkerung mit Wasser. Durch das abschmelzende Süßwasser käme es zwar vorübergehend zu einem Überangebot an Trinkwasser, langfristig könnten die Folgeschäden jedoch dramatisch sein: durch den Eintrag großer Mengen an Süßwasser ins Meer und einer damit einhergehenden Veränderung des Salzgehaltes könnte es zu einer Veränderung der großen Meeresströmungen kommen und im schlimmsten Fall zum völligen Versiegen des Golfstroms. Das würde für Mitteleuropa eine neue Eiszeit bedeuten.

Der Mensch als Täter und Opfer

Schauen Sie sich in Ihrer Heimatstadt oder Gemeinde einmal um, gehen Sie offenen Auges durch die Landschaft. Wie sehen die Flüsse in Ihrer nächsten Umgebung aus, steht vielleicht sogar Ihr eigenes Haus nah am Wasser? Haben Sie schon einmal die wechselnde Wasserführung in den Flüssen und Bächen beobachtet? Wie verändert sich diese nach starken Regenfällen? Hat das Wasser genug Raum, oder tritt es oft über die Ufer und verwüstet die Gärten der Anrainer? Wessen Schuld ist das – die des Flusses oder die der Menschen, die vielleicht allzu nah am Wasser gebaut haben?

Schon immer ist den Menschen die Gefährdung durch Hochwasser bekannt. Das Phänomen Hochwasser ist etwas völlig Natürliches im jahreszeitlichen Verlauf eines Gewässers: kommen die geschmolzenen Schneemassen aus dem Gebirge im späten Frühjahr oder Frühsommer zum Abfluss, während der Boden in diesen Gebieten noch gefroren ist und deshalb als Wasserspeicher nicht zur Verfügung steht, braucht der Fluss Platz, um diese Wassermengen zu bewältigen. Normalerweise – also ohne menschlichen Einfluss – macht er das einfach, indem er über die Ufer tritt.

Auch plötzliche Starkregenereignisse oder großflächiger Dauerregen kann die Aufnahmefähigkeit eines Gewässers übersteigen. Dauerregen wird vor allem deshalb zum Problem, weil ein wassergesättigter Boden kein zusätzliches Wasser mehr speichern kann. Die Entstehung eines Hochwassers hängt daher immer von den Besonderheiten des Flusses ab – ist er künstlich begradigt oder hat er die natürliche Form behalten? Wie sieht die Form des Einzugsgebietes aus: ist sie rund, so ist die Wahrscheinlichkeit groß, dass während eines Niederschlagsereignisses alle kleinen Bäche gleichzeitig in den Fluss entwässern und es zu einer kurzen, aber heftigen Hochwasserwelle kommt. Ist der Flusslauf und sein Einzugsgebiet langgestreckt, bildet sich durch die zeitlich unterschiedlichen Regenfälle über den beteiligten kleinen Zuflüssen eine flachere und längere Hochwasserwelle aus.

Es hängt immer stark vom menschlichen Einfluss auf das Flussbett ab, wie sich ein Hochwasser entwickeln kann, ist der Fluss in seinem

Einzugsgebietsformen von Gewässern

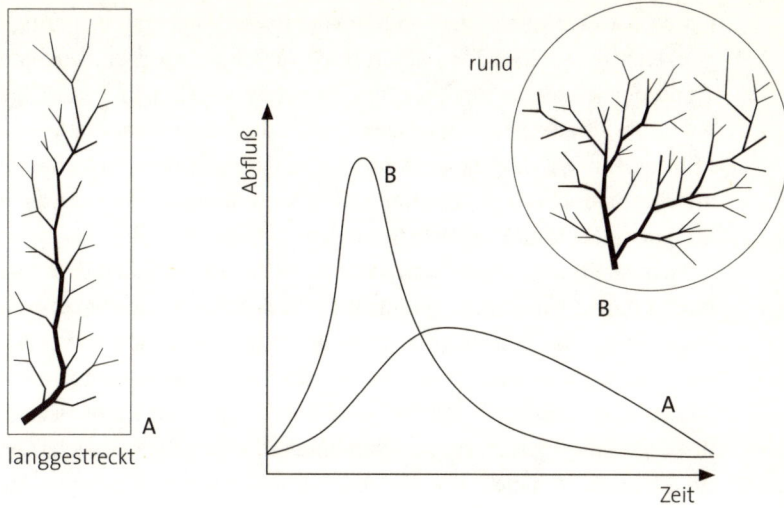

natürlichen Lauf verändert, also in eine gerade Form gezwungen worden, wird es leichter zur Entstehung eines Hochwassers kommen, als wenn er seine geschwungene Form behalten durfte. Die mäandrierende, also quasi »S-Kurven Form« eines Flusses mit begleitender Auvegetation ist jedoch als natürliche Form nur im Tiefland zu finden.

Beispielsweise gibt es an der Elbe gerade noch 14 Prozent der natürlichen Überschwemmungsflächen.[32] Im Gebirge sind die Flussverläufe, bedingt durch das Gefälle, gestreckt – also eher gerade, auch ohne menschliches Zutun.

Ein Wort noch zur »Jährlichkeit« der Hochwässer: vielfach wird angenommen, ein so genanntes 100-jährliches Hochwasser tritt nur einmal in 100 Jahren auf. Diese Berechnungen basieren jedoch auf Wahrscheinlichkeitsbetrachtungen und nicht auf dem tatsächlichen Auftreten dieser Ereignisse, so kann ein 100-jährliches Hochwasser, wenn man Pech hat, auch in zwei aufeinander folgenden Jahren auftreten.

In vergangenen Jahrhunderten, als die Erde noch dünner besiedelt war und die menschlichen Artefakte noch nicht mit so derartig teuren Anschaffungen verbunden waren wie heute, gab es naturgemäß weniger Sachschäden durch Hochwasser zu beklagen. Doch der Trend der letzten Jahrzehnte, immer näher am Ufer und in ausgewiesenen Überschwemmungsgebieten bauen zu wollen, lässt es im Fall des Falles richtig teuer werden: für den einzelnen Betroffenen, die Allgemeinheit und neuerdings durch die Zunahme der extremen Ereignisse auch für die Versicherungen.

Unverständlicherweise werden immer noch durch die Behörden Bauvorhaben genehmigt, die im Bereich der Überschwemmungsflächen liegen. Da Mitteleuropa verglichen mit anderen Teilen der Welt sehr wohlhabend ist, kommt es bei Hochwasserereignissen immer häufiger zu Schäden in der Höhe mehrerer Millionen Euro. Deshalb überlegen die Versicherungen zunehmend, eine Pflichtversicherung für Elementarschäden einzuführen, teilweise wurden in besonders betroffenen Gebieten aber auch gegenteilige Überlegungen durch die Versicherungen aufgegriffen: Hier sollen einzelne Betroffene gar nicht mehr die Möglichkeit haben, sich gegen Hochwasserschäden zu versichern.

Das wirksamste Mittel gegen Hochwasser ist, gefährdete Flächen nicht zu bebauen. Beginnen muss ein vernünftiger und wirkungsvoller Hochwasserschutz aber nicht an den Orten der Auswirkung, sondern vor allem im Gebirge, dort, wo die Bäche entspringen. Hier am Ursprung sollten Neupflanzungen der Wälder standortgerecht sein, denn diese Arten passen sich am besten an die gegebenen Lebensbedingungen an; sie können sich daher auch gut verwurzeln, was wiederum dem Wasserrückhalt im Boden dienlich ist. Die richtigen Bepflanzungen wirken dann ähnlich einem Badeschwamm, der Wasser aufsaugt und speichert. Auch weiter flussabwärts, an den kleinen Bächen kann man ansetzen, indem man Aufweitungen schafft, damit der Bach schon hier Platz in der Fläche hat, sollte es zu größeren Regenereignissen kommen. In den Gemeinden und Städten sollte versucht werden, nicht alle Wässer sofort über die Kanalisation abzuleiten, da dieses abgeleitete Wasser auch in den Flüssen landet und so zur Entstehung von Hochwässern seinen Beitrag leistet. Die beste Form, in Siedlungsgebieten verheerenden Hochwässern vorzubauen, ist es, dem Fluss seine Retentionsflächen (Rückhalteflächen für Wasser in der Landschaft) zurückzugeben.

Diese Maßnahmen machen auch eine Rückkehr für die Auenvegetation möglich, das wiederum ist der ökologischen Funktion eines Gewässers sehr zuträglich und strukturiert die oft monotonen landwirtschaftlichen Flächen, macht sie demnach auch für Tiere wieder lebenswert.

In Deutschland wurde aus diesem Grund ein neues Hochwasserschutzgesetz erlassen, das die Grenzen des natürlichen Retentionsraumes festzusetzen versucht. Dabei orientiert man sich beispielsweise an dem Raum, den ein 100-jährliches Hochwasser braucht, um keinen Schaden innerhalb menschlicher Siedlungen anzurichten. Weiters legt man auch Wert auf grenzüberschreitende und multidisziplinäre Zusammenarbeit zwischen Wasserwirtschaft, Raumplanung, regionalen Kommunen und Betroffenen.

Grenzüberschreitend auch deshalb, um ein Hochwasserschadensereignis nicht

»
Allen Warnungen zum Trotz wird immer noch im natürlichen Überschwemmungsgebiet gebaut

nur an den Unterlieger, also an die flussabwärts liegenden Kommunen»weiterzugeben«, sondern auch mit dem Nachbarn – ob nun im selben Staatsgebiet angesiedelt oder nicht – geeignete Hochwasserschutzmaßnahmen zu errichten. Wo ein Rückkauf der Flächen als natürlicher Überschwemmungsraum nicht möglich ist, sind geeignete Hochwasserrückhaltemaßnahmen wie Deiche, Hochwasserschutzmauern und dergleichen angedacht. Möchte man dennoch unbedingt in einem solchen Gebiet bauen, sollte man wenigstens eine geeignete Bauweise wählen und vor allem auf den Einbau einer Ölheizung verzichten, die im Falle eines Hochwassers großen Umweltschaden anrichten kann.

Die Allianz-Versicherungs AG in Deutschland, die 1990 anlässlich ihres 100-jährigen Bestehens die Allianz-Umweltstiftung gründete, schreibt in ihrer Studie»Mensch und Fluss – Leben mit Hochwasser« folgendes:»Die Hochwasser-Gefahren für Städte und Gemeinden sind, wie das August-Hochwasser 2005 verdeutlicht, oft hausgemacht. Das betrifft besonders die Bauleitplanung der Kommunen. Ausgewiesene Überschwemmungsgebiete sind per Gesetz Tabuzonen für die bauliche Entwicklung. Auch der Ankauf von Flächen für Schutzmaßnahmen der Kommunen scheitert nach Angaben des Bayerischen Staatsministeriums für Umwelt, Gesundheit und Verbraucherschutz oft an Einzelinteressen vor Ort.

Deshalb werden in Bayern regionale Wasserkonferenzen einberufen. Das zeitnahe Umsetzen der Schutzmaßnahmen soll vor allem beschleunigte staatliche Genehmigungsverfahren garantieren.«[33]

Die dicht besiedelte Schweiz wählte einen ungewöhnlichen Weg, man suchte nach Möglichkeiten, den Wassermassen im Falle eines Hochwassers genügend Abflussraum zur Verfügung zu stellen. Sollte der Fluss Reuss über die Ufer treten, wird dort die Autobahn gesperrt – sie dient dann als Entlastungsgerinne. Eine andere flussbauliche Maßnahme war das Errichten so genannter »Streichwehre«, die ein kontrolliertes Überlaufen des Flusses ermöglichen und das Wasser über die Fläche einem nahe gelegenen See zuführen. Die Kosten für diese und weitere Maßnahmen betrugen 26 Millionen Schweizer Franken, Schätzungen zufolge wurden schon beim verheerenden Hochwasser 2005 Schäden in Höhe von 100 Millionen Schweizer Franken verhindert.[34]

Was jedoch immer bedacht werden muss: Einen hundertprozentigen Schutz vor Hochwasser gibt es in gefährdeten Gebieten nicht.

Nach der Sintflut

Die neuen Hochwasserschutzgesetze der betroffenen Länder zielen sehr stark auf die Eigenvorsorge der Bevölkerung ab. Dennoch wurden viele Häuser nach dem Hochwasser 2002 genau an derselben Stelle wieder aufgebaut, wo sie vorher durch die Wassermassen dem Erdboden gleichgemacht wurden. Die materiellen Schäden durch das Hochwasser wurden auch bei den Betroffenen ohne Versicherung fast vollständig ausgeglichen, was den Anreiz zur Eigenverantwortung nicht gerade gesteigert haben dürfte. Eine Studie des UFZ (Umwelt

Forschungs Zentrum Leipzig-Halle) in einem Gebiet an dem stark betroffenen Fluss Mulde zeigt, dass das Wissen der Bevölkerung über vorsorgenden Hochwasserschutz nach wie vor sehr gering ist.[35] Ebenso lässt die Zusammenarbeit zwischen grenzüberschreitenden Flussanliegerländern zu wünschen übrig. Wobei sich das Projekt FLOODsite der EU mit der Frage beschäftigt, auf welcher Entscheidungsgrundlage die weiteren Hochwasserschutzmaßnahmen getroffen werden sollen. Im Verlauf des Projekts wurden zahlreiche Mängel im Umgang mit Hochwasserrisikomanagement festgestellt. Hochwasserschadensabschätzungen und eine Aufgabenteilung müssen schon VOR Eintreten eines Hochwasserereignisses vorliegen, um im Schadensfall rasches Handeln zu ermöglichen.

Auch wenn Hochwasserschutzmaßnahmen getroffen wurden, muss eine eventuelle Schadensabschätzung durchgeführt werden, da es, wie gesagt, keinen hundertprozentigen Schutz geben kann. Und die Kooperation gerade auf dem Gebiet der Hochwasservorsorge zwischen Flussanliegerländern kann gar nicht hoch genug eingeschätzt werden.[36]

Die EU hat nach den großen Hochwässern im Jahr 2002 einen Solidaritätsfonds (Verordnung 2012/2002 ABl 2002 L 311/3) eröffnet, um rasch und unbürokratisch helfen zu können.

Die Wasserrahmenrichtlinie der EU aus dem Jahr 2000 (2000/60/EG) beinhaltet auch eine grenzüberschreitende Zusammenarbeit in Bezug auf multinationale Gewässer, allerdings enthält sie keinen Hinweis auf koordinierten Hochwasserschutz – ein Versäumnis! Nach den großen Hochwässern an Elbe, Rhein, Donau und zahlreichen Nebenflüssen erkannte die EU Handlungsbedarf. Es wurde ein Vorschlag für eine Hochwasser-Richtlinie durch ein »Beratendes Expertenforum« erarbeitet, der am 18. Januar 2006 vorgelegt wurde. Dieser verpflichtet die Mitgliedsstaaten, bis 2013 eine Hochwasserrisikoabschätzung für ihre Flusseinzugsgebiete vorzunehmen und spezielle Hochwasserrisikokarten zu erstellen.

Bis zum Jahr 2015 müssen auch Pläne für das Hochwasserrisikomanagement vorliegen. [37]

Allein entlang des Rheins leben über zehn Millionen Menschen in Gebieten mit extremem Hochwasserrisiko und einem potenziellen Schadensrisiko von 165 Milliarden Euro.

»Im Rahmen des ›Integrierten Rheinprogramms‹ (IRP) versucht Baden-Württemberg in Poldern (das sind eingedeichte Rückhalteräume in der Landschaft, sie werden auch ›Kooge« genannt – Anmerkung der Autorin) die Hochwasservorsorge und den Naturschutz auf einen Nenner zu bringen. In den Poldern soll bereits bei kleineren Hochwässern durch so genannte ›ökologische Flutungen‹ die Vegetation wieder an wechselfeuchte Bedingungen angepasst werden. Mit den ›ökologischen Flutungen‹ wird angestrebt, wieder eine auenähnliche Vegetation heranzuziehen, die bei Extremhochwässern im Retentionsfall auch längere Überflutungen weitgehend schadlos übersteht.«[38]

In Österreich wurden teilweise sehr drastische Maßnahmen zum Schutz gegen Hochwasser ergriffen: 230 Objekte im oberösterreichischen Machland und über 100 Objekte in Niederösterreich wurden abgesiedelt, wobei den Bewohnern 80 Prozent des Wertes ihrer Objekte abgelöst wurden.[39] Durch diese Raumordnungsmaßnahmen konnten in den beiden Bundesländern sehr große Retentionsvolumen sowie 260 Hektar Wiesen und Aulandschaft zum Teil zurück gewonnen und zum Teil nachhaltig gesichert werden.[40]

Wege aus der Krise

Mehrere gekoppelte Maßnahmen werden hier zu einer Entlastung der Hochwasserspitzen notwendig sein:

Bebauungsstopp

Entgegen allen möglichen wirtschaftlichen Interessen muss ein Bebauungsstopp in den hochwassergefährdeten Gebieten durchgesetzt werden. Hier sind vor allem die Raumplaner und zuständigen Behörden am Zug, da sich diese Bebauungsverbote nur über scharfe Reglements erreichen lassen werden.

Nur dort, wo kein Haus steht, kann garantiert kein Hochwasserschaden entstehen. Denn es ist nicht die Gefahr durch das Hochwasser allein gegeben, durch ein Ansteigen des Grundwasserspiegels nach Hochwasserereignissen wirkt das Wasser noch lange Zeit auf Fundamente und Mauern ein und kann ganze Gebäude destabilisieren. Ein Verbot von Ölheizungen in Hochwasser gefährdeten Regionen wäre sinnvoll, da bis zu 70 Prozent der Sachschadenssumme an Gebäuden durch das Auslaufen von Öltanks verursacht werden. Freilich ist auch die Folgewirkung für die Umwelt hier einzubeziehen.

Retentionsräume für Flüsse

Durch Absiedelung von Häusern in weniger hochwassergefährdete Gebiete wird Retentionsraum in der Fläche »zurückgekauft«. Um dem Wasser die Möglichkeit zu geben, in der Fläche zu verweilen (Stichwort Breitwasser statt Hochwasser) und langsamer abzulaufen, sollten großzügige Rückhalteräume geschaffen werden, was teilweise wegen der regional sehr hohen Bebauungsdichte allerdings schwer durchsetzbar werden wird. Hier wird der Rückkauf landwirtschaftlicher Flächen erwogen oder zumindest im Falle einer Überstauung entsprechender Schadenersatz geleistet werden müssen. Der Rückkauf von Flächen muss sich an den natürlichen Rahmenbedingungen orientieren, beispielsweise an den Grenzen der Überschwemmungsfläche eines 100-jährlichen Hochwassers.

Dezentrales Rückhalten des Wassers

Das bedeutet im weitesten Sinn eine Entsiegelung der Flächen, also ein Aufreißen des Asphalts oder Betons im besiedelten Gebiet, wo immer dies möglich ist. Zusätzlich soll an diesen »entsiegelten« Flächen eine Begrünung erfolgen, dadurch kann Regenwasser wieder versickern und im Boden gespeichert werden.

Weiters sollte das Regenwasser an Stellen, wo dies ohne Beeinträchtigung der Anrainer durchführbar ist, aus dem Mischkanalsystem herausgenommen und versickert werden. Diese Maßnahme hält die Niederschläge am Ort der Entstehung zurück, reichert das Grundwasser an und belastet mengenmäßig nicht zusätzlich die Kläranlagen und in weiterer Folge die Vorfluter (das sind die Gewässer, in die das gereinigte Abwasser eingeleitet wird). Versickerungsflächen und Plätze sollten mit wasserdurchlässigem Material angelegt werden, um die Speicherfähigkeit des Bodens zu nützen. In kleinem Maßstab kann bei Neubauten Regenwasser für bestimmte Bereiche eingesetzt werden, vor allem für die WC-Spülung, die einen Großteil des täglichen Wasserbedarfs ausmacht.

Die Summe all dieser kleinen Maßnahmen kann zu einer Entlastung der Hochwasserspitze beitragen. Die Dachbegrünung kann ebenso als Wasserspeichermaßnahme in Betracht gezogen werden. Insbesondere entlang der zahlreichen Verkehrsflächen sollten Versickerungsmöglichkeiten geplant werden. Auch ein Verzicht auf den Pflug in der Landwirtschaft ist sinnvoll, da durch den Einsatz dieses Gerätes eine so genannte Pflugsohle entsteht, die den Boden stark verdichtet und somit die Wasseraufnahmekapazität enorm schmälert. Stattdessen sollte der Grubber zum Einsatz kommen, der den Boden nicht umwendet, sondern nur schonend lockert. Zum Vergleich: Ein Quadratmeter Waldboden speichert bis zu 250 Liter Wasser, ein Quadratmeter Ackerboden nur 15 bis 20 Liter.[41]

Auch die Forstwirtschaft kann mit Aufforstungsmaßnahmen mittels standortgerechter Bäume zu einer Entlastung der Hochwasserspitze beitragen, da der Wald imstande ist, Starkregenereignisse abzufedern.

Kritische Überprüfung flussbaulicher Maßnahmen

Wird ein Fluss begradigt, verkürzt sich sein Lauf und somit kommt es zu schnelleren Durchflussgeschwindigkeiten, was sich besonders im Fall von erhöhter Wasserführung als negativ erweist. Vor allem in Bezug auf die Schifffahrt spielt dies eine große Rolle: Möchte man in diesem Bereich wirtschaftliche Verbesserungen erzielen, ist dies nur vertretbar, wenn keine negative Hochwasserbeeinflussung durch diese Maßnahmen eintritt.

Die EU-Wasserrahmenrichtlinie gewährleistet eine europaweit einheitliche Bewirtschaftung der Fließgewässer. Auch gibt es an großen internationalen Flussläufen grenzüberschreitende Programme zur gemeinsamen Nutzung des Gewässers, wie beispielsweise für Donau,

Elbe und Rhein.[42] Weiteres Ziel der EU ist es, wieder ausreichend Fläche und Lebensraum für Tier- und Pflanzenarten zu erhalten, beziehungsweise wiederherzustellen.

Ausweisen besonders gefährdeter Gebiete

Die Vorgabe der EU ist es, bis zum Jahr 2013 Hochwasserschutzgebiete auszuweisen. Diese Ergebnisse müssen dann schnellstmöglich in Flächenwidmungs- und Bebauungspläne integriert werden.

Technische Hochwasserschutzmaßnahmen

Das können entweder Deiche oder Dämme sein, auch die schon zuvor erwähnten Polder – also eingedeichte Rückhalteflächen – sind technische Möglichkeiten. Das Öffnen der Einlassbauwerke ist eine effiziente Methode, um Hochwasserspitzen etwas abzudämpfen und die Bevölkerung wirksam zu schützen. Aber es gilt weiterhin: einen absolut wasserdichten Hochwasserschutz gibt es nicht.[43]

Man darf sich durch technische Maßnahmen zum Schutz gegen Hochwasser nicht zur irrigen Annahme verleiten lassen, dass man nun getrost in den gefährdeten Zonen bauen kann.

Wohnt man allerdings schon in einem gefährdeten Gebiet, sollten wenigstens Maßnahmen im Haus getroffen werden, um für den Notfall gerüstet zu sein. Wertgegenstände, wenn möglich, in hochgelegene Räume transportieren, die Waschmaschine und wertvolle technische Geräte auf Füße stellen. [44]

In den Niederlanden wurden sogar Methoden entwickelt, die Trinkwasserzuleitung und die Abwasserableitung flexibel zu gestalten. Bei Neubauten in möglicherweise gefährdeten Gebieten kann der Einbau einer auftriebssicheren Dichtwanne hilfreich sein, eine Ausführung des Hauses auf einer Stelzenkonstruktion, ein Errichten eines Hauses ohne Keller und die allerklügste Variante: Bauen außerhalb der Gefahrenzone.

49

Bei mir kommt das Wasser aus der Leitung

Die Erde hat genug Wasser, um die Grundbedürf-
nisse aller ihrer Bewohner zu erfüllen.

Peter Gleik,
Präsident des Pacific Institute in Oakland, Kalifornien

Als sich in den frühen 1970er-Jahren herausstellte, dass Atomstrom für die Menschheit insofern gefährlich werden könnte, als ein GAU, also der Größte Anzunehmende Unfall, eines Atomkraftwerkes ganze Landstriche entvölkern könnte – siehe Tschernobyl –, entschied sich Österreichs Bevölkerung gegen den Bau des einzigen bisher geplanten Atomkraftwerkes im niederösterreichischen Zwentendorf. Die Befürworter des Atomstroms brachten sich in die Volksabstimmungskampagne mit dem Slogan:»Bei mir kommt der Strom aus der Steckdose!« ein und emotionalisierten damit die Debatte noch stärker. In Abwandlung des Mottos wird in diesem Kapitel über die Wasserversorger und den Handel mit Wassergebinden informiert.

Von alpinen Wasserschlössern

Stichwort »Wasserschloss Alpen«: Die Alpen spielen in Österreich und in der Schweiz vor allem im Sommer hydrologisch gesehen eine bedeutende Rolle. Während in Deutschland, Holland und Frankreich im Sommer nur wenig Niederschlag aufgrund der hohen Verdunstung abfließt, ist der Anteil des Wassers aus der Alpenregion – auch wegen der Schneeschmelze – ungleich höher. So stammen in der warmen Jahreszeit 70 Prozent des Rhein-Abflusses aus den Alpen.[1]

Schauen wir uns einmal den Istzustand der Wasserversorgung im deutschsprachigen Raum an.

Die Wasserversorgung in Österreich basiert überwiegend auf Quellen und Grundwasservorräten, die mit etwa 84 Milliarden Kubikmeter beziffert werden können. Österreichs gesamter Wasserbedarf kommt allerdings nur auf zweieinhalb Milliarden Kubikmeter, beträgt also ganze drei Prozent des vorhandenen Wasservolumens. Der jährliche Wasserbedarf von etwa 750 Millionen Kubikmeter Wasser entspricht ungefähr der Menge des Wolfgangsees im Salzkammergut.[2]

In Deutschland stehen jährlich etwa 182 Milliarden Kubikmeter Wasser zur Verfügung, demnach zählt auch Deutschland zu den wasserreichen Nationen. Vom Gesamtwasserdargebot – das sich allerdings regional unterschiedlich verteilt – werden etwa 20 Prozent genutzt, das bedeutet, dass auch in Deutschland rund 80 Prozent der Wasservorräte

»

Wussten Sie, dass sich Kaiser Karl VI. einmal wöchtenlich Quellwasser per Pferd aus dem Gebirge bringen ließ?

ungenutzt bleiben. Im Rahmen der öffentlichen Wasserversorgung werden rund 5,5 Milliarden Kubikmeter – das entspricht etwa drei Prozent des gesamten verfügbaren Wassers – zu Trinkwasser aufbereitet und an die privaten Haushalte weitergegeben.[3]

In den Ballungsräumen Deutschlands, beispielsweise im Ruhrgebiet, übersteigt der Wasserbedarf dennoch das Wasserdargebot: mittels Fernwasserleitungen – beispielsweise für die Stadt Braunschweig aus dem Harz oder für den Raum Stuttgart aus dem Bodensee, wobei in diesem Fall die Wasserleitung 226 Kilometer Länge hat, wird aus wasserreichen Gebieten Trinkwasser zur Verfügung gestellt.[4]

Die Schweiz hat ein Gesamtwasserdargebot von 53 Milliarden Kubikmeter, davon werden jährlich 1,06 Milliarden Kubikmeter Wasser gefördert. Die Schweiz nützt somit nur zwei Prozent ihres Wassers zur Versorgung ihrer Bevölkerung.[5] Hydrogeographisch betrachtet kann die Schweiz übrigens als »Mitte Europas« bezeichnet werden: von hier fließt Wasser in alle vier Himmelsrichtungen ab und versorgt die umliegenden Länder Europas.

Leitungswasser – Wasserleitung

Wasserleitungen sind wichtiger Bestandteil einer Zivilisation, da durch die Versorgung mit Süß- beziehungsweise Trinkwasser die Gefahr von Krankheiten durch mangelnde Hygiene gemindert wird. Bei einer Wasserleitung handelt es sich um ein technisches System zum Transport von Wasser an Orte, an denen es auf natürlichem Wege nicht oder in zu geringem Maß zur Verfügung steht. Wichtig hierfür ist neben der Zuleitung von Wasser auch ein funktionierendes Abwassersystem.

In Wien gab es zur Zeit der Römerherrschaft bereits eine sehr fortschrittliche Wasserversorgung über Tonrohre. Um etwa 400 n. Chr. fiel diese bedingt durch die Völkerwanderung dem Verfall und dem Vergessen anheim.

Die Menschen tranken wieder Oberflächenwasser oder bezogen ihr Wasser aus oftmals verschmutzten Brunnen, was nicht nur in den regionalen Sagen, wie jener vom Basiliskenhaus in der Schönlaterngasse im ersten Wiener Gemeindebezirk, seinen Niederschlag fand, sondern auch immer wiederkehrende Seuchen bedingte.[6]

Nach dem Niedergang des Römischen Reiches wurden keine weiteren Aquädukte errichtet, erst im 18. und 19. Jahrhundert kamen derartige Bauwerke zur Versorgung großer Städte wieder in Anwendung. Aus dieser Zeit, genauer von 1873, stammt auch die Erste Wiener Hochquellwasserleitung, die bis heute Wasser über eine Länge von 120 Kilometern von Kaiserbrunn an der Rax nach Wien führt.

Wie kam es zu dieser Meisterleistung infrastruktureller Voraussicht?

1867 wurde das österreichische Kaiserreich durch den Ausgleich mit Ungarn zu einer Doppelmonarchie, die von der Reichs-, Haupt- und Residenzstadt Wien noch aufwändiger zu verwalten war als bisher. Durch die Errungenschaften der industriellen Revolution und den hohen Bedarf an Beamten kamen immer mehr Menschen aus den ländlichen Gebieten in die Stadt – ein rasantes Anwachsen der Bevölkerung war die Folge. Aufgrund dieser Gegebenheiten wurde eine Versorgung aller Bewohner der Stadt durch Hausbrunnen unmöglich, die Situation unhaltbar. Nur mehr etwa fünf Liter Wasser pro Tag standen jedem Wiener zur Verfügung.

Bereits Kaiser Karl VI., der Vater Maria Theresias, wusste, dass Wasser aus dem Gebirge von höchster Qualität ist, ließ er sich doch einmal wöchentlich Hochquellwasser per Pferd nach Wien bringen: die Reise dauerte zweieinhalb Tage – keine großflächige Lösung. Nicht nur dem Vorbild seines Ahnen gedenkend, setzte sich Kaiser Franz Joseph für die Errichtung einer Hochquellwasserleitung für die Bürger seiner Hauptstadt ein. Der Geologe und Gemeinderat Eduard Suess wurde mit der Planung einer Wasserleitung beauftragt und nach nur drei Jahren Bauzeit wurde die Erste Wiener Hochquellwasserleitung am 24. Oktober 1873 mit dem Hochstrahlbrunnen am Schwarzenbergplatz, der als Erinnerungsbauwerk an dieses denkwürdige Ereignis errichtet wurde, feierlich eröffnet. Das besondere an der Wiener Wasserversorgung ist, dass die gesamte Strecke von den Alpen bis in die Stadt im freien Gefälle und ohne Pumpen erfolgt. Doch durch das Weiterwachsen der Wiener Bevölkerung reichte das Wasser um die Jahrhundertwende vom 19. zum 20. Jahrhundert erneut nicht aus, es kam zu Versorgungsengpässen. Damit wurde der Bau einer zweiten Wasserleitung erforderlich. Am 2. Dezember 1910 wurde die Zweite Wiener Hochquellwasserleitung in Betrieb genommen, die Wasser über eine Strecke von 180 Kilometern aus der Region des Hochschwabs an der steirischen Grenze in die Großstadt fördert. Die beiden Hochquellwasserleitungen liefern insgesamt über 400.000 Kubikmeter Trinkwasser pro Tag nach Wien. Damit ist die österreichische Hauptstadt die einzige weltweit, die seit eineinhalb Jahrhunderten einwandfreies Gebirgswasser für die Versorgung ihrer Bewohner zur Verfügung hat. Das Wiener Wasser überbietet in seiner Qualität oftmals die als »Mineralwasser« erhältlichen Produkte. [7]

» Die beiden Wiener Hochquellwasserleitungen liefern über 400.000 Kubikmeter Trinkwasser täglich in die Großstadt

Gefährliches Trinkwasser

Probleme durch Verunreinigungen im Trinkwasser gibt es vor allem in Haushalten, die nicht an das öffentliche Netz angeschlossen sind. Das trifft insbesondere die Besitzer von Hausbrunnen.

In Österreich gibt es keine Verpflichtung zur Kontrolle der Wasserqualität – außer man versorgt Dritte –, im eigenen Interesse sollte man etwa alle drei Jahre, besser noch jährlich, selbst für eine Überprüfung des Trinkwassers sorgen. Spätestens bei Geruchsproblemen sollte das Wasser untersucht werden, wobei für den Menschen giftige Stoffe oftmals nicht mit einer Geruchsveränderung einhergehen, auch eine Trübung des Wassers bedeutet noch nicht zwingend eine schädliche Verunreinigung – dabei kann es sich um harmlose Bodenpartikelchen handeln, die mittels Filter entfernt werden können. Durch eine regelmäßige Trinkwasseruntersuchung wird weitgehend vermieden, dass gesundheitsschädliche Stoffe aufgenommen werden.

Oft wird fälschlicherweise angenommen, auch die Wasserhärte sei entscheidend für die Wasserqualität – diese beschreibt jedoch lediglich den Gehalt an Calcium und Magnesium im Trinkwasser. Enthält das Wasser viel von diesen beiden Mineralien, spricht man von »hartem« Wasser, liegt wenig vor, spricht man von »weichem« Wasser. Welche Art von Wasser im Versorgungsgebiet vorliegt, hängt davon ab, durch welche Gesteinsschichten es vorher geflossen ist und wie viel Mineralien sich auf seinem Weg bis in die Wasserleitung lösen konnten. Eine hohe Wasserhärte ist zwar schlecht für die Haushaltsgeräte – sie »verkalken« –, aber keineswegs schädlich für den menschlichen Organismus, im Gegenteil: Calcium brauchen wir vor allem für Knochen und Zähne, das Magnesium ist wichtig für ein reibungsloses Funktionieren unserer Muskulatur und Nerven. Leidet man beispielsweise an nächtlichen Beinkrämpfen, wird vom Arzt oft Magnesium verschrieben, um das Leiden zu beseitigen. Magnesiummangel kann sogar einen Herzinfarkt begünstigen! [8]

Auch Nitrat kommt natürlich im Boden vor und kann so über das Grundwasser ins Trinkwasser gelangen, hier spielt allerdings der menschliche Einfluss eine große Rolle.

Vor allem durch die Düngung in landwirtschaftlich stark genutzten Regionen kann eine übermäßige Menge an Nitrat in das Trinkwasser gelangen. Der Grenzwert – also die gesetzlich festgelegte Obergrenze für den Gehalt eines Stoffes beispielsweise im Trinkwasser – beträgt bei Nitrat 50 Milligramm (mg) pro Liter. Bei Nitrit ist der Wert viel niedriger angesetzt: er darf 0,1 Milligramm nicht überschreiten, Nitrit gelangt aber selten direkt ins Grundwasser. Es kann jedoch durch chemische Reaktionen in neu verlegten verzinkten Rohren in den ersten sechs Monaten nach Errichtung der Leitung entstehen. Allerdings spielt der Gehalt von Nitrat im

» _____

Hartes Wasser schadet zwar den Haushaltsgeräten, nicht aber der Gesundheit

Trinkwasser eine bedeutende Rolle, wenn damit Säuglingsnahrung zubereitet wird, denn Nitrat kann vom Körper in Nitrit umgewandelt werden. Letzteres beeinträchtigt über komplexe chemische Reaktionen im Körper den Sauerstofftransport im Blut: daher sollte Trinkwasser für Säuglinge unter sechs Monaten höchstens 25 Milligramm Nitrat enthalten.[9]

In der Nähe der Fassungszone eines Brunnens sollte man jedenfalls dafür Sorge tragen, dass keine Lagerung von Sondermüll vorgenommen wird, damit hier eine Verunreinigung durch Treibstoff, Schmierstoffe, Öl und so weiter vermieden wird. Diese organischen Kohlenstoffverbindungen wirken schon in kleinen Mengen schädlich auf den Organismus und sind überaus schwer im Labor nachweisbar. Auch eine Senkgrube oder Güllegruben aus landwirtschaftlichen Betrieben gehören nicht in die Nähe einer Brunnenfassung. Weiters sollte man bei der Bohrung des Brunnens darauf achten, dass kein verunreinigtes Oberflächenwasser zufließen kann.

Die Trinkwasserversorgung in Deutschland, Österreich und der Schweiz über das öffentliche Netz ist jedoch gut überprüft. Wasser wird als Lebensmittel behandelt und ist daher einer der bestuntersuchten Stoffe in den genannten Ländern. Schließlich soll man sein Leben lang – ohne gesundheitlichen Schaden zu nehmen – täglich zwei Liter Wasser zu sich nehmen. Und selbst Badegewässer werden regelmäßig überprüft, wobei vor allem in sehr warmen Sommern immer wieder Fäkalkeime nachgewiesen werden, weshalb für diese Gewässer zeitweiliges Badeverbot gilt. Die zunehmende Häufigkeit von Überschwemmungen stellt eine weitere Bedrohung der Trinkwasserversorgung dar. Vor allem auch deshalb, weil Teile der Zuleitungsrohre durch eindringendes Hochwasser beschädigt werden können und so Fäkal- und andere Keime zu Verunreinigungen führen. Deshalb ist es oberstes Ziel der Einsatzkräfte, die betroffenen Zuleitungen vor dieser Gefahr zu schützen. Erreger wie Kolibakterien, beispielsweise »Escherichia coli«, um nur das bekannteste zu nennen, können zahlreiche Krankheiten – vor allem Durchfallerkrankungen – auslösen, die in Katastrophengebieten meist zu Seuchen führen.

Geht nicht, gibt's nicht

Deshalb ist es unabdingbar, in Katastrophenfällen zuerst die Versorgung mit reinem Trinkwasser zu sichern. Dazu schreibt Michael Achleitner in »Henri« vom März 2006: »Die Wasserspezialisten des Österreichischen Roten Kreuzes sind gefragte Experten auf dem Gebiet der Trinkwasseraufbereitung. Wann immer sich eine Katastrophe ereignet, heißt es: ›Call the Austrians!‹.« Und was genau geschieht, wenn ein solcher Call losgeschickt wird? Der Autor erklärt in seinem Artikel die einzelnen Schritte, die beim Katastropheneinsatz für den Wasserspezialisten zu absolvieren sind. Andreas Hattinger aus Haag am Hausruck in Oberösterreich ist einer der 400 Experten, die in »Field Assessment and Coordination Teams« (kurz Fact-Teams) einberufen werden. Diese Teams bestehen aus Spezialisten unterschiedlicher Leistungsbereiche. Andreas Hattinger ist Fachmann für den Bereich WatSan (Water & Sanitation). Vor Ort stellt der Helfer fest, ob es ausreichend sauberes Wasser in der Region gibt oder ob man zumindest an verschmutztes Wasser herankommt, das man zu Trinkwasser aufbereiten kann. »Wenn es gar keinen Zugang zu Wasser gibt, brauche ich auch keine Trinkwasseraufbereitungsanlage, da muss ich mir etwas anderes einfallen lassen«, so Hattinger. »Dann brauche ich Trucks, die mir Trinkwasser in die Region liefern.«

Hattinger schildert, wie schwierig es ist, herauszufinden, wieviele Menschen nun tatsächlich mit Wasser zu versorgen sind, dabei ist es wichtig, einen Verantwortlichen der Legislative oder Exekutive zu finden, um an genaue Zahlen zu kommen. Der Bericht des Fact-Teams ist nämlich Grundlage für sämtliche Hilfslieferungen, die vom Hauptquartier des Internationalen Roten Kreuzes von der nationalen Organisation erbeten werden. Und auch die Trinkwasseraufbereitungsanlagen werden national angefordert. Hier wird mittels eines Filtersystems und einer chemischen Behandlung aus verunreinigtem Wasser je nach Bedarf entweder »Specialised Water« für medizinische Zwecke oder »Mass Water« für die Versorgung der Gesunden erzeugt. Und warum genießen ausgerechnet die Österreicher so hohes Ansehen als Trinkwasseraufbereiter? »Wir Österreicher sind eben Weltmeister im Improvisieren«, lacht Hattinger. »Den Satz ›das können wir nicht‹, gibt es bei uns nicht. Wir probieren einfach alles aus und improvisieren. Dann sehen wir immer noch, ob es klappt. Geht nicht, gibt's nicht.«

Wenn's um Qualität geht

Anders gelagert ist der Fall von Verunreinigungen mit Pestiziden oder anderen Chemikalien: diese Stoffe können im Grundwasser für lange Zeit nicht abgebaut werden, führen zu Krebserkrankungen und wirken schädigend auf das Nervensystem, aber auch auf die menschlichen Fortpflanzungsorgane.[10]

Aufgrund der geologischen Gegebenheiten, befindet sich die Kornkammer Österreichs im Osten des Landes, wo die Niederschlagshäufigkeit im Vergleich mit dem Westen geringer ist. Durch die intensive landwirtschaftliche Nutzung sind die Grundwässer dieser Region aber stark pestizidbelastet. So sind laut der Studie des Lebensministeriums »Nitratkonzentrationen im Grundwasser« aus dem Jahr 2004 bis zu 44 Prozent der zusammenhängenden Grundwasserkörper verunreinigt.[11]

Auch deshalb wird von Umweltschutzorganisationen der konsequente Verzicht auf den Einsatz von Pestiziden wie beispielsweise Atrazin in der Landwirtschaft gefordert. So kommt es leider nicht selten vor, dass Hausbrunnenbesitzer aufgrund von Verunreinigungen ihr Wasser nicht mehr trinken können und teuer zukaufen müssen. Zahlreich sind die Gesetze der Europäischen Union, von der Krümmung der Gurken bis zum Lebensmittelgesetz wird alles vorgeschrieben, Papier über Papier erstellt. Seit kurzem aber erst gibt es eine EU-Wasserrahmenrichtlinie, die sich auch auf das Grundwasser bezieht und »Spezielle Maßnahmen zur Verhinderung und Begrenzung der Grundwasserverschmutzung« in einer eigenen Tochterrichtlinie vorschreibt. Diese wurde – für viele EU-Mitgliedsländer war Grundwasser bisher kein Thema – auf der »European Groundwater Conference 2006« in Wien zwischen dem Europäischen Parlament und dem Rat verhandelt. Sie beinhaltet Folgendes:

- »Grenzwerte für die Qualität des Grundwassers (chemischer Zustand)
- Bestimmung von Trends und der Trendumkehr für chemische Schadstoffe im Grundwasser
- Verhinderung und Begrenzung des Eintrags von Schadstoffen in das Grundwasser.«[12]

Ist immerhin ein netter Anfang. Dass sich die Europäische Union lieber mit Kleinkram beschäftigt, als sich den wichtigen Themen innerhalb der Gemeinschaft zu widmen, ist ein alter Vorwurf. Bisher gab es jedenfalls keine einheitlichen Regelungen zur Begrenzung der Grundwasserverschmutzung innerhalb der EU, was einiges darüber aussagt, inwieweit die Wasserproblematik im Bewusstsein der Entscheidungsträger verankert war und vermutlich auch noch ist.

Am 12. Dezember 2006 wurde die Grundwasserrichtlinie endlich verabschiedet.[13] Bis zuletzt herrschte unter den Mitgliedsländern keine Einigkeit darüber, ob freiwillige Begrenzungen reichen, ob steuerliche Maßnahmen getroffen werden oder ob es verpflichtende Maßnahmen geben wird, die einen besseren Schutz des Grundwassers gewährleisten. Grundsätzlich war man sich wenigstens während des gesamten Prozesses darüber einig, dass Grundwasser eine empfindliche und schützenswerte Ressource ist. Bis 2015 soll analog zur Wasserrahmenrichtlinie der EU auch im Bereich Grundwasser ein »guter

Zustand« in Bezug auf Qualität wie auch Quantität erreicht und eine weitere Verschlechterung des Zustands jedenfalls verhindert werden. Was immer das zu bedeuten hat.[14]

Da sich Grundwasser nur sehr langsam erneuert und auch Verbesserungen des Zustands nur langfristig wahrnehmbar sein werden, bedeutet das, dass die 300 Millionen EU-Bürger, die ihr Trinkwasser aus Grundwasservorkommen beziehen, weiterhin nur hoffen können, dass jenes Wasser, das gerade aus ihrer Leitung kommt, qualitativ den Normen entspricht.[15]

Engpässe

Doch was tun, wenn das »gute« Wasser ausgeht? Der WWF schlägt in Bezug auf Wasserknappheit nun auch für Österreich Alarm, denn:»In Wien sind die ersten Schäden durch Wassermangel bereits sichtbar. Betroffen ist vor allem die Ringstraße, wo nun sogar das große Baumsterben droht. Die Bäume zeigen massive Hitzeschäden auf, Blätter verfärben sich und fallen ab, andere Bäume sind bereits vollständig kahl und abgestorben. Was für Österreich noch vor wenigen Monaten ein Problem fernab der Landesgrenzen war, rückt nun in beängstigende Nähe.« Die WWF-Studie mit dem Titel»Rich Countries, Poor Water« zeigt auf, dass nicht nur die südlichen Länder regional von Wassermangel betroffen sind, sondern auch die nördliche Halbkugel zunehmend unter regenarmen, heißen Sommern leiden wird.

Um ein Bewusstsein für die zunehmende Wasserverknappung auch in Europa zu schaffen, wurde die Organisation»Blueprint for Water« von WWF, National Trust und anderen Umweltschutzorganisationen in Großbritannien ins Leben gerufen. Sie möchte in der Bevölkerung das Bewusstsein für das Wasser als kostbarstes Gut dieser Erde schärfen. Bis 2009 muss jedes EU-Land einen Plan vorlegen, wie es die Sauberkeit der natürlichen Wasservorkommen wiederherzustellen gedenkt.

Auch die heißen Sommer der letzten Jahre, hier vor allem jene von 2003 und 2005, haben in Teilen Frankreichs, aber auch Deutschlands zu Ernteausfällen aufgrund von Wassermangel geführt. Und Italien sieht die Zukunft des Reisanbaus südlich von Turin gefährdet.[16] Und nicht nur das: durch Wassermangel bedingte Ernteausfälle in den sizilianischen Obst- und Gemüseanbaugebieten könnten eine weitere Landflucht mit sich bringen.

Ein weiteres Problem, das nicht außer Acht gelassen werden darf, ist die niedrige Wasserführung der Flüsse bei Trockenheit und die daraus resultierende verminderte Stromgewinnung aus Wasserkraft. Zu den hohen Energiespitzen im Winter kommen nun jene in den heißen Sommermonaten, da der Betrieb von Klimageräten immer häufiger auch in Europa zur Anwendung kommt. Sinkt der Anteil an Strom aus Wasserkraft, wird hier sicher vermehrt auf weniger umweltfreundliche Quellen zurückgegriffen.

Von Dürre am meisten betroffen ist die iberische Halbinsel. In Spanien hat es seit 1947 nicht mehr so wenig geregnet wie im Sommer 2005, und die Landwirte verzichten dort mittlerweile auf den Anbau von Mais, der sehr viel Wasser braucht. Doch es kommt noch dicker. Obwohl es 2006 mehr Niederschläge gab als 2005, sind die Wasserspeicher im spanischen Staat leer. Nun wurde dem Süden der Hahn abgedreht, die Überleitung vom Tajo nach Murcia und Valencia wurde gestoppt. In den beiden Provinzen muss nun auf Notreserven zugegriffen werden, womit sich der Wassermangel im nächsten Jahr weiter zuspitzen kann. Probleme gibt es auch mit Portugal, weil Spanien im zweiten Jahr in Folge nicht die vereinbarten Wassermengen über die gemeinsam genutzten Flüsse liefern kann. Dass hier massive politische Probleme, nicht nur bilateral, sondern auch innenpolitisch Platz greifen werden, ist vorhersehbar.[17]

Wasserscheichs

Anfang 1998 startete der spanische Politiker Juan de Dios Izquierdo-Collado im Europäischen Parlament eine Initiative, natürliche Wasserressourcen in der Europäischen Gemeinschaft von wasserreichen in wasserarme Gebiete umzuverteilen. Seinem Entschließungsantrag über die »technische Realisierbarkeit transeuropäischer Wassernetze« wurde im EU-Parlament zugestimmt.[18]

Durch das reiche Wasserangebot in Österreich – innerhalb der EU das Land mit dem immerhin sechstgrößten Wasserangebot – dachte man daraufhin darüber nach, seine Wasservorräte gewinnbringend zu verkaufen. Zu diesem Zweck wurde vom Lebensministerium, das in Österreich auch für die Wasserwirtschaft zuständig ist, im Jahr 2001 die Studie »Abschätzung des nachhaltig nutzbaren Quellwasserdargebotes im alpinen Raum Österreichs« in Auftrag gegeben. Man kam zu dem Entschluss, dass genug Wasservorräte für einen Export – auch in Trockenjahren – vorhanden sei. Das zusätzliche Wasserdargebot allein

»

Innerhalb der EU ist Österreich das Land mit dem sechstgrößten Wasserangebot

im alpinen Raum Österreichs beträgt laut dieser Studie 0,65 Milliarden Kubikmeter. Das entspricht dem Wasserverbrauch von 11 Millionen Menschen.[19] Als dieses Vorhaben durch die Medien ging, brach eine regelrechte Hysterie unter der österreichischen Bevölkerung aus, wilde Spekulationen über Wasserpipelines nach Spanien und sogar bis in den arabischen Raum wurden laut, Schlagworte wie »Die Lizenz zum Plündern« grassierten unter den erhitzten Gemütern. Die damalige Umweltministerin Marilies Flemming erklärte, in der EU herrsche in Wasserfragen das Prinzip der Einstimmigkeit, Österreich könne da nicht überstimmt werden. Wer anderes behaupte, betreibe eine »Politik der Panikmache«. Das Thema war sehr emotional besetzt und es gab an manchem Stammtisch und in mancher österreichischen Zeitung Berichte zum »Ausverkauf des österreichischen Wassers«. Der ehemalige EU-Abgeordnete Hans Kronberger veröffentlichte allerdings ein Buch über die gängigen Praktiken innerhalb der EU, ein Kapitel trägt den bezeichnenden Titel »Wie Brüssel uns das Wasser abgräbt«. Kronberger schreibt: »Seit Jahren versuchen Regierungsvertreter im Rat das große Hindernis für eine ›gerechte‹ europäische Wasserpolitik aus dem Weg zu räumen: das Einstimmigkeitsprinzip bei der Wasserbewirtschaftung. Ein erster überfallsartiger Anschlag erfolgte auf dem Gipfel von Lissabon im April 2000, ein zweiter nur ein halbes Jahr später auf dem Gipfel von Nizza – übrigens mit Schützenhilfe von Seiten der österreichischen Grünen: sie bezeichneten Österreichs Beharren auf der Einstimmigkeit in Wasserfragen als ›extrem populistisch‹ und sprachen von einer ›Blockadepolitik‹.«[20]

Jedenfalls schien es in der EU nun keine Frage des »ob«, sondern nur mehr des »wie« zu sein, auch Österreich wollte am vermeintlich großen Kuchen des Wasserexports mitnaschen.

So plante beispielsweise das Land Tirol eine zehn Millionen Euro teure Trinkwasserpipeline, über die Wasser aus dem Achensee in den Großraum München transportiert werden sollte. Der zuständige Tiroler Landesrat Eberle bevorzugte damals eher einen Verkauf des Wassers in Flaschenform.

Der steirische Landesrat Gerhard Hirschmann wiederum regte im Februar 2002 die Gründung einer »Wasser-OPEC« an, in der Länder und Regionen wie Österreich, die Schweiz, Bayern und Südtirol gemeinsam ihre Interessen zur Sicherung und Vermarktung ihrer Trinkwasserressourcen regeln könnten. Doch sämtliche Pläne fielen buchstäblich ins Wasser.[21]

2003 folgte eine weitere Studie des Lebensministeriums mit dem Titel »Ökonomische Nutzung des in Österreich vorhandenen nachhaltig nutzbaren Wasserdargebots«. Dabei stellte sich heraus, dass der Transport über Pipelines – in der österreichischen Bevölkerung besonders gefürchtet – absolut unrentabel ist: man müsste pro Kubikmeter Wasser rein auf der Kostenseite zwischen 2,5 und 3,10 Euro für Transportstrecken über 1.000 Kilometer rechnen. Und das ist aus der Sicht der Wirtschaft nicht sinnvoll: kostet doch ein Kubikmeter Wasser aus Entsalzungsanlagen zwischen 0,9 und 1,7 Euro – Tendenz fallend; auch Brauchwasserexport über Tankwagen oder Tankschiffe zahlt sich nicht aus. Die Kosten liegen dabei je nach Transportmittel zwischen 3,66 bis 11,60 Euro – zu teuer, um rentabel zu sein.

Die Möglichkeiten, Trinkwasser in großen Mengen und in brauchbarer Qualität in »Medusa Bags« zu transportieren, sind technisch noch nicht ausgereift. Dabei handelt es sich um riesige Kunststoffbeutel, die per Schleppschiff in die Zielregionen gebracht werden.

Nun möchte man meinen, dass im hochpreisigen Segment des Flaschenwassers Profit zu machen sei, doch auch hier sieht es in der Realität völlig anders aus. Laut der erwähnten Studie kam als »Nebeneffekt« heraus, dass Österreich trotz seiner hervorragenden Trinkwasserqualität mehr Gebindewasser (= Flaschenwasser) importiert als exportiert. Tendenz steigend: So betrug 2001 der Import nach Österreich 54,5 Millionen Liter, der Export jedoch nur 21,6 Millionen Liter, 2005 waren es 90,13 Millionen Liter Import versus 17,8 Millionen Liter Export.[22]

Dieser Trend setzt sich unverständlicherweise fort, hier liegt es tatsächlich nur am Konsumenten, zu entscheiden, ob er die Wertschöpfung eines Produktes im Land behalten möchte. Vor allem ist es so, dass das meiste nach Österreich importierte Mineralwasser aus einem Land mit regionalem Wassermangel, nämlich Italien, importiert wird.

Auch die Schweiz und Deutschland importieren gemessen am gesamten Import den größten Anteil aus Italien. Dabei sollte der Vergleich sicher machen: Im österreichischen Durchschnitt zahlt man für 1.000 Liter Leitungswasser etwa 1,10 Euro – ungefähr so viel wie im Schnitt für vier Liter Mineralwasser aus der Flasche. Im deutschen Durchschnitt kosten 1.000 Liter Leitungswasser etwa 1,72 Euro, in der Schweiz 1,60 Schweizer Franken, das entspricht etwa einem Euro.

Die einzige Chance wäre es, sich am internationalen Markt besser zu platzieren, doch auch das dürfte schwierig werden. Die global players Nestlé, Danone und andere haben ihre claims schon so erfolgreich abgesteckt, dass der Platz eng wird.

Doch die Experten der Studie sehen nicht völlig schwarz in Bezug auf die indirekte Vermarktung österreichischen Wassers: denn eine weitere Erkenntnis ist, dass die größte Wertschöpfung bei Wasser im Bereich der Verteilungs- und Aufbereitungstechnik liegt. Und da steht Österreich gut da: bei der Entwicklung von Wassertechnologien liegen wir wie auch Deutschland und die Schweiz im weltweiten Spitzenfeld. Stellvertretend für den Sektor Wassertechnologien sei die europaweit führende Firma im Wassertechnologiebereich »BWT«

– Best Water Technologies – mit Hauptsitz in Mondsee, Salzburg, genannt, die unter anderem Außenstellen in Deutschland und der Schweiz betreibt. Unter dem Motto »Wachstum durch Innovation« konnte sich diese Firma hervorragend am Markt vor allem für Privatkunden und Gewerbe positionieren.

Ein anderes zukunftsträchtiges Unternehmen im Bereich Wassertechnologien ist die CHRIST Water Technology Gruppe. Diese ist auf Rein- und Reinstwasseranlagen für Industriekunden (Halbleiter, Pharma/Life Science, Getränkemittelindustrie) sowie Kommunen (Trinkwasser, Abwasser- und Entsalzungsanlagen) spezialisiert. Beide Unternehmen machen etwa sieben Prozent ihrer Gewinne im Osteuropageschäft.

Wasser als Ware

Über den Wechsel vom öffentlichen zum Privatrecht – also von staatlicher Hoheitsgewalt und Kontrolle beziehungsweise Fürsorgepflicht auf privatwirtschaftliche Tätigkeit – wird seit Beginn der Globalisierung viel geredet und diskutiert. Da im Fall einer Privatisierung das Gemeinwohl weniger berücksichtigt werden muss – schließlich müssen Gewinne gemacht werden, während zuvor oft nur die Verlustminimierung im Vordergrund stand –, eignen sich Versorgungsnetze, sei es im Sektor Verkehr, Strom oder Wasser nicht unbedingt vordringlich zur Übergabe an private Betreiber. Bedauerlicherweise zeichnet sich in Europa ein immer deutlicherer Trend zur Privatisierung der Wasserversorgung ab. Die Kommunen, deren Aufgabe es bisher war, die Bewohner mit einwandfreiem Wasser zu versorgen, sehen hier die Möglichkeit, sich von kostenintensiven Erhaltungsaufträgen zu trennen und nebenbei durch den Verkauf des Versorgungsnetzes eine beträchtliche Menge Geld in ihre oft maroden Gemeindekassen einzuspeisen – Berlin beispielsweise bekam für die Privatisierung der Hälfte seiner Wasserversorgung im Jahr 1999 kolportierte 1,7 Milliarden Euro.[23] Allerdings fragt man sich mitunter, warum diese Unternehmen bereit sind, soviel Geld in erhaltungsintensive Netze zu investieren. Denn die Fixkosten einer Wasserversorgungsanlage wie Rohrnetzpflege, Leitungsspülungen, Netzerweiterung, Rohrleitungstausch, Bekämpfung von Leckverlusten, Trinkwasserqualitätsanalysen und so fort machen 80 Prozent des zu erzielenden Wasserpreises aus. Die naheliegendste Erklärung: es werden den Konzernen – meist der Geheimhaltung unterliegende – Gewinngarantien vertraglich zugesichert.

Es gibt zahlreiche Beispiele, wie etwa Berlin, wo 49,9 Prozent der Wasserwerke an die Wasserriesen Veolia Wasser und RWE aqua (Rheinisch-Westfälisches Elektrizitätswerk AG) gingen: hier ließen sich die Konzerne einen kolportierten jährlichen Gewinn von hundert Millionen Euro durch die Politik vertraglich zusichern: dies ging zunächst zulasten der Beschäftigten durch Entlassungen und schließlich damit zulasten der Verbraucher, denn die Preise stiegen kräftig an. Laut Gegnern

» _____

Wasserversorgung ist ein natürliches Monopol, da es leitungsgebunden transportiert wird

der Teilprivatisierung gehen der Stadt Berlin durch diesen Vertrag zudem jährlich viele Zehntausend Euro durch die Lappen, da die garantierten Gewinne in jedem Fall bezahlt werden müssen...

Ein anderes Beispiel ist die Übernahme vom amerikanischen Marktführer »American Water Works« durch die deutsche RWE im Jahr 2003, die dadurch zum drittgrößten Wasserversorger weltweit aufstieg. RWE – Vorstand Harry Roels sicherte damals den immerhin 29 betroffenen US-Bundesstaaten und drei kanadischen Provinzen mit insgesamt 15 Millionen Menschen zu, auf eine langfristige Partnerschaft zu setzen. Fakt ist allerdings, dass sich RWE 2007 auch vom amerikanischen Tochterunternehmen trennen will – allerdings nur »im Paket« an einen anderen Konzern und nicht zurück an die Kommunen.[24] Die betroffenen Bürger fordern eine Rekommunalisierung, da die Wasserversorgung schlechter läuft als zuvor in öffentlicher Hand. Auch in Stuttgart, London, Mülheim, Jakarta und anderen Städten wird eine Rekommunalisierung vehement gefordert. Die Folge: erboste Bürger protestierten lautstark und gingen auf die Straße, um die Politiker zu zwingen, »ihr« Wasser wieder rückzukaufen. Ein

Rückkauf – auch etwas sperrig Rekommunalisierung genannt – käme die Gemeinden in den meisten Fällen billiger zu stehen als jahrelang in den Verträgen mit den Wassermultis zu verharren: die verbrieften Gewinnrenditen von beispielsweise acht Prozent über die Laufzeit von 28 Jahren im Falle Berlins hängen nicht von der tatsächlichen Einnahmesituation der Konzerne ab: es muss laut Vertrag in jedem Fall gezahlt werden, was in Berlin zur Folge hatte, dass die Stadt als Mehrheitseigentümerin der Wasserversorgung nur etwa ein Sechstel der Einnahmen für sich lukrieren konnte und der Bärenanteil an das Konsortium RWE und Veolia/Vivendi bezahlt werden musste. Auf der Homepage der »Wasserpartner Berlin« – das sind die privaten Teileigner, die sich aus den Firmen Veolia Wasser und RWE aqua zusammensetzen – liest sich das allerdings so: »Die öffentlich-private Partnerschaft ermöglicht dem Land Berlin, durch Ausschüttungen und Abgaben jährlich Einnahmen in Höhe von durchschnittlich 130 Millionen Euro zu erzielen.«

Schlagwort Cross-Border-Leasing

Ebenfalls aus Gründen der Budgetentlastung für die Gemeinden entscheidet sich so mancher Bürgermeister für das so genannte Cross Border Leasing – CBL. So sind in Düsseldorf die Abwasserbetriebe verleast, in Österreich so manches Wasserkraftwerk, in Zürich das Schienennetz der Straßenbahn.

Als Grundlage des CBL dient das US-Steuersystem. Es geht darum, nationales Eigentum an einen US-Konzern über sehr lange Zeiträume zu vermieten – üblich sind 90 bis 99 Jahre – mit einer Rückkaufoption für die Gemeinden nach etwa 25 Jahren. Der Trick dabei ist, dass die jeweilige Gemeinde das betreffende Objekt sofort nach Vertragsabschluss »zurückmietet«, dieses Prozedere wird lease in – lease out (LILO) genannt. Der Vorteil basiert auf einer »Lücke« im US-Steuersystem, wonach in den USA langfristige Miete wie Eigentum behandelt wird. Dadurch können Konzerne durch Abschreibung dieser Objekte immense Summen an Steuern sparen, der Vorteil für den »Vermieter« liegt darin, dass er einmalig einen »Barwertvorteil« erhält, üblicherweise zwischen zwei und acht Prozent des Schätzwertes der Anlagen. Trickreicherweise wurden all diese Verträge im Bundesstaat New York unterzeichnet. Die umfangreichen Verträge – üblich sind 1.000 bis 3.000 Seiten – liegen meist nicht in deutscher Übersetzung vor und dürfen nur in New York aufbewahrt werden. Die US-Steuerbehörde hat jedoch im Jahr 2004 auf dieses Umgehen der Steuerpflicht reagiert und den Abschluss neuer CBL-Verträge untersagt, um die US-Bürger vor weiteren Steuerverlusten zu schützen. Die bestehenden Verträge sind jedoch weiterhin gültig, es wird aber von Seiten der Demokraten über eine Möglichkeit nachgedacht, die entgangenen Steuern in irgendeiner Weise einzufordern. Wesentlicher Unterschied zur Privatisierung ist beim cross border leasing-Modell, dass die Gemeinde weiterhin zivilrechtlicher Eigentümer der Objekte bleibt. [25]

Hier stellt sich dann die Frage, wieso es von seiten der US-Vertragspartner überhaupt eine Rück»kauf«option für die Gemeinden geben kann, die ja nach bestehendem Recht hierzulande sowieso Eigentümer bleiben. Es lässt sich trefflich darüber diskutieren, wie sich dieser Passus im Ernstfall ausnimmt, wenn zum Beispiel ein US-Investor Pleite geht; ein gravierender Nachteil ist jedenfalls die lange Laufzeit dieser Verträge, die den zukünftigen Generationen die Entscheidungsfreiheit über Gemeinde-

»
Wasser ist nicht das Erdöl des 21. Jahrhunderts – der Mensch hat 150.000 Jahre ohne Erdöl gelebt. Aber keinen einzigen Tag ohne Wasser.

eigentum weitgehend raubt. Es ist auch nicht absehbar, wie sich die geplante Änderung zur Rückholung der entgangenen Steuergelder in die USA auf die Partner in Europa auswirken wird, es steht zu befürchten, dass sich die US-Investoren, so sie in den USA tatsächlich die entgangenen Steuern nachzahlen müssen, an den Partnern in Europa schadlos halten werden. Gerichtsstand der Streitereien ist jedenfalls New York und Gerichtsverfahren wären kostenintensiv und langwierig mit schwer abzuschätzenden Folgen für die Gemeinden. Im Falle der Stadt Aachen, die aus einem bestehenden Leasing-Vertrag aussteigen wollte, kam es zu Gerichts- und Anwaltskosten in der Höhe von 19 Millionen Euro. [26]

Und auch in anderen Teilen Deutschlands regt sich bereits der Widerstand gegen CBL-Projekte. So brachte die Stadt Kulmbach, deren städtisches Kanalnetz an einen US-Investor gehen sollte, durch ein Bürgerbegehren die geplante Aktion zu Fall. Übrig bleibt die Frage, ob es für europäische Kommunen tatsächlich moralisch vertretbar ist, an einem »Quasi-Steuerbetrug« mitzuwirken, der dem kleinen US-Bürger schadet und nur kurzfristig finanzielle Vorteile für die CBL Partner mit sich bringt.

Dabei handelt es sich bei der Wasserversorgung um ein natürliches Monopol, da dieses Gut leitungsgebunden transportiert wird. Im Gegensatz zur ebenfalls leitungsgebundenen Energie ist die Herkunft des Wassers wichtig, weil man sie schmecken kann. Die Bewohner der Alpenländer sind weltweit in der selten glücklichen Lage, ihr Trinkwasser direkt aus dem Wasserhahn entnehmen und es genauso genießen zu können wie Mineralwasser.

Doch es könnte zu Problemen kommen, falls sich die gängige Politik, die kommunale Wasserversorgung immer nur an einen einzelnen privaten Anbieter zu vergeben, ändert. Von Seiten der Gemeinden wird negative Kritik an den Privatisierungswünschen nicht ernst genommen, es wird mit sinkenden Preisen argumentiert und doch hat sich in der Vergangenheit zigfach bestätigt, dass die Preise immer gestiegen sind. Zugleich ist die Qualität meist gefallen, da die Privaten bei Investitionen sparen, denn wie sonst sollten sie Gewinne lukrieren. Dazu muss man wissen, dass bei der Wasserversorgung für den Anbieter etwa 80 bis 90 Prozent des Wasserpreises Fixkosten darstellen und da ist noch kein Liter Wasser verkauft. Trotzdem streben viele private Unternehmen auf den Wassermarkt, einerseits in der Hoffnung, über steigende Preise und Senkung der Fixkosten, sprich: Vernachlässigung der Netzpflege, mehr Geld zu erwirtschaften.

Andererseits bieten viele Unternehmen mehrere Dienstleistungen wie Gas- und Stromversorgung aus einer Hand an – multi-utility genannt – und erhoffen sich über das Wasser auch einen Zugang zur Versorgung des Haushalts mit anderen Dienstleistungen zu verschaffen. Aus der Sicht der Unternehmen durchaus verständlich – ein privatwirtschaftliches Unternehmen wird sich nur dort engagieren, wo es sich Gewinn verspricht. Aus der Sicht des Konsumenten sieht die Sache ganz anders aus: erst verkauft die Kommune ihre Wasserversorgung an Private, dann werden die Verkaufspreise angehoben, die Investitionen ins Netz aber zugleich gesenkt. Wenn das Wassernetz endgültig heruntergewirtschaftet ist, wird es den Kommunen »freiwillig« zum Rückkauf angeboten.

Immer wieder wird in den Medien der Vergleich von Wasser mit dem Erdöl herangezogen, um zu dokumentieren, dass hier ebensolche Gewinne lukriert werden können. Doch der Vergleich ist schief, meint Wolfgang Kopetzky, Generalsekretär des Österreichischen Roten Kreuzes: »Ich halte Wasser für die bedeutendere Ressource. Der Mensch hat über 150.000 Jahre ohne Erdöl gelebt. Aber keinen einzigen Tag ohne Wasser.«

Gewinnträchtig scheint der Markt dennoch zu sein. Und wer beherrscht ihn? Das »Wasserkartell« – quasi das, was die OPEC für das Erdöl ist? Da sind einerseits die großen multinationalen Konzerne, die vor allem die Wasserversorgungsdienstleistungen anbieten, wie Ondeo/Suez, Veolia/Vivendi, E.on Gelsenkirchen Wasser, Aqua Mundo und RWE aqua, die vor ihrem (überraschenden?) Teilverkauf der Sparte Wasser der drittgrößte Wasserversorger weltweit waren. Weiters die international tätigen Konzerne, die Flaschenwasser verkaufen, wie Nestlé (Vittel, Contrex, Perrier,…), Danone (Evian, Volvic), Coca Cola, Pepsi und einige andere wie Unilever – und auch hier wieder – Veolia/Vivendi, Ondeo/Suez, die eigene Gebindewasser anbieten.

> **»**
>
> 1,1 Milliarden Menschen auf der Welt haben keinen Zugang zu sauberem Wasser

Als letzte Gruppe die Wasserexporteure en Gros wie beispielsweise Kanada, Norwegen und einige andere, die per Tankschiff Wasser in wasserarme Regionen exportieren.[27]

Darf es möglich sein, dass ein Menschheitserbe wie das Wasser von einigen wenigen Privatunternehmen mit wirtschaftlichen Interessen kommerziell verteilt wird? Müssen auch wir in Österreich, Deutschland und der Schweiz uns sorgen, dass das gut eingeführte Netz kommunaler Wasserversorger von global players übernommen wird? Die Wasserversorgung darf nicht in die unberechenbaren Hände einiger weniger Wassermultis gelangen.

Es liegt auf der Hand, dass private Wasseranbieter keine Wohltätigkeitsorganisationen sind: schließlich soll das Geschäft mit dem »Blauen Gold« Gewinn abwerfen.

Folglich hat das Schweizer Bankhaus Pictet den weltweit ersten Wasseraktien-Fonds errichtet, mit dem Erfolg, dass er innerhalb der ersten 18 Monate eine Wertsteigerung von über 30 Prozent erzielte – erheblich mehr als der MSCI World (Morgan Stanley Capital Index), der einen der bedeutendsten Indizes in der Finanzwelt darstellt.

Im Folgenden ein denkwürdiger Ausschnitt eines Interviews mit dem zuständigen Fondsmanager der Pictet Bank, Hans-Peter Portner: »Meine Titel stammen aus der gesamten Wertschöpfungskette des Wassers, von der Aufbereitung über den effizienten Gebrauch bis hin zu Mineralwasser oder zu Entsorgern«, sagt Portner. Aus drei Gründen hat es für Portner Sinn, in Wasseraktien zu investieren: »Wasser ist zu billig, es gibt zu wenig geeignete Infrastruktur und das Wasser ist häufig nicht am richtigen Ort.« Zudem hält Portner den Markt für sehr fragmentiert und häufig liege er sogar noch in öffentlicher Hand – erst neun Prozent seien in privater Hand. »Ich erwarte daher noch reichlich Übernahmen, an denen man gut verdienen kann«, sagt der Wasserexperte.

Das Fazit dieses Interviews, das am Ende des Artikels zu lesen ist, verblüfft noch mehr in seiner sozialen Dreistigkeit: »Auf Öl oder Gold kann man leichter verzichten als auf Wasser – Wasser ist daher ein Anlagethema mit Zukunft«.

Mit dem Unterschied zu anderen Fonds, dass die überlebensnotwendige »Ware Wasser« durch nichts – und wirklich absolut durch NICHTS – anderes zu ersetzen ist. Und auch nicht vermehrbar ist – die Summe des Wassers auf der Erde bleibt immer gleich.

»Im Wasser langfristig dicke Gewinne angeln – Das ›Blaue Gold‹ scheint in ausreichenden Mengen vorhanden, jedoch ist nur ein geringer Bruchteil für die Menschheit nutzbar. So prognostizierte der ehemalige UN-Generalsekretär Boutros Ghali schon vor vielen Jahren, dass ›die nächsten Kriege um Wasser geführt werden‹. Inzwischen sind sich alle Experten einig, dass die globale Wasserversorgung die vordringlichste Aufgabe des 21. Jahrhunderts ist. Investoren sollten diesen langfristigen ›Mega-Trend‹ daher unbedingt ins Depot packen.«

So lautet der Aufmacherartikel in der Februarausgabe 2006 der Zeitschrift »Zertifikate Journal«. Und er endet mit folgenden Worten: »Ohnehin ist das Thema Wasser ein klassischer Langfristtrend, der erst in einigen Jahren seine volle Blüte zeigen wird. Daher ist es ratsam, kontinuierlich über mehrere Zeitabschnitte Käufe durchzuführen (Cost-Average-Effekt).«[28]

Die Weltbank greift hier »unterstützend« ein, gibt vor, helfen zu wollen, indem sie die Privatisierung der Wasserversorgung in den armen Ländern finanziell massiv unterstützt. Allerdings ist Wasserknappheit meist nicht die Ursache des Wassernotstands in den Entwicklungsländern, das Problem beruht auf ungerechter Verteilung, verschmutztem Trinkwasser, nicht nachhaltiger Nutzung der Wasserreserven und allgemeiner Benachteiligung der finanzschwachen Menschen dieser Länder. Hier muss man allerdings unterscheiden: es gibt Staaten, vor allem in Osteuropa, wo durchaus schon eine funktionierende Wasserversorgung bestanden hat, die aber über die Jahre verwahrlost und funktionsuntüchtig geworden ist.

» Eine reibungslose Wasserversorgung scheitert immer nur am Management, nicht an der Technologie

In den jetzigen Kommunalverwaltungen ist das Wissen um die Aufrechterhaltung der Wasserversorgung verloren gegangen; die Leidtragenden dieser Situation sind die Bürger und hier vor allem die sozial Unterprivilegierten.

Anders gelagert ist das Problem mangelnder Versorgung mit sauberem und sicherem Trinkwasser in Asien und den Ländern des Südens, wo es teilweise noch nie eine adäquate Versorgung über Wasserleitungen gegeben hat.

Ein Beispiel für die Hilfestellung in Asien ist ein Projekt des Österreichischen Roten Kreuzes in Osttimor, wo weniger als die Hälfte der Haushalte Zugang zu sauberem Trinkwasser haben, was ein klarer Indikator für Unterentwicklung ist. Das Land an der Ostspitze der indonesischen Inselgruppe nimmt auf dem weltweiten Human development Index Platz 140 von 177 Ländern ein. Dort werden entlegene Bergdörfer mit Wassersystemen durch das Österreichische Rote Kreuz versorgt.

Zum Wasserproblem in Asien kommt ein unheimlich rasches Wirtschaftswachstum mit unzureichender Kenntnis der viel propagierten »clean-technologies« hinzu. Einerseits, da keine verpflichtenden Regelungen zur Einhaltung von Grenzwerten bestehen und andererseits, weil große westliche Konzerne dort produzieren lassen, ohne auf Wasserreinhaltung und Ressourcenschonung zu achten.

Zur raschen und effektiven Hilfestellung sind vor allem die sozialen Gegebenheiten zu berücksichtigen (expandierendes Ballungsgebiet oder ländliche Streusiedlung). Das Problem ist nie die Technologie, sondern immer das Management, denn oft reicht eine einfache Handpumpe für eine reibungslose Versorgung aus. Wichtig ist nur, dass es einen Verantwortlichen für die Betreuung des Brunnens beziehungsweise der Pumpe gibt. Ist dies gewährleistet, kann einer autonomen Wasserversorgung nichts mehr im Wege stehen.

Ein anderes Problem wird uns allerdings erst jetzt schmerzlich bewusst: eine reine Technologieübertragung von West nach Süd oder von Reich nach Arm funktioniert nicht immer. Die größte Massenvergiftung der Welt beruhte auf folgender Ursache: die Bewohner Bangladeshs nutzten traditionellerweise Oberflächengewässer für ihre Bedürfnisse. Als unter anderem UNICEF-geführte NROs – Nicht Regierungs Organisationen – in Bangladesh Brunnen bohrten, um die Menschen mit »hygienischem Wasser« zu versorgen, wendeten sie in bester Absicht die ihnen seit Jahren geläufige Methode der Schlagbrunnenbohrung an. Nicht bedacht wurde dabei, die geologischen Schichten in Bangladesh auf Arsengehalt zu prüfen und so landete man genau in einer arsenführenden Schicht. Noch im Jahr 1993 erklärte der »British Geological Survey« das Wasser für sicher. Die Vergiftung erfolgt sehr schleichend und ist deshalb umso heimtückischer, Schätzungen der WHO zufolge sind zwischen 35 und 77 Millionen Menschen in der Region in und um Bangladesh chronisch vergiftet.

Die privaten Wasseranbieter konzentrieren sich allerdings eher auf Ballungsräume. Denn vor allem dort ist an die Subventionsvergabe der Weltbank eine Bedingung gebunden: die Länder müssen ihr öffentliches Netz per Vertrag privatisieren und Gewinnspannen garantieren. Wenn das – wie im später beschriebenen Beispiel Cochabambas, wo die Bevölkerung auf die Straße ging, um die Regierung zum Rückkauf der Wasserversorgungsnetze zu zwingen – für die Privaten nicht so klappt wie geplant, müssen Entschädigungszahlungen an die Unternehmen geleistet werden, auch das

»

Die Weltbank fördert nur Wasserversorgungsprojekte in Ländern, die bereit sind, ihren Wassermarkt zu liberalisieren

steht im Vertrag. Und die Privatisierungspraxis macht vor Europa nicht halt, auch wenn bis jetzt nur zögerliche Anfänge zu spüren sind: bis 2015 wollen die drei größten transnationalen Wassermultis 70 Prozent des amerikanischen und europäischen Wassers unter ihre Kontrolle bringen.[29]

So hat die Weltbank erst vor einigen Jahren die finanziellen Zuschüsse für die transnationalen Unternehmen, die sich an der Wasserversorgung in Entwicklungsländern beteiligen, auf vier Milliarden US-Dollar jährlich angehoben.

Somit ist der Anreiz für diese Unternehmen groß, in die betreffenden Staaten zu gehen und mehr als die üblichen Gewinne im Wassergeschäft einzustreifen, eine Dienstleistung, die normalerweise mit hohen Aufwendungen und geringen Gewinnen – bei korrekter Netzpflege – verbunden ist. Zusätzlich zur vereinbarten Gewinngarantie – die wie allgemein üblich in geheimen Verträgen fixiert wird – bekommen sie dann die Förderung der Weltbank. Unverständlich ist, wieso man zunächst die bestehenden öffentlichen Wasserversorgungsnetze verwahrlosen lässt und dann mittels teurer Subventionen durch die Weltbank die Länder zur Privatisierung ihrer Wasserversorgungen zwingt. Damit wird den Bürgern die Kontrolle über ihre eigenen Versorgungsnetze entzogen. Denn die Kredite der Weltbank gehen immer an multinationale Wasserversorgungsunternehmen, nie an kommunale.

Doch ist das alles in Europa denkbar und rechtens? »Wasser ist keine übliche Handelsware, sondern ein ererbtes Gut, das geschützt, verteidigt und entsprechend behandelt werden muss.« So steht es in der Präambel der von der EU im Jahr 2000 verabschiedeten Wasserrahmenrichtlinie.

Und dennoch: die wirtschaftlichen Interessen überwiegen: das GATS-Abkommen – »General Agreement on Trade in Services« – der EU gibt grünes Licht für die Privatisierung des Wassers. Auf gut deutsch heißt diese Richtlinie etwas sperrig: »EU Dienstleistungsrichtlinie«. Das Abkommen der EU mit der Welthandelsorganisation WTO soll privaten Unternehmen Märkte öffnen, die bisher der Staat bedient hatte: beispielsweise die Wasserwirtschaft, das Gesundheits- und Bildungswesen und noch andere mehr. Anfangs sollte Wasser davon ausgenommen werden. Doch im März 2004 verlangte der britische Konservative Bill Miller bei den Verhandlungen zur EU Binnenmarktstrategie folgende Formulierung: »Das Parlament begrüßt die Vorschläge für eine Fortsetzung der Liberalisierung und eine Marktöffnung in weiteren Sektoren – insbesondere Wasserversorgung und Postdienste.« Dieser Antrag wurde abgewiesen. Es kam zu folgendem Gegenantrag: »Das Parlament ist der Auffassung, dass die Bewirtschaftung der Wasserressourcen nicht den Regeln des Binnenmarktes unterliegen darf, da Wasser ein gemeinsames Gut der Menschheit darstellt.« Dieser Antrag wurde mit einer hauchdünnen Mehrheit angenommen.[30]

Besonders sensibel ist Artikel IV des GATS. Er legt fest, dass die Regierungen in Bezug auf innerstaatliche Regelungen, die auch Umweltqualitätsstandards und Gesundheitsstandards treffen können, entmachtet werden. Denn es gilt, dass innerstaatliche Regelungen keine unnötige Belastung des Dienstleistungshandels oder Handelshemmnisse darstellen dürfen.[31]

Problematisch ist hier vor allem, dass gerade in Deutschland, Österreich und der Schweiz ein gewachsenes Interesse von Seiten der Kommunen besteht, freiwillig niedrigere Grenzwerte und höhere Qualitätsstandards als gesetzlich vorgeschrieben zu erreichen. Das dient den Bürgern, die bedenkenlos Wasser aus der Leitung trinken können. Wird Wasser in Zukunft als freies Handelsgut betrachtet, wird die Maxime bald nicht mehr lauten:»so rein wie möglich«, sondern nur»so sauber wie gesetzlich vorgeschrieben«.

Warum sind die Europäer dann so dahinter, die Privatisierung von Wasser weltweit voranzutreiben? In den EU-Mitgliedsländern sind drei der weltgrößten Wasserversorger zuhause – die deutsche RWE zählte zu Zeiten der GATS Verhandlungen noch dazu – die zwei französischen Multis Ondeo/Suez und Veolia/Vivendi sind gegenwärtig noch immer äußerst präsent im Wassergeschäft. In Europa schwankt die Zahl der Anteile der privatisierten Wasserwirtschaft sehr: in Großbritannien etwa sind hundert Prozent des Wassermarktes privatisiert, während in Deutschland kaum zehn Prozent in privater Hand sind.

»

In Manila leben fünf Millionen Menschen ohne geregelte Trinkwasserversorgung

Aber eines der drei weltgrößten privaten Wasserversorgungsunternehmen hatte seinen Sitz in Deutschland: der Konzern RWE. Nun hat RWE Ende 2005 völlig überraschend den Ausstieg aus dem Wassergeschäft in Betracht gezogen:»Anfang November 2005 hatte der Vorstandsvorsitzende Harry Roels aber das Scheitern der internationalen Wasserstrategie öffentlich eingestanden und angekündigt, der Konzern werde sich 2006 zunächst um die Abgabe der nordamerikanischen Wasseraktivitäten (American Water) kümmern.«[32]

Die RWE war zusammen mit den beiden anderen Marktriesen Ondeo/Suez und Veolia/Vivendi sehr bestrebt, den weltweiten Wassermarkt zu erobern. Per 16. Oktober 2006 verkaufte RWE seine im Jahr 2000 erworbene Tochtergesellschaft»Thames Water« an Kemble Waters, das wiederum einem australischen Konzern gehört. Zitat:»Auf Basis des Preises von 4,8 Milliarden Pfund Sterling und Nettofinanzverbindlichkeiten in Höhe von 3,2 Milliarden beträgt der Transaktionswert 8,0 Milliarden. Beim aktuellen Wechselkurs von 0,67 Pfund Sterling/Euro (Stand: 3. November 2006) entspricht dies 11,9 Milliarden Euro. Wir erzielen damit einen Buchgewinn von 0,7 Milliarden Euro.«[33]

Für das Jahr 2007 plant RWE, auch seine amerikanische Tochtergesellschaft zu verkaufen, um sich ganz dem Kerngeschäft mit Gas und Strom widmen zu können. Tatsächlich wären aber auch riesige Investitionssummen für die maroden Wasserversorgungsnetze in Großbritannien und Amerika auf RWE zugekommen, auch ein Grund, die Wassersparte rechtzeitig abzustoßen.

Dem liegt eine bedenkliche Doppelmoral zugrunde: im eigenen Land werden private Wasserversorger aufgrund der Gefahr eines rapiden Preisanstiegs bei gleichzeitig fallender Wasserqualität von der Bevölkerung und den Entscheidungsträgern weitgehend abgelehnt. In Bezug auf die Entwicklungsländer wird argumentiert, dass eine Übertragung der Wasserversorgung von den Kommunen an die Privatwirtschaft zu einer Versorgungssicherheit der dort ansässigen, meist armen Bevölkerung beitragen soll. Verschwiegen wird, dass dies nur mit satten Preisanstiegen im zweistelligen Prozentbereich gewährleistet werden kann und die Unternehmen nur in die Länder gehen, wo sie Gelder von der Weltbank und den Entwicklungsländern selbst erhalten.

Auf dem Weltwasserforum in Kyoto 2003 war die Frage der Privatisierung der Wasserversorgung zentrales Thema. Der Konflikt manifestierte sich im Streit, ob die Verfügbarkeit von sauberem Trinkwasser ein»Menschenrecht« sei, das der Staat zu garantieren habe, oder ob es ein»Bedürfnis« ist, das vom Markt befriedigt werden sollte. Trotz massiver Proteste der anwesenden Aktivisten lehnten es die Minister ab, das Recht auf Wasser in die Schlusserklärung aufzunehmen; wirtschaftsfreundlich begnügten sie sich mit dem»Bedürfnis«.[34]

Im Folgenden soll anhand einiger Beispiele gezeigt werden, wohin die Privatisierung tatsächlich geführt hat, die allen Bewohnern der betroffenen Länder zugute hätte kommen sollen:

In Manila, Hauptstadt der Philippinen, wurde Mitte der 1990er Jahre die Wasserversorgung privatisiert. Zur Vorgeschichte: ein Drittel der Bevölkerung der 12-Millionen-Stadt hatte keinen Trinkwasseranschluss, die»Metropolitan Water Works and Sewage Systems« war mit der Aufgabe, die ganze Metropole zu versorgen, vollkommen überfordert. Es gab hohe Leitungsverluste durch Leckagen, so nennt man die Löcher in der Zuleitung. Illegale Wasserentnahmen verstärkten das Problem. So konnte es nicht weitergehen. 1997 kam es zur Übernahme durch die Firma Maynilad (an der das schon bekannte französische Unternehmen Ondeo/Suez Anteile hält) und Manila Water. 2002 waren jedoch trotz anders lautender Versprechungen noch immer fünf Millionen Menschen ohne geregelte Trinkwasserversorgung.

Die Preise waren enorm gestiegen, nachdem die Regulierungsbehörde von Maynilad mit Hilfe der Regierung und der Asiatischen Entwicklungsbank (ADB) gezwungen wurde, die Preisgestaltung freizugeben. Die vereinbarten Investitionen in das Netz blieben indes aus, die Leckagen stiegen, das wiederum steigerte die Leitungsverluste. Um dieses »davongeflossene« Geld wettzumachen, wurden die Preise abermals gesteigert – insgesamt kam es zu Preissteigerungen um 400 Prozent.

In der Folge kam es 2003 im Ortsteil Tondo zu einem Choleraausbruch, bei dem Hunderte Menschen starben. Die Ärzte gaben verschmutztes Wasser als Ursache an, Maynilad gab zu, dass dieses auf das veraltete Rohrsystem zurückzuführen sei, behauptete aber, kein Geld

» Bei Protesten gegen die privaten Wasserversorger in Bolivien wurden sechs Menschen vom Militär ermordet

für Investitionen zu haben. Das Unternehmen war aber alles andere als finanzschwach. Mittlerweile wird von NROs der Rückkauf des Wasserversorgungsnetzes durch die Stadt gefordert, andere Wasserversorgungskonzerne würden nur unter hohen Gewinnversprechungen von Seiten der Weltbank und der Asiatischen Entwicklungsbank ADB übernehmen. Fazit: profitiert haben die Konzerne, die Verlierer sind ein weiteres Mal die Ärmsten der Armen.[35]

Ein extremes Beispiel ist die Stadt Cochabamba in Bolivien: im Jahr 2000 wurde dort die Wasserversorgung durch einen US-Konzern übernommen, die Preise stiegen daraufhin um 300 Prozent. Das bedeutete für die Familien, dass ein Viertel (sic!) des Haushaltseinkommens für Wasser aufgewendet werden musste – wer sich das nicht leisten konnte, dem wurde kurzerhand der Hahn zugedreht.

Die Bürger gingen daraufhin auf die Straße, es folgten blutige

Straßenschlachten, die die Regierung mittels eines Militäreinsatzes niederzuschlagen versuchte. Der Notstand wurde ausgerufen, doch im Endeffekt zog sich der amerikanische Konzern aus Cochabamba zurück.

Im März 2005 flackerten die blutigen Konflikte um das Wasser in Bolivien wieder auf, wenn auch an anderer Stelle: in La Paz und El Alto hat der Konzern Ondeo/Suez die Wasserversorgung übernommen, seitdem sind die Preise um 57,7 Prozent gestiegen, dem Konzern wurden schriftlich Renditen von 12 Prozent zugesichert, bedingt durch den Umstand, dass ein Leitungs- und Abwasseranschluss auf 445 US-Dollar kommt (das Monatseinkommen beträgt im Schnitt rund 40 US-Dollar), können sich über 200.000 Menschen gar keinen Wasseranschluss leisten und sind demnach ohne Wasserversorgung. Der Vertrag unterliegt – wie bei derartigen Verträgen üblich – der Geheimhaltung, was den Bürgern jede Möglichkeit nimmt, sich zu wehren. Doch gibt es ein Gesetz (2066, Artikel 38), das besagt, wenn die Versorgung aller Teile der Bevölkerung nicht gewährleistet ist, könne der Vertrag gekündigt werden. Präsident Mesa sicherte zu, den Vertrag mit Suez zu kündigen...[36] Es bleibt abzuwarten, wie die Wasserversorgung für Bolivien in Zukunft aussehen wird.

Aber es soll hier eindrücklich darauf hingewiesen werden, dass die Verantwortung für steigende Wasserpreise und sinkende Qualität nicht allein bei den privaten Wasserversorgern liegt. Die nationalen Regierungen könnten als Steuerungsinstrument beispielsweise Wasserbezugsscheine an die Ärmsten ausgeben, womit zumindest ein täglicher Grundbezug an Wasser für alle leistbar wäre. Leider klappt dies in den wenigsten Fällen, doch ein positives Beispiel sei hier angeführt: in Chile ist die Wasserversorgung zur Gänze privatisiert. Jedoch sorgt ein starkes regulatorisches System für Zugangsgerechtigkeit und eine gute Versorgung mit Wasser. Hier war der Vorteil, dass ein flächendeckendes Leitungsnetz schon aus der Zeit vor der Privatisierung vorhanden war. Chile hat zudem ein sehr ausgeklügeltes, gestaffeltes System, das Versorgungssicherheit für alle garantiert: die Subventionen werden vom Staat bezahlt, sie machen je nach Haushaltseinkommen zwischen 25 und 85 Prozent der monatlichen Wasserrechnung bis 15 Kubikmeter aus. Darüber hinaus gehender Verbrauch wird nicht subventioniert, das stellt sicher, dass die Subventionierungen die Richtigen, nämlich die Bedürftigen, erreichen. Diese Regelung kostete die Regierung im Jahr 1998 33,6 Millionen US-Dollar – Geld, das sicherstellte, dass die Qualität der Wasserversorgung weiter ausgebaut und verbessert werden kann. Natürlich kam es auch

》
Die Armen der britischen Bevölkerung müssen ihr Wasser per Chipkarte im Voraus bezahlen

in Chile zu Preissteigerungen. Doch eines muss man anerkennen: eine gesteigerte Versorgungssicherheit hat ihren Preis und private Konzerne werden diesen Preis immer fordern. Dagegen ist nichts zu sagen, solange erstens die Armen von den Regierungen subventioniert werden und zweitens das Versorgungsnetz gepflegt und ausgebaut wird, dann ist die Leistung aber auch ihr Geld wert.

Ein weiteres Extrembeispiel ist Buenos Aires, Hauptstadt von Argentinien: dort bekamen 1993 die Konzerne Ondeo/Suez und Veolia/Vivendi den Zuschlag, die Wasserversorgung für 12 Millionen Einwohner zu übernehmen. Auch hier tätigte die Weltbank einen Großteil der Investitionen – nicht die Konzerne selbst.

Gedacht war das Geld – der Weltbank-Anteil betrug immerhin 911 Millionen US-Dollar – für eine bessere Versorgung der armen Außenbezirke. Die Aktion brachte den Bürgern nichts, das gibt sogar die Verwaltung von Buenos Aires mittlerweile zu. Nach wie vor müssen die Ärmsten der Armen Stunden zu öffentlichen Brunnen laufen, weil sich in ihren Bezirken nichts verbessert hat. Dennoch wurden die Wasserpreise auch in diesen Gebieten um bis zu 40 Prozent erhöht.

Die Gewinne für Ondeo/Suez und Veolia/Vivendi betrugen zwischen 1993 und 2001 mindestens 427 Millionen US Dollar – allein in Argentinien.[37]

Es gäbe genügend weitere Beispiele außerhalb Europas, doch wozu in die Ferne schweifen. Auch in der EU gibt es Beispiele, wo die Privatisierung nicht geklappt hat und Versprechungen nicht eingehalten werden konnten: der Anschlussgrad der Bevölkerung in England und Wales an das Wasserversorgungsnetz beträgt 95 Prozent, 1990 wurde privatisiert, in den darauf folgenden fünf Jahren stiegen die Wasserpreise jedes Jahr um fünf Prozent, daraufhin wurde die Preissteigerung für die nachfolgenden fünf Jahre auf jeweils ein Prozent im Jahr von der Regulierungsbehörde begrenzt, in Summe stiegen die Wasserpreise um 34 Prozent.

Die Zahl der Verbraucher, bei denen das Wasser abgedreht wurde, stieg um 50 Prozent, sechs Mal mehr Menschen als in der Zeit vor der Privatisierung erkrankten an Ruhr, sodass sogar die British Medical Association die Privatisierung scharf verurteilte.[38]

Zur Zeit sind die privaten Anbieter bestrebt, ihre Anlagevermögen wieder an die öffentliche Hand zu verkaufen, da teure Investitionen am Wasserversorgungsnetz nötig werden und »man den Handlungsbedarf unterschätzt habe«. Angesichts der Senkung der Preisobergrenzen seien die erforderlichen Mittel für die Sanierung nicht vorhanden. In den Jahren 1993 bis 1998 ist der Wasseranteil minderer Qualität von neun auf elf Prozent angestiegen. Die englischen Wasserversorger haben große Probleme bei der Einhaltung europäischer Qualitätsstandards.[39]

Manny Bueno von der Gewerkschaft Öffentlicher Dienst in Großbritannien erzählt: »Eine der tragischsten Entwicklungen ist, dass armen Familien das Wasser abgestellt wurde, weil sie die Rechnungen nicht bezahlen konnten, die dramatisch gestiegen sind. In meiner Gemeinde (Penn, Wolverhampton in der Nähe von Birmingham) haben wir Menschen gesehen, die ihre Scheiße nur wegspülen konnten, indem sie zehn Stockwerke runtergingen, um sich an einem Standrohr Wasser zu holen. (…) Der öffentliche Protest hat dazu geführt, dass in den Wohnungen dieser armen Menschen Wasserautomaten (Anm.: pre-payment meters) installiert wurden. Sie müssen für den Wasserbezug eine Chipkarte im voraus aufladen und zahlen im Verhältnis höhere Wassergebühren.«[40]

Was würde Manny Bueno wohl zu folgender Aussage der Pictet Bank in Bezug auf den Wasserfonds sagen? »Besonders im UK profitierten die Wasserversorger von der Erlaubnis der Regulierungsbehörde (OFWAT) die Wassertarife anzuheben. Dadurch ist die Finanzierung der dringend notwendigen Investitionsvorhaben für die nächsten fünf Jahre gesichert. Zusätzlich gab es noch eine Reihe von Übernahmen (zum Beispiel South Staffordshire durch eine Investmentbank mit Sitz in Bahrain). (...) Unseres Erachtens ist der Sektor nach wie vor interessant und bietet neben einer weiterhin attraktiven Bewertung auch noch eine hohe Dividendenrendite.«[41]

Was sind – außer steigenden Preisen – die möglichen weiteren Nachteile einer Privatisierung des Wassermarktes? Das Wasser könnte beispielsweise, um Mängel bei der Rohrnetzpflege zu kaschieren, vermehrt chloriert werden, wie das mancherorts schon geschieht, um mit billigen

» Gegen Verluste aus lecken Leitungen wird statt Reparatur der Wasserdruck von den privaten Versorgern reduziert

Mitteln die gesetzlich geforderte Qualität zu erreichen.

Derzeit wird Deutschland von zirka 6.500 Versorgern, die größtenteils in kommunalem Besitz sind, zufriedenstellend versorgt. Die Versorgung erfolgt meist aus der Region, das wiederum ist ein Beitrag zum Umwelt-, Ressourcen- und Naturschutz. Würden lokale Grundwasserschutzmaßnahmen für große Unternehmen kostenträchtiger sein als das Ausweichen auf weiter entlegene Wasservorkommen, würde sich das wiederum nachteilig auf das Prinzip der Nachhaltigkeit auswirken. Eine Liberalisierung des Wassermarktes macht grundsätzlich auch eine Mischung verschiedener Wässer möglich. Dadurch wiederum steigt der Druck, das Wasser zu chlorieren, um möglichen Verunreinigungen entgegentreten zu können.[42]

Die Leitungsverluste durch Leckagen zeigen fehlende, oft enorme Investitionskosten auf, die in naher oder ferner Zukunft getätigt werden müssen und die in weiterer Folge auf den Verbraucher abgewälzt werden. Als Maßnahme der Versorger, Wasserverluste durch lecke Leitungen auszugleichen, wird als kostengünstige Variante oft auch einfach der Wasserdruck reduziert.[43]

Weiters sieht Deutschland die hohen Standards beim Gesundheits- und Umweltschutz gefährdet:

»Das hohe Niveau an Qualität und Versorgungssicherheit hat sich unter einem großen Maß an kommunalen Einflussmöglichkeiten

Wasserversorgung mit privater Beteiligung

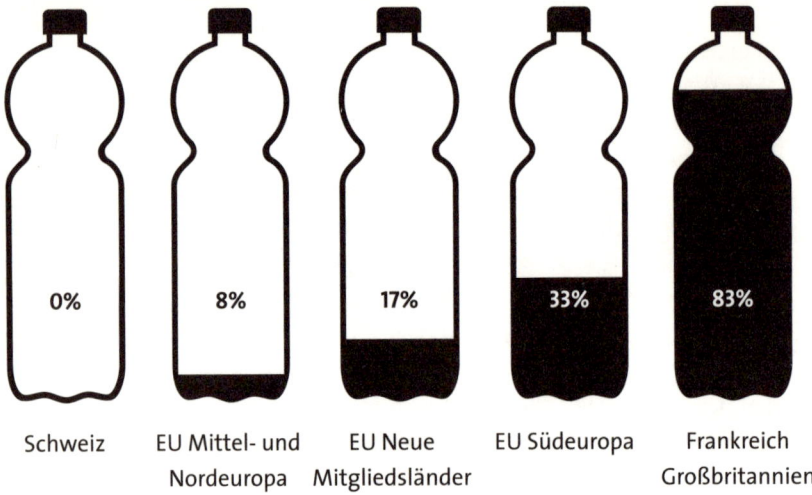

0%	8%	17%	33%	83%
Schweiz	EU Mittel- und Nordeuropa	EU Neue Mitgliedsländer	EU Südeuropa	Frankreich Großbritannien

und damit lokaler politischer Beteiligung entwickelt. Die ortsnahe Versorgung hat in den Kommunen zu einem hohen Verantwortungsbewusstsein geführt. Städte und Gemeinden erbringen Leistungen, die beispielsweise über die Einhaltung der Grenzwerte der Trinkwasser-Verordnung hinausgehen. Diese freiwilligen, zum Teil über mehrere Jahrzehnte gewachsenen Maßnahmen zum Beispiel bei der Minimierung von Schadstoffen im Trinkwasser oder beim Schutz des Grundwassers sind für eine nachhaltige Wasserwirtschaft von großer Bedeutung.« Zitat des damaligen Bundesumweltministers Jürgen Trittin, Rede am 8. Februar 2004 in Berlin anlässlich der Umweltkonferenz 2004 »Neue Infrastrukturen für die Umwelt«.

Viele Kommunen sind dennoch bestrebt, ihre kostenintensiven Wasserversorgungsnetze zu verkaufen, um kurzfristig Budgetlöcher zu stopfen. Die Frage ist: warum sind die privaten Anbieter so erpicht darauf, unverhältnismäßig hohe Summen als Ablöse für oft marode Leitungsnetze zu bezahlen? Eine mögliche Antwort neben den eingangs beschriebenen zugesicherten Gewinngarantien seitens der Kommunen: oft handelt es sich bei den Privaten – wie schon zuvor erwähnt – um Multi-Utility-Unternehmen, das heißt Unternehmen, die außer der Wasserversorgung auch die Versorgung mit Strom, Gas etc. anbieten. Wasser ist ein sehr bewährter Stoff, um Vertrauen aufzubauen, es funktioniert quasi als Türöffner für die Folgegeschäfte. Das kommt daher, dass Wasser ein sehr emotionales Produkt ist: nichts lasse ich so nahe an mich heran, es wird innerlich und äußerlich angewendet. Wenn mich jemand damit zufrieden stellend versorgt, bin ich bereit, ihm auch die Obsorge über andere Versorgungsbereiche meines Lebens zu überlassen.

Vom Menschenrecht auf Wasser

»Der nächste Krieg im Nahen Osten wird nicht um Politik, sondern um Wasser geführt werden«, erklärte der damalige UN-Generalsekretär Boutros Ghali 1988. Dieser Spruch wurde seither tausendfach zitiert und soll auch hier als Denkanstoß dienen. Ist Wasser ein Menschenrecht?

Viele Jahre konnte keine Einigung in dieser Frage erzielt werden, ob Wasser als Menschenrecht zu behandeln ist oder nicht: 2002 gelang der Durchbruch und der »Ausschuss über Wirtschaftliche, Soziale und Kulturelle Rechte« der Vereinten Nationen einigte sich auf einen »allgemeinen Kommentar« zum Menschenrecht auf Wasser. Dieser Schritt ist zwar rechtlich nicht bindend, es bleibt die Hoffnung, dass er moralisch bindend für alle UNO-Mitgliedsstaaten der Welt wirkt. Rechtlich bindend werden UNO-Resolutionen und Ähnliches erst dadurch, dass sie von den einzelnen Staaten in nationales Recht eingebettet werden.

Durch den »allgemeinen Kommentar« zum Menschenrecht auf Wasser existiert wenigstens ein rechtlich normativer Rahmen für die schrittweise Umsetzung des Rechtsanspruchs auf Wasser innerhalb der nationalen Gesetze. Zentrales Merkmal ist, dass ein Menschenrecht Wasser auf Prinzipien wie Gleichheit, Allgemeingültigkeit und Nicht-Diskriminierung basiert. Kriterien wie beispielsweise Armut dürfen der Verwirklichung eines Menschenrechts auf Wasser nicht im Wege stehen. Tatsache ist allerdings, dass dieses Recht in den letzten Jahren eher auf Papier Bestand hatte und dieses ist bekannt-

lich geduldig. Zu hoffen bleibt, dass sich dennoch etwas ändert, je
weiter das Problem der Trinkwasserversorgung in den Köpfen der
Menschen (auch der Nicht-Betroffenen) verankert wird.

Dennoch: wie viele »Kriege« wurden seit der Aussage des ehemaligen UN-Generalsekretärs Boutros Ghali vor fast 20 Jahren um Wasser
geführt? Hier muss man immer zwischen
Konflikten unterscheiden, die zwischen
zwei souveränen Staaten geführt werden,
und zwischen Konflikten, die regional
zwischen Volksgruppen aufgrund gleicher
Ansprüche auf die »Mangelware Wasser«
entstehen. Nach Meinung von Experten
wird es auch in Zukunft keine Kriege im militärischen Sinn um Wasser geben, das ist ein Mythos. Kriege haben immer multifaktorielle
Ursachen und innerhalb dieser Faktoren wird Wasser sicher an Bedeutung gewinnen. Die kleineren Konflikte um Wasser werden sich
in Zukunft gewiss verschärfen, wenngleich es in Anlehnung an den
»No Blood For Oil«-Spruch im Golfkrieg nicht heißen wird: »No Blood
For Water«.[44]

»Die gewaltsamen Auseinandersetzungen zwischen einzelnen
(ethnischen) Gruppen in Kenias trockenen Grenzgebieten wurden
hauptsächlich wegen der Ressourcen Wasser und Weideland ausge-
tragen. Im Januar 2005 wurden bei inter-ethnischen Auseinandersetzungen zwischen den Garre und den Murule, zwei somalisch-kenia-
nische Klans, in Mandela im Nordosten Kenias, 20 Menschen getötet.
Weitere 14 Personen kamen im Januar in der Region Mai Mahiu im
Nakuru Distrikt bei gewaltsamen Auseinandersetzungen um Wasser
zwischen den Kikuyu und den Massai ums Leben, woraufhin 2.000
Personen aus ihren Dörfern flüchteten.«[45]

Der Konflikt, der seit 1971 zwischen Bangladesh und Indien besteht, dreht sich unter anderem um Wasser. Erst 1993 konnte eine
halbwegs stabile Einigung über die Nutzung des Wassers erzielt werden, als Bangladesh das Problem vor die UNO brachte.[46]

Zwischen den Ländern Jordanien, Israel und Libanon kommt es
ebenfalls immer wieder zu Konflikten wegen der Ressource Wasser.[47]

»

Wussten Sie, dass Israel nach
Eroberung der Westbank
nahezu alle Brunnen konfisziert hat?

Hier kann wiederum zwischen zwei Arten des Konfliktes unterschieden werden: absolute Konflikte sind dadurch gekennzeichnet, dass alle beteiligten Parteien das gleiche Ziel haben. Im Falle Syriens, Iraks und der Türkei ist das die Bewässerung in der Landwirtschaft. Beim anderen Konflikttyp handelt es sich um relative Konflikte: die einen wollen Strom erzeugen, die anderen lieber die Felder bewässern – für beide Nutzungen gleichzeitig ist nicht genug Wasser da. Die Länder Kirgisien und Usbekistan haben diesen Interessenskonflikt friedlich gelöst: Kirgisien liefert Wasser für den Baumwollanbau und erhält im Gegenzug fossile Rohstoffe für die Stromerzeugung.

Im Folgenden einige Beispiele, allen ist gemeinsam, dass sie die gleiche Ursache haben: gleichzeitige Nutzungsansprüche an das in der Region knappe Gut Wasser.

Krisengebiet Nil

Die zehn Anrainerstaaten des Nils zählen allesamt zu den Gebieten mit Wasserproblemen, allerdings brauchen lediglich Ägypten und der Sudan den Nil als sprichwörtliches Überlebensmittel. Lange Zeit war es der Traum Ägyptens, das Nilwasser zu kontrollieren, da die Ägypter durch die jahrtausendelange traditionelle Nutzung des Nils Ansprüche für sich zu erkennen glaubten. Mehr als 80 Prozent des Wassers wird für Bewässerungszwecke verwendet.

Seit 1959 besteht ein Vertrag zwischen Ägypten und dem Sudan um die Nilwassernutzung. Jedoch ist Ägypten stärker von der Nutzung des Nils zu Bewässerungszwecken abhängig als der Sudan. Dort fallen zusätzlich Niederschläge, die der Landwirtschaft zugute kommen. Trotzdem lassen sich auch in dieser Region Krisen prognostizieren. Viele der Nil-Anrainerstaaten sind von Bürgerkriegen geschüttelt und haben im Moment noch andere Sorgen als das Bewässern ihrer Felder. Sollten diese Nationen in Zukunft ihre Kriege beenden, steht ein großer Konflikt vor allem um die Teile des Nilzuflusses an, die in Äthiopien liegen, denn diese steuern die Hauptmenge an Wasser bei. Kommt es hier zu Entwicklungsförderungsmaßnahmen der Weltbank, zeichnen sich enorme Nutzungskonflikte zwischen Äthiopien, dem Sudan und Ägypten ab, denn ohne künstliche Beregnung ist hier ein zufriedenstellender Acker- oder Feldfrüchtebau kaum möglich – und damit auch kein wirtschaftlicher Aufschwung.

Das finanziell starke Ägypten hat nun ein Riesenprojekt namens »Toshka« aus der Taufe gehoben, mittels dessen es die Wüste erblühen lassen und gleichzeitig die steigenden Einwohnerzahlen bewältigen will, indem in der Wüste auch Siedlungsraum geschaffen wird. Ziel ist eine Steigerung der bewohnbaren Fläche Ägyptens von derzeit 5,5 auf 25 Prozent. Dieses Projekt wird auf Seite 160 noch eingehend beschrieben.[48]

Brennpunkt Jordan

Jordanien, Israel, Libanon und Syrien teilen sich in der am meisten von Wasserknappheit betroffenen Region der Welt das Wasser des Jordan.

Nach dem Sechs-Tage-Krieg von 1967 hatte Israel die Westbank erobert und als erste Maßnahme nahezu alle Brunnen konfisziert. Somit saßen die Palästinenser buchstäblich auf dem Trockenen. Die Bohrung neuer Brunnen wurde den Palästinensern verboten und die Entnahmen aus den bestehenden Brunnen wurden mit Quoten belegt. Diese Quote blieb trotz starken Bevölkerungswachstums innerhalb der palästinensischen Bewohner seither unverändert. Die Israelis bohrten jedoch in der Nähe der natürlichen Quellen der palästinensischen Bauern weitere sehr tiefe Brunnen zur Versorgung ihrer Siedler in der Westbank. Das führte zum Versiegen vieler Quellen und zum Verdorren der Äcker. Nach israelischem Besatzungsrecht geht jedoch ein zwei Jahre lang unbewässertes Feld in israelisches Eigentum über. Israel nutzt mittlerweile 79 Prozent des »mountain-aquifer«-Wassers und das gesamte Wasser aus dem Jordan-Becken für sich. Oft wurde in der Vergangenheit die Vermutung aufgestellt, Israel habe den Sechs-Tage-Krieg vor allem wegen des Wassers geführt, was insofern glaubhaft klingt, als hier die Wüste künstlich urbar gemacht wird, um diverse Früchte exportieren zu können. Diese sind allerdings mit jenem Wasser hochgezogen, das in der Region für die ansässige Bevölkerung dringend benötigt würde.[49]

Faten Mukarka, Mutter von vier Kindern aus Beit Jala, einem Nachbarort auf palästinensischem Gebiet in der Nähe der von den Israelis erbauten »Sicherheitsmauer«, erzählt: »Es kann sein, dass man morgens aufsteht, man will sich die Zähne putzen, es röchelt so verdächtig und dann ist Totenstille, das Wasser ist leer geworden in den Wasserkanistern (auf dem Dach, Anm. der Autorin) und am allerschlimmsten sind die Toiletten, wenn man nicht nachspülen kann und bei Großfamilien reicht oft schon ein Tag, um das Leben unerträglich zu machen.« Und sie erzählt weiter, mit einem Fingerzeig auf den gegenüberliegenden Hang, wo in der Nähe von Betlehem eine israelische Siedlung entstanden ist: »Und dort haben sie vor ihren Häusern dunkelgrünen Rasen, genauso dunkelgrün wie in Deutschland und bei der Hitze, die dort herrscht im Hochsommer, so einen Rasen dunkelgrün zu halten, muss man Tag und Nacht besprenkeln.« Derartige Situationen findet man überall in Palästina und sie schüren die Wut auf die israelischen Besatzer. Und sie halten den »Palästinenserkonflikt« am Kochen.[50] Palästinensischen Haushalten in der Westbank stehen etwa 60 Liter Wasser pro Kopf und Tag zu, in den israelischen Siedlungen nebenan sind es 350 Liter pro Kopf und Tag.

Aber nicht nur die Palästinenser haben Probleme mit der israelischen Wasserpolitik, auch Jordanien leidet unter dem enormen Wasserverbrauch Israels für die Landwirtschaft. Das Wasser aus dem See Genezareth wird laut Vertrag zwischen Jordanien und Israel aufgeteilt, das Fatale daran ist jedoch, dass die Israelis sehr starke Pumpen haben, mittels derer sie Wasser aus dem See holen. Der See Genezareth hat seine Tücken, am Grund des Sees befindet sich Salzwasser, nur in den oberen Schichten Süßwasser. So wird das Wasser von Israel vor allem aus den oberen Schichten entnommen, das salzreiche Wasser fließt nach Süden Richtung Jordanien und bereitet dort logischerweise Probleme.[51]

Mittels Entsalzungsanlagen wird versucht, der Situation der künstlich erzeugten Wasserknappheit Herr zu werden. Es wäre jedoch aus

Gründen der Vernunft klüger, das Wasser gerechter unter allen Bewohnern zu verteilen und den Anbau alternativer Kulturpflanzen in Erwägung zu ziehen.

Dass dieses Wasser, das für die Landwirtschaft entnommen wird, der regionalen Bevölkerung nicht mehr als Trinkwasser zur Verfügung steht, ist nur die Spitze des Eisberges, denn weit größere Probleme verursachen die mit Pestiziden verunreinigten Grundwässer, die Sumpfbildung rund um Bewässerungskanäle, die Versalzung der Böden und vieles mehr.

Wasser macht Partner

Schon aus sumerischer Zeit sind Konflikte rund um das Wasser des Euphrat bekannt. Immer noch ist dies ein schwelender Konfliktherd im Nahen Osten. So beziehen Syrien und der Irak den größten Teil ihres Wassers aus dem Euphrat, der im Osten der Türkei entspringt.

Das GAP (Great Anatolia Project) ist ein ehrgeiziges Projekt der Türkei, das den Bau von Staudämmen, Kraftwerken und Bewässerungsanlagen vereint und zu einer florierenden Landwirtschaft verhelfen soll.

Mehr als 1,7 Millionen Hektar Land sollen nach Fertigstellung künstlich bewässert werden, die Energieerzeugung soll verdoppelt und nennenswerte landwirtschaftliche Exporte in den arabischen Raum möglich werden. Zum Großteil ist GAP fertig gestellt – Syrien muss sich laut Berechnungen von Allan H. Miller, Leiter des Sea Grant Instituts an der Universität Wisconsin, auf den Verlust von 40 Prozent des Euphratwassers, der Irak sogar auf einen Verlust von 90 Prozent des Wassers einstellen. Als Wiedergutmachung bot der türkische Präsident Özal eine »peace-pipeline« an, die Wasser aus türkischen Flüssen zu einem Drittel der Kosten einer arabischen Entsalzungsanlage in die betroffenen Staaten geliefert hätte. Doch aufgrund der politischen Abhängigkeit, die sich durch Akzeptanz dieses Vorschlages ergeben hätte, lehnten die Staaten das Angebot dankend ab. Denn die Pipeline hätte über eine Westachse – unter anderem durch Israel – und eine Ostachse durch die arabischen Staaten geführt. Gerade bei der lebensnotwendigen Ressource Wasser verlässt man sich lieber auf die Selbstversorgung etwa durch Entsalzungsmaßnahmen.

Wobei ein Kubikmeter Trinkwasser aus den Entsalzungsanlagen mit etwa 0,9 bis 1,75 Euro zu Buche schlägt und diese Technologie jedes Jahr billiger wird. [52]

Gibt es Lösungsansätze für diese Konflikte? Ein Ansatz ist die aus dem Jahr 1997– vor allem durch die Türkei – heftig bekämpfte UNO-Konvention über die Nutzung von Fließgewässern (»UNO-Konvention über die nicht-schiffbare Nutzung Internationaler Wasserwege«, diese wurde 1997 von der Generalversammlung der UNO verabschiedet).

> **Der weltweite Mineralwassermarkt hat einen Wert von 22 Milliarden US-Dollar**

Sie enthält Regelungen in Bezug auf die Nutzung internationaler Wasserläufe und ihres Wassers für andere Zwecke als die Schifffahrt. Dabei schließt sie Maßnahmen für den Schutz, die Erhaltung und das Management im Zusammenhang mit der Nutzung von Wasserläufen und ihres Wassers mit ein. [53]

Ob diese eine nützliche Konfliktprävention darstellt, wird sich weisen.

Zwei Drittel der 1.800 Dispute seit 1950 über die Wasserrechte in den 261 grenzüberschreitenden Flussgebieten der Welt sind friedlich gelöst worden. In 150 Fällen gibt es ein Abkommen, einige Konflikte sind noch offen. [54]

Lifestyle und Geschäftemacher

Der internationale Wassermarkt ist, wie bereits oben ausführlich berichtet, heiß umkämpft. Der Konzernchef von Nestlé, Peter Brabeck, ist sogar der Meinung, dass Trinkwasser einen festen Preis haben muss – ganz im Gegensatz zur Auffassung der UNO, dass Wasser ein Allgemeines Menschenrecht ist. Der Nestlé-Umsatz mit Wasser betrug 2005 rund 5,5 Milliarden Euro und wuchs im ersten Halbjahr 2006 um 10,2 Prozent.[55]

Mineralwasser hat sich zu einem Lifestyle Produkt entwickelt. Tendenz steigend. Die generelle Annahme, Flaschenwasser sei gesünder als Leitungswasser stimmt so nicht, zumal manches Gebindewasser nichts anderes ist als abgefülltes Leitungswasser. Trotzdem explodiert förmlich der Konsum von Flaschenwasser. Dies ist auch einem gründlichen Verhaltenswandel in unserer Gesellschaft zuzuschreiben. Wer am Jahrmarkt der Eitelkeiten mitspielen will, muss jung, dynamisch, sportlich, schön sein. Denken Sie an die Mineralwasserwerbung: vermittelt sie nicht all dies glaubwürdig? Denken Sie an die vitalen Menschen, die in den Werbespots aus der Flasche trinken? Genau dieses Bild soll an den Konsumenten weitergegeben werden und Bedürfnisse wecken. Und da scheuen die Mineralwasserkonzerne weder Mühe noch Kosten: der Rohstoff Wasser ist im Vergleich zum Endprodukt spottbillig. Gerade mal vier Liter durchschnittliches Mineralwasser bekommen Sie für den Preis von tausend Litern Trinkwasser aus der Leitung. Bei besonders noblen Wässern können die Preise um ein Vielfaches über dem Preis für einen Liter Leitungswasser liegen. Da ist dann natürlich ein mächtiger Werbeetat vorhanden. Das Teuerste am Mineralwasser sind übrigens die Verpackung und der Transport...

Ein Mineralwasser hat es gar unter die »Top Ten« der teuersten Lebensmittel der Welt geschafft: das japanische »Rokko No« wird im Berliner Nobelhotel Adlon um dürftige 62 Euro für die Halbliterflasche kredenzt.[56]

Warum erlebt Mineralwasser oder generell abgepacktes Wasser gegenwärtig einen derartigen Boom? Jede der etablierten Marken möchte ein ganz individuelles Image vermitteln, es gibt Flaschen aus Glas, solche aus Plastik, sogar Dosen aus Aluminium. Nestlé und Danone sind die weltweiten Marktführer. Der Mineralwassermarkt repräsentiert ein jährliches Volumen von 89 Milliarden Liter – das entspricht einem Marktwert von geschätzten 22 Milliarden US-Dollar.

Was für ein Geschäft! Die meistversprechenden Märkte liegen in Asien und im Pazifischen Raum mit jährlichen Zuwachsraten von

15 Prozent. Mit der Zunahme von Einkaufszentren kam es zu einer explosionsartigen Vermehrung der Auswahl, das steigende Gesundheitsbewusstsein lässt die Konsumenten vermehrt zu reinem Mineralwasser greifen statt zu den in den 80er und 90er Jahren so beliebten Softdrinks. Marktforscher meinen, im Flaschenwasser ein Signal der sozialen Stellung zu erkennen. Die meisten Menschen sind nicht mehr im produzierenden Gewerbe, sondern im Dienstleistungssektor tätig, das bringt viel Schreibtischarbeit mit sich. Und was steht nebst Telefon und Computer auf dem Schreibtisch? Richtig, die Wasserflasche. Vergessen ist der Schaden für die Umwelt, den die Produktion der meist nur einmal verwendeten Flaschen mit sich bringt, vergessen die tausenden Kilometer, die ein so »minderes« Produkt, obwohl aus der Leitung vor Ort (meistens) in bester Qualität erhältlich, hinter sich lassen musste. Und dabei kräftig die Umwelt verpestet hat mit allen Folgen für den Klimawandel. Und trotz alledem wächst der globale Markt für Gebindewasser pro Jahr um satte sieben Prozent – Zuwachsraten, von denen andere Lebensmittelsparten nur träumen können.

Mit der Einführung der PET (Polyethylenterephtalat)-Flaschen Mitte der 1980er Jahre begann der Siegeszug des Flaschenwassers: extrem leicht, sehr klar als Verpackungsmaterial – »schönes« Plastik sozusagen, und, wenn es einer Recyclierung zugeführt wird, sogar wieder verwertbar – löste es in Windeseile die bis dahin meist gebräuchlichen Glasflaschen ab. Der Nachteil von Glas liegt auf der Hand: es ist sehr schwer und damit sowohl für die Verkäufer als auch für die Konsumenten mit viel Trageaufwand verbunden. Der Vorteil von Glas war allerdings eine sehr geringe Durchlässigkeit für Kohlensäure. Bei PET-Flaschen ist diese im Vergleich nicht so günstig: doch glücklicherweise fordern immer mehr Konsumenten ohnehin »stilles« Wasser, also solches ohne Kohlensäure, obwohl diese keimtötend beziehungsweise -hindernd ist. So mussten im Jahr 2002 vier Chargen des italienischen Mineralwassers »Aqua laura« rückgeholt werden, weil es kolibakteriell kontaminiert war. Gefährlicherweise trug gerade dieses stille Mineralwasser den Hinweis auf besondere Verwendbarkeit zur Zubereitung von Säuglingsnahrung.[57]

Die Mineralwasserkonzerne lassen zudem auch keine Gelegenheit aus, mit Marketing-Gags auch die Kinder zum Kauf von Gebindewasser zu motivieren: für sie wurde jüngst ein eigenes Wasser lanciert, dessen Verschluss – ein cooler Sportverschluss – nach Konsum des Flascheninhalts zur Tröte umfunktioniert werden kann, die Banderole ist teilweise abziehbar und dann als Aufkleber verwendbar. Das ganze in kind- (und mutter-) gerechten Pastelltönen. Allerdings setzt die französische Marke Evian, die einem der Marktführer, nämlich Danone gehört, dem Ganzen noch eins drauf, indem sie Flaschen entwickelt hat, auf die genau ein Babysauger passt, damit schon das Baby direkt aus der Flasche sein Wasser trinken kann. Früh übt sich, was ein Markenfetischist werden will.

Apropos Evian: die Firma brachte schon 1830 ihr erstes abgepacktes Mineralwasser heraus, damals noch in einem irdenen Gefäss. Heute füllt Evian sechs Millionen Liter Wasser täglich – außer an Wochenenden und Feiertagen – ab.[58]

Eine Studie der Universität Hannover ergab, dass die Versorgung einer Person mit 110 Liter Gebindewasser pro Jahr soviel Energie braucht wie die Bereitstellung von 44.000 Liter Leitungswasser.[59]

Allein innerhalb Deutschlands gehen pro Jahr 27 Milliarden Flaschen (27.000.000.000!!!) auf die Reise, die französischen und italienischen noch gar nicht mitgerechnet![60]

Dass Mineralwasser bis Mitte der 1950er Jahre in Deutschland nur in Drogerien verkauft wurde, ist kaum vorstellbar, zu vertraut ist uns schon der Anblick einer unglaublichen Auswahl internationaler Wässer im Supermarkt.[61]

Vor allem in Osteuropa hat sich der Marktanteil von Flaschenwasser seit 1996 um 90 Prozent erhöht. Nestlé bietet allein 77 verschiedene Wässerchen an, frei nach dem Motto:»Jedem das Seine.« Sogar Coca Cola ist mit der Marke»Bonaqua« auf das Wasser gekommen, Pepsi zog mit der Marke»Aquafina« nach. Einen handfesten Skandal leistete sich Coca Cola mit der Marke»Dasani«, die in England als besonders frisches, mit NASA Technologie gereinigtes Edelwasser vermarktet wurde: es stellte sich heraus, dass es sich bei dem edlen Tropfen um nichts anderes als Wasser aus der Themse handelte, das einem Purifikationsprozess unterzogen wurde und – um dem Ganzen ein »Profil« zu geben – mit Mineralien angereichert wurde. Dumm nur, dass sich dabei Brom bildete, bei dem man davon ausgeht, dass es krebserregend wirkt. Coca Cola startete eine Rückholaktion für 500.000 Flaschen, der Imageschaden war perfekt.[62]

An manchen Orten der Welt treibt das Riesengeschäft mit dem Flaschenwasser ungeheure Blüten: mit der Lancierung der Marke »Pure Life« im Jahr 1999 hat der Konzernriese Nestlé – er hält 17 Prozent des Weltwassermarktes, Tendenz steigend – begonnen, den potenziellen Markt Asien zu erobern. Mittels gefinkelter Aktionen wurde das regionale Wasser durch bezahlte Vertreter der lokalen Gesundheitsbehörde bei »Gesundheitsseminaren« verunglimpft. Dabei hielt sich Nestlé im Hintergrund, zwei Monate danach wurde die Marke »Pure Life« auf den asiatischen Markt gebracht und schnellte innerhalb kürzester Zeit auf einen Marktanteil von 50 Prozent hinauf. Diese Praktik wurde zwar nach kurzer Zeit abgestellt, der publicity Nutzen der Aktion war aber enorm.

>> Nestlé stillt seinen schier unendlichen Wasserdurst aus dem Einzugsgebiet des Lake Michigan – und bedroht damit die Existenz des Sees

Auch hier sind die Ärmsten die Verlierer, denn der Konzern nützt den Mangel an sauberem Trinkwasser in Entwicklungsländern schamlos aus, zumal sich noch dazu nicht alle Flaschenwasser leisten können. »Pure Life« wird weltweit an 107 Stellen abgefüllt. Und diese Marke setzt gezielt in armen Ländern an und erweckt auch dort das Bedürfnis nach Flaschenwasser. Klug gemacht ist die Strategie jedenfalls und darüber hinaus gehört Nestlé im Bereich Imagepflege auch dem Club »Global Compact« der UNO an, die sich zu Mindeststandards im sozialen und ökologischen Bereich verpflichtet haben. Doch diese Maßnahmen können nicht darüber hinwegtäuschen, dass sich sogar in den USA, wo Nestlé Marktführer ist, der Widerstand formiert. Bürgerinitiativen sehen den Lake Michigan bedroht, in dessen Einzugsgebiet der Wassermulti aus einer Quelle seinen schier unendlichen Wasserdurst stillt und wollen dem Konzern die Betriebsgenehmigung entziehen lassen. Auch in der eigenen Heimat ist der Konzern schon verpönt, nachdem er eine Schweizer Quelle im Kanton Neuenburg anzapfen wollte. Der Verein Attac – der sich selbst als »das Netzwerk für eine demokratische Kontrolle der Finanzmärkte« bezeichnet – machte dies publik und Nestlé musste aufgrund der Widerstände aus der Bevölkerung sein Gesuch zurückziehen.[63]

Leider fehlen in den Entwicklungsländern sowohl die politische Macht der kleinen Bürger als auch der politische Wille der Entscheidungsträger, um solche üblen Praktiken großer Konzerne einzudämmen.

Für Leser mit viel Geld, die zufällig in Paris weilen, sei kurz folgender Reisetipp abgegeben: in der »Waterbar« in der Rue St. Honoré kann man 75 verschiedene Wässerchen kredenzt bekommen, vorausgesetzt, man ist bereit, dafür bis zu fünf Euro pro Flasche zu bezahlen.[64]

Kein Wasser für den Süden

In den Entwicklungsländern sieht die Situation um Vieles trister aus. Weltweit leben 1,1 Milliarden Menschen ohne adäquate Wasserversorgung, als Wert für die Grundversorgung mit Wasser hat die UNO 20 Liter pro Person und Tag für die Aufrechterhaltung eines Mindestlebensstandards definiert. Kommen Wäsche waschen und sonstiger »Luxus« dazu, nimmt man 50 Liter pro Person und Tag als Wert an.

Aber wie sieht diese Grundversorgung beispielsweise in Afrika aus? Prinzipiell sind in fast allen Gesellschaften der Welt die Frauen und Mädchen für das Wasserholen zuständig. Daher versäumen weltweit Millionen Mädchen täglich den Schulbesuch, um in stundenlangen Fußmärschen Wasser für ihre Familien herbeizuschaffen. Das ist doppelt bitter, denn hätten Frauen mehr Bildung, hätte auch ihre Stimme mehr politisches Gewicht. So leben sie weiterhin in Unterdrückung und völliger Abhängigkeit ihrer Ehemänner, für ihren Zeit- und Bildungsverlust – auch durch das Wasserholen – interessiert sich niemand. Für einen Mann bedeutet Wasser zu holen den

Verlust seiner Ehre – es schickt sich einfach nicht und so müssen Frauen tagtäglich riesige Kanister über weite Strecken am Kopf balancieren. An der Wasserstelle angekommen, heißt es manchmal: leider, heute kein Wasser da, geht zur nächsten Entnahmestelle!

Nehmen wir das Beispiel Kibera: dieser größte Slum Afrikas liegt 30 Minuten Busfahrt vom Zentrum der Stadt Nairobi entfernt, ihres Zeichens Hauptstadt Kenyas und einer der UNO-Hauptsitze. Die

» Die Bewohner Kiberas zahlen für Trinkwasser bis zu zehnmal mehr als die reichen Bewohner der Hauptstadt

Menschen in Kibera leben unter für Mitteleuropäer unvorstellbaren Zuständen. Der Slum besteht aus Blechhütten, die aussehen, als ob sie beim nächsten Windhauch einstürzten. 1999 wurden Schätzungen über die Zahl der Einwohner angestellt: man kam auf 82.000 Menschen pro Quadratkilometer. Insgesamt dürfte Kibera Heimat für bis zu einer Million Menschen sein. Diese leben in ebenerdigen Hütten, die meist aus einem einzigen Raum bestehen, der im Schnitt für fünf Menschen Schlafstatt, Küche und Esszimmer in einem ist. Von sanitären Anlagen ganz zu schweigen.

Die Bewohner Kiberas zahlen für Trinkwasser bis zu zehnmal mehr als die reichen Bewohner der Nobeldistrikte der Hauptstadt. Und wenn dort das Wasser knapp wird, bleibt für die Armen in den Slums nichts mehr übrig, da das wenige Wasser dann in die Bezirke der Reichen fließt – der Begriff »water apartheid« erscheint passend.

Das Problem mit der Wasserqualität besteht unter anderem darin, dass viele Wasserverteilstellen die Kanister der Bevölkerung nur aus Wassertanks füllen, Süßwasserhähne sind rar. Aber auch sie gewährleisten keine Trinkwassersicherheit, denn in Ermangelung von Toiletteanlagen erleichtern sich die Menschen hinter den Häusern, das Abwasser sickert ungeklärt in den Boden und von dort – mit Krankheitserregern angereichert – in die löchrigen Wasserleitungen. Die gesundheitlichen Auswirkungen sind entsprechend: Ruhr, Cholera und Krätze, diverse andere Durchfallerkrankungen sind an der Tagesordnung, die Kindersterblichkeit ist enorm hoch.

Glaubt man den Bemühungen der NROs (Nicht Regierungs Organisationen) und der Verabschiedung der Millennium Development Goals der UNO, sollen diese Zustände bald geändert werden: bis 2015 soll sich die Zahl der Menschen ohne Zugang zu sauberem Trinkwasser halbiert haben – liest man allerdings die vollmundigen Erklärungen vergangener UN-Dokumente, sind Zweifel erlaubt. Solange viele Länder mit einer hohen Kindersterblichkeit (durch wasserverursachte Durchfallerkrankungen) nur einen Bruchteil ihres Budgets zur Wasser- und Sanitärversorgung ausgeben, aber ein Vielfaches davon für militärische Zwecke, wird sich nichts ändern.[65]

Wieviel Wasser braucht der Mensch

Man kann die Erkenntnisse der Medizin auf eine knappe For-
mel bringen: Wasser, mäßig genossen, ist unschädlich.

Mark Twain

Bei all dem, was wir bisher über das Wasser und seinen Kreislauf
erfahren haben, dürfte es das Wort WasserVERBRAUCH eigentlich
gar nicht geben.

Das Wasser wird verwendet oder gebraucht, wie immer man es
nennen möchte, aber »verbraucht« wird es definitiv nicht. Seine
Qualität wird durch menschliche Nutzung meist beeinträchtigt, aber
insgesamt weniger wird die Wassermenge nicht. Der Teil des Ab-
wassers, der in den Kanal fließt, geht spätestens nach dem Klärwerk
wieder zurück in den Vorfluter, das heißt in einen Fluss. Wasser kann
jedoch nicht für immer verloren gehen.

Insofern ist auch der Vergleich, das Wasser wäre das Öl des 21.
Jahrhunderts falsch, denn Erdöl ist in der Tat eine nicht erneuerbare
Ressource, während Wasser einem immerwährenden Kreislauf unterworfen ist. Der Vergleich kann also nur in wirtschaftlicher Hinsicht
interpretiert werden, denn naturwissenschaftlich ist er nicht haltbar.
Trotzdem bleiben wir in diesem Kapitel beim Begriff »Wasserverbrauch«, denn er ist der gebräuchlichste.

Bleiben wir zunächst einmal bei einem allgemein beobachtbaren
Phänomen: Es ist erwiesen, dass mit dem wirtschaftlichen Aufstieg
eines Landes nicht nur der Verbrauch an Energie, sondern auch der
an Wasser steigt. Ebenso erhöht sich mit zunehmendem Wohlstand
auch der Fleischkonsum. Als Beispiel sei hier China erwähnt, wo
gerade einmal 17 Kilogramm Fleisch pro Kopf und Jahr verzehrt werden, während es in Österreich 63 sind.

Was das mit Wasser zu tun hat, ist leicht erklärt: Aus der Tierhaltung ergibt sich ein höherer Bedarf an Futtermitteln, deren Erzeugung höhere Wassermengen benötigen. Bedenkt man nun Chinas wirtschaftlichen Aufschwung, so ist zu bemerken, dass der Entwicklung einer integrierten Wasserwirtschaft schon der Mangel an qualifiziertem Personal und fehlende finanzielle Mittel zur Abschätzung des Wasserdargebots entgegenstehen.

Zudem fließen oft zwischen 70 und 80 Prozent des zur Verfügung stehenden Wassers in die Bewässerung der landwirtschaftlichen Flächen. Hier würde allein schon eine Regulierung über den Wasserpreis ein wirksamer Anreiz zum Sparen sein. Doch leider ist das Gegenteil der Fall: Die Landwirtschaft erhält besonders günstige Tarife.

Muss das so sein? Tatsächlich könnten – ähnlich dem Prinzip des Faktors 4: doppelter Wohlstand bei halbiertem Naturverbrauch – mit weniger Wasserverschwendung gleiche Ergebnisse erzielt werden. Ursprünglich für die ariden Länder der Dritten Welt entwickelt, wäre die Tröpfchenbewässerung auch in unseren Breiten ein wirksamer Wasserspareffekt in der Landwirtschaft. Erwiesenermaßen können bis zu 60 Prozent der benötigten Wassermenge eingespart werden, denn mit dieser Technik werden Verdunstungsverluste weitgehend vermieden. Ähnlich jenen Modellen, die man in jedem Baustoff-Diskonter für den Heimgebrauch erwerben kann, werden Schläuche mit kleinen Auslasslöchern direkt über den Wurzelballen der Pflanze verlegt, durch die tröpfchenweise und kontinuierlich Wasser zugeführt wird. Und auch der Düngemitteleinsatz kann reduziert werden, da der Dünger mit dieser Bewässerungsmethode direkt in den Wurzelraum der Pflanze eingebracht werden kann. Nachteilig sind die verstopfungsanfälligen Düsen und der relativ hohe Anschaffungspreis.[1]

In Deutschland, Österreich und der Schweiz herrscht derzeit kein merkbarer Wassermangel. Einzige Einschränkung: es gibt saisonale Engpässe in sehr trockenen Wintern oder sehr heißen Sommern, die sich aber nur regional auswirken. In diesen Gebieten wird dann als erste Maßnahme ein Verbot für die Bewässerung der Gärten mit dem Gartenschlauch verhängt – es darf nur noch mit der Gießkanne gegossen werden. Auch auf das Autowaschen muss verzichtet werden.

Zum Glück sind die Zeiten der Knappheit der 1960er und 1970er Jahre vorbei, als die Trinkwasserversorgung deutscher Ballungsräume mit der enormen Wachstumsgeschwindigkeit der Städte nicht Schritt halten konnte. Dieses Problem wurde durch Fernwasserleitungen aus dem Süden des Landes gelöst.

» In Australien wird es bald ein Singverbot unter der Dusche geben, um den Wasserverbrauch zu reduzieren

Vor allem in den Ballungsräumen wie dem Ruhrgebiet, wo das Grundwasser nicht für alle Menschen ausreicht, kommt der Trinkwasseraufbereitung eine immer größere Bedeutung zu. Deutschland wird etwa zu 70 Prozent aus Grund- und Quellwasser versorgt, die restlichen 30 Prozent werden aus anderen Quellen gewonnen. Hier ist etwa das Uferfiltrat zu nennen, das aus Brunnen in der Nähe von Seen und Flüssen stammt. Besonders im Ruhrgebiet spielt auch Wasser aus Talsperren eine wesentliche Rolle, dieses muss ebenso wie das Uferfiltrat vor der Einspeisung in die Trinkwasserversorgung aufbereitet werden.[2]

Im Bereich der Alpen spielt allerdings die Wasseraufbereitung eine eher untergeordnete Rolle – hier ist das Wasser zumeist ohne Behandlung sofort in Trinkwasserqualität in die Leitung einspeisbar.

Wirklich drastisch sind die Folgen des Wassermangels in Australien, wo seit 2001 die verheerendste Dürre der vergangenen 1000 Jahre herrscht. Die Schafzüchter und Farmer sind zutiefst verunsichert und in ihrer Existenz bedroht.[3] Laut Meldung der australischen Tageszeitung »Daily Telegraph« vom 23. Oktober 2006 denkt man dort tatsächlich darüber nach, ein Singverbot unter der Dusche einzuführen, da der Durchschnittsaustralier täglich ausgedehnte sieben Minuten duscht. Dies angeblich auch wegen Singens, Rasierens und Zähneputzens unter der Brause. Insgesamt liegt der tägliche Wasserverbrauch der Bewohner dieses dürregeplagten Landes bei 350 Liter pro Kopf. Ob das Singverbot allerdings der richtige Weg ist, den Wasserverbrauch effizient zu vermindern, darf bezweifelt werden.[4] Bloß besteht im Grunde aus der Sicht unseres Wasserdargebots momentan keine Veranlassung, Wasser zu sparen, was den Bewohnern von Down Under dringendst anzuraten wäre.

Trotzdem hat das Einsparen von Wasser hierzulande einen der höchsten Stellenwerte in der Bevölkerung, wenn angegeben werden soll, welche Umweltschutzmaßnahmen denn besonders wichtig seien. Vermutlich ist es so, dass die beständigen Horrormeldungen über Wasserknappheit in den Medien die Menschen hoch sensibilisiert haben. Leider ist es aber so, dass Wasser nicht wirklich gespeichert werden kann. »Spare in der Zeit, dann hast Du in der Not« kann hier nicht zur Anwendung gelangen, sodass das Wassersparen bei den »Wasserscheichs« im Hinblick auf eine mögliche Wasserknappheit in der Zukunft zwar nicht präventiv, aber als Verhaltensregel sinnvoll ist. Hans-Jürgen Leist von der Forschungsstelle für Recht, Ökonomie und Umwelt der Universität Hannover formuliert es so: »Im Zusammenhang mit mangelnden hydrogeologischen Kenntnissen, mit der beständigen Wiederholung der Medien, Trinkwasser sei eine kostbare und knappe Ressource, wird der erneuerbaren Energie Wasser der Charakter einer endlichen, nicht erneuerbaren Ressource zugeschrieben.«[5] Was so nicht stimmt, und zumeist auch der falsche Zugang zur Erlernung des richtigen Umgangs mit erneuerbaren Ressourcen einerseits und nicht erneuerbaren andererseits ist.

DENNOCH ist Wassersparen aus Sicht der nachgeschalteten Probleme auch in unseren Breiten anzuraten: je mehr Wasser verwendet wird, desto mehr Abwasser belastet die Kläranlagen und desto mehr – zwar gereinigtes, aber immer noch – Abwasser gelangt zurück in unsere Flüsse. Und ein zweiter, wichtiger Punkt: je mehr Warmwasser wir verwenden, umso mehr Energie wird für dessen Erwärmung benötigt, was die Umwelt zusätzlich zum anfallenden Abwasser belastet.

Daher ist in Mitteleuropa neben dem reinen Wassersparen ein bewusster Umgang mit dem kostbaren Nass vonnöten:

- Verzicht auf aggressive Reinigungsmittel, um die Kläranlagen und in weiterer Folge die Flüsse nicht unnötig zu belasten
- Sauberhalten der natürlichen Wasserreserven, das heißt beispielsweise: kein Ölwechsel irgendwo in der Natur, wo das Öl ins Grundwasser gelangen könnte und dort schwer abbaubare,

giftige Rückstände hinterlässt
- Keine Essensreste ins WC werfen, die unnötig den Kanal verstopfen können – Essensreste gehören in den Restmüll!
- Putzmittel niedrig dosieren, meist kann man die vom Hersteller – der ja möglichst viel verkaufen möchte – angegebene Menge ohne Sauberkeitseinbußen deutlich unterschreiten, ebenso die Dosierung bei Waschmittel für die Wäsche
- Auch Weichspüler gehört zu den umweltschädlichen Substanzen, denn die Tenside, die die Fasern umhüllen und sie für uns angenehm weich machen, sind im Abwasser schwer abbaubar
- Auf Abflussreiniger am besten völlig verzichten, da diese sehr aggressiv und umweltschädigend sind. Lieber mechanische Reinigungsmittel wie die gute, alte Saugglocke benutzen. Außerdem spart man sich mit dieser Maßnahme möglicherweise gröbere Scherereien, wenn man im Altbau wohnt, wo Rohrleitungen sehr empfindlich auf Abflussreiniger reagieren können.

Wassersparen in Mitteleuropa sieht eher so aus, dass man »qualitativ« sparen sollte, in ausreichender Menge ist Trinkwasser glücklicherweise meist verfügbar.

Allerdings könnte uns – bedingt durch den Klimawandel – eine Trinkwasserknappheit drohen, wenn die Gletscher weiter abschmelzen und dadurch Trinkwasserreserven aus der Region abfließen. Dazu Ludwig Braun von der Kommission für Glaziologie der Bayerischen Akademie der Wissenschaften: »Beim endgültigen Verschwinden der Gletscher werden die sommerlichen Abflüsse stark reduziert, was unter Umständen zu empfindlichen Engpässen in der Wasserversorgung führen kann.«[6] Beispielsweise ist vom »Vernagtferner«, einem Gletscher in Tirol, seit 1979 durchschnittlich 12 Meter Eis in der Länge abgeschmolzen – umgerechnet in Kubikmeter entspricht das dem jährlichen Trinkwasserverbrauch von München.[7]

Hier hilft aber nicht das Wassersparen in unseren Breiten, sondern wir können nur so umweltbewusst wie möglich versuchen, eine weitere Klimaerwärmung zu verhindern, ganz wird man das auch mit sofortigen Maßnahmen nicht schaffen. Wie schon zuvor erwähnt,

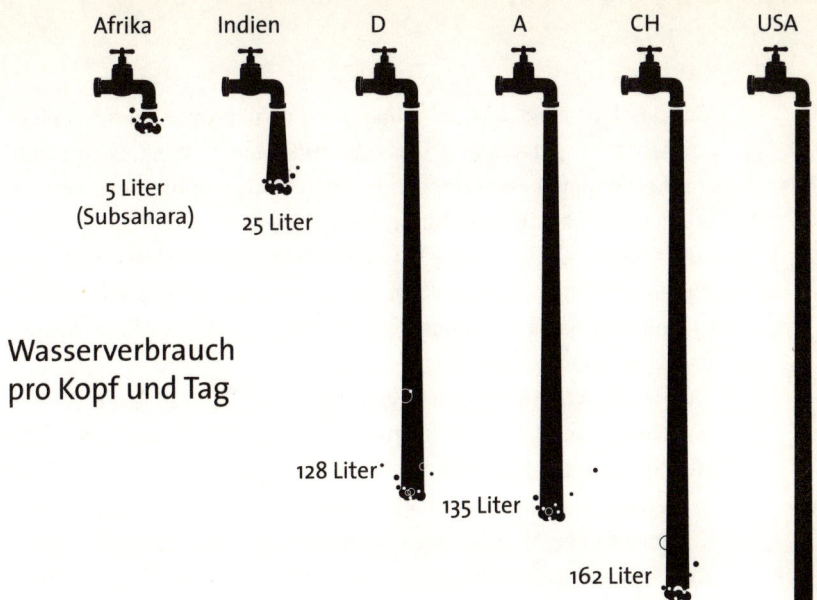

Afrika Indien D A CH USA

5 Liter
(Subsahara) 25 Liter

**Wasserverbrauch
pro Kopf und Tag**

128 Liter
135 Liter

162 Liter

382 Liter

ist das Klima ein sehr träges System. Prognosen von Klimaforschern zufolge wird auch eine sofortige Emissionsminimierung erst greifen, wenn sich das Klima um weitere 0,5 Grad Celsius erwärmt hat.

Was wer wo verbraucht

Laut Berechnungen von UNEP (dem Umwelt Programm der Vereinten Nationen) hat sich der weltweite Wasserverbrauch seit Beginn des 20. Jahrhunderts versechsfacht und ist damit doppelt so schnell wie die Erdbevölkerung gewachsen. Tendenz steigend, denn die Bevölkerung wächst weiter und im Jahr 2030 werden wir bereits rund 55 Prozent mehr Lebensmittel benötigen. Dazu wird aber künstliche Beregnung in der Landwirtschaft angewandt werden müssen, die schon zum jetzigen Zeitpunkt ein regionales Problem darstellt.

Die privaten Haushalte inklusive Krankenhäuser, Restaurants und andere Serviceeinrichtungen verbrauchen in Afrika 18.000 Liter/Kopf und Jahr, in Westeuropa 100.000 und in Nordamerika sogar 240.000 Liter pro Kopf und Jahr. Die Industrie verbraucht in Afrika 7.000 und in Westeuropa 150.000 Liter pro Kopf und Jahr.

Für das Jahr 2025 wird mit einer Weltbevölkerung von 8,5 Milliarden Menschen gerechnet – der Wasserverbrauch steigt nach bisherigen Erfahrungen etwa doppelt so schnell an wie die Bevölkerung. Vor allem in Entwicklungsländern sind die Wasserverluste über Leckagen besonders groß. Die Wasserexperten der Vereinten Nationen rechnen mit einem theoretischen Investitionsbedarf von 600 Milliarden Dollar in den kommenden zehn Jahren, um die globale Wasserversorgung sicherzustellen.[8]

Der Durchschnittsdeutsche verwendet pro Tag 128 Liter Wasser, das ist eine deutliche Verringerung innerhalb der letzten 15 Jahre. Damit liegt Deutschland hinter Belgien und Ungarn an dritter Stelle der sparsamen Länder in der EU. 1990 wurden in Deutschland noch 147 Liter pro Person und Tag verwendet.

Ein österreichischer Bürger verbraucht pro Tag etwa 135 Liter Wasser. Die Industrie ist hier der größte Wasserverbraucher: 1,7 Milliarden Kubikmeter werden pro Jahr in diesem Bereich verwendet. Für landwirtschaftliche Bewässerungszwecke werden immerhin noch 200 Millionen Kubikmeter jährlich verbraucht.[9]

Der Schweizer braucht täglich etwa 162 Liter Wasser, wobei dazu gesagt werden muss, dass 1987 der Wasserverbrauch des einzelnen Bürgers auch in der Schweiz noch bei 182 Litern lag.[10]

Der Verschwender

Wassersparen ist also auch bei uns »Wasserscheichs« sinnvoll, wie wir bereits erwähnt haben. Der weitaus größte Teil unseres Wasserbedarfs läuft über die WC-Spülung in den Kanal. Hier können durch Betätigung der Stopp-Taste nennenswerte Mengen eingespart werden. Ein defekter WC-Kasten muss ersetzt werden. Denn: wenn er auch nur mäßig tropft, gehen pro Tag bis zu 150 Liter verloren.

Auch ein tropfender Wasserhahn muss repariert werden, weil damit pro Tag bis zu 17 Liter Wasser ungenutzt verloren gehen. Meist reicht ein Austauschen des Dichtungsringes.

Eine Heimtücke hat Wassersparen allerdings auch: braucht man signifikant weniger Wasser, kann das nachteilig für die Rohrleitungen sein. Sollte wegen mangelnder Nachfrage nicht genug frisches Wasser durch die Rohre fließen, kann es zu einer Vermehrung von Keimen kommen.

So mussten beispielsweise in der Stadt Kiel innerhalb eines Jahres Spülstöße mit zwei Millionen Kubikmeter Trinkwasser an den Enden der Versorgungsleitungen über Hydranten ausgespült werden, um die Keimvermehrung hintanzuhalten. Leider ist eine Argumentation, dass man dann eben die Rohrdurchmesser verkleinern müsse, auch nicht zulässig. Denn diese Rohre sind auf eine Lebensdauer von 50 Jahren ausgelegt. Der Umbau hätte allein in Kiel etwa zehn Millionen Euro gekostet… und da sind noch nicht die Umweltfolgekosten eingerechnet sowie der Rohstoffverbrauch, der durch den Ersatz voll funktionsfähiger Rohre entsteht. Außerdem ist eine Verkleinerung der Rohrdurchmesser generell so nicht zu befürworten, da für die Feuerwehr im Ernstfall eine Entnahme von genügend Löschwasser mit entsprechendem Druck sichergestellt sein muss.

» Bis 1983 war es in Deutschland gesetzlich verboten, den Spülvorgang beim WC zu unterbrechen[11]

Ein weiterer Aspekt des Wassersparens ist, dass sich der Wasserpreis aus 80 Prozent Fixkosten und 20 Prozent variablen Kosten zusammensetzt. Das heißt, die Instandhaltungsarbeiten für das Versorgungsnetz und den Ausbau des Netzes bleiben immer anteilsmäßig gleich, verdienen können die Wasserwerke nur durch die Menge des abgenommenen Wassers. Nehmen nun viele Leute weniger Wasser ab, wird der Preis pro Kubikmeter teurer, denn das System muss sich ja irgendwie finanzieren. Ein circulus viciosus? Vermutlich muss hier völlig umgedacht werden.

Vom Wassersparen

Wie sinnvoll ist Regenwassernutzung in unseren Breiten? Grundsätzlich ist eine Nutzung des Regenwassers für Bewässerungszwecke im Garten ökologisch wertvoll und ökonomisch sinnvoll. Auch profitieren die Pflanzen vom weichen Regenwasser. Das Aufstellen einer oder mehrerer Regentonnen ist leicht zu realisieren und kann selbst vorgenommen werden. Dazu ist im Fallrohr der Regenrinne ein Zwischenstück für den Ablauf in die Tonne einzusetzen. Auch das Errichten einer größeren Zisterne kann uneingeschränkt empfohlen werden. Sie hat mehr Fassungsvermögen als die üblichen Fässer, kann eingegraben werden und hält dadurch, dass sie in der Erde versenkt wird, das Wasser auch im Sommer kühl.

Fragwürdig dagegen ist die zunehmende Nutzung von Regenwasser im Haus auch in Regionen, wo das Leitungswasser weder aufwändig aufbereitet werden muss noch Wasserknappheit herrscht: hierzu muss man wissen, dass im gesamten Haus zwei verschiedene Wasserleitungsrohre verlegt werden müssen, deren strikte Trennung aus hygienischen Gründen gewährleistet sein muss. Sensibel sind aus gesundheitlicher Sicht die Schnittstellen der beiden Leitungen, wo im Zweifelsfall – nämlich dann, wenn es nicht regnet – auf die entsprechende Süßwasserzufuhr zugegriffen werden kann. Moderne Systeme gewährleisten hier jedoch mittlerweile hohe Sicherheit.

In welchen Bereichen kann nun Regenwasser im Haus genutzt werden? Vor allem für die WC-Spülung und teilweise auch für die Waschmaschine kommt Regenwassernutzung in Frage. Im letzteren Fall scheiden sich die Geister: manche Hygieniker meinen, eine Anwendung bei Wäsche, die von Säuglingen und Kleinkindern, alten oder kranken Personen getragen wird, sei aus gesundheitlicher Sicht in Bezug auf mögliche Keimverunreinigungen durch das Regenwasser problematisch und deshalb abzulehnen. Das Umweltbundesamt meint, Regenwasser im Haushalt zu nutzen, sei aus hygienischen Gründen und aufgrund der damit verbundenen hohen Kosten »nicht empfehlenswert«. Allerdings ist der Nutzen aus Sicht der Natur ein anderer: durch die weiche Wasserqualität des Regenwassers kann ein beträchtlicher Teil des Waschmittels eingespart werden, die Wäsche wird auch ohne Weichspüler wunderbar weich.[12]

Da das Regenwasser über das Dachwasser ins hausinterne System geleitet wird, kann eine Verunreinigung durch Vogelkot nie ganz ausgeschlossen werden. Moderne Systeme leiten zwar den ersten

– schmutzigen – Regenschwall nicht in die Hauswasserleitung, dennoch ist Einwandfreiheit aus hygienischer Sicht nicht hundertprozentig zu gewährleisten.

Seit einigen Jahren boomt die Regenwassernutzung in Deutschland: es werden pro Jahr 50.000 Anlagen installiert. Von Seiten der öffentlichen Hand gibt es dafür großzügige Förderungen: die Anlagen sind sehr kostenintensiv, zwischen 3.000 und 5.000 Euro pro Haus. Die Regenwassernutzung erspart dem Verbraucher Entnahmen aus dem öffentli-

» Pro Quadratmeter Dachfläche können in Deutschland 25 bis 50 Liter Wasser nutzbar gemacht werden[13]

chen Netz in der Höhe von etwa 50 Prozent. Doch selbst im regenreichen Deutschland ist eine ganzjährige Versorgung mit Regenwasser nicht sichergestellt, Trockenzeiten müssen mit normalem Leitungswasser ausgeglichen werden.

Autarkie ist also in Bezug auf Wasser auch hier nicht uneingeschränkt möglich. Ein ganz großes Minus liegt im hohen Ressourcenverbrauch dieser Anlagen: das gesamte Rohrmaterial muss doppelt verlegt werden, es braucht aus technischen Gründen Pumpen und Ventile, Filter und nicht zuletzt eine elektronische Steuereinheit. Das alles muss mit hohem Energieaufwand und Ressourceneinsatz erzeugt werden. Und das genutzte Regenwasser fällt obendrein am Ende auch wieder als Abwasser an, das – wie normales häusliches Abwasser – einer Entsorgung und Reinigung zugeführt werden muss. Eine Brauchwasserleitung – das heißt ein Wiederverwenden von weniger verschmutztem Abwasser – hat leider auch keine bessere Umweltbilanz von Seiten des Ressourcen- und Energieeinsatzes.

Es gab Überlegungen, ein Neubaugebiet in Ingolstadt mit einer Brauchwasserleitung auszustatten – der Brauchwasserpreis hätte unter Berücksichtigung aller wahren anfallenden Kosten unsubventioniert das Dreifache des üblichen Trinkwasserpreises betragen.[14]

Wo hat also die Installation einer Regenwassernutzung ökologisch und ökonomisch Sinn? Will man das Regenwasser nur für den Betrieb der Toiletten im Einfamilienhaus nutzen, ist der Betrieb eindeutig unrentabel. Nicht einmal das Umweltbundesamt in Dessau konnte sich trotz Neubaus entschließen, eine Regenwassernutzanlage einzubauen. Es hätte sich weder vom ökologischen noch vom ökonomischen Standpunkt rentiert.

Unter Berücksichtigung mehrerer regionaler Faktoren kann es günstig sein, in öffentlichen Gebäuden, wo es viele Toilettenanlagen gibt, wie in Schulen, Spitälern, Stadien oder Flughäfen über eine Regenwassernutzung nachzudenken. Dabei sind folgende Faktoren zu berücksichtigen:

- Ist zur Aufbereitung des örtlichen Trinkwassers viel Energie nötig?
- Kommt das Trinkwasser aus der Nähe oder von weit her?
- Ist das Trinkwasser eher hart oder weich? Vor allem, wenn auch Waschmaschinen mit dem Regenwasser betrieben werden sollen, ist dies ein Entscheidungskriterium, da diese mit weichem Regenwasser viel weniger Waschmittel im Betrieb brauchen und die Abnützung der Maschine viel langsamer vor sich geht, weil sie nicht verkalkt.[15]

In Betrieben, wo viel Nutzwasser für Prozesse gebraucht wird, ist der Einbau allenfalls überlegenswert. Ebenso für die Kühlanlagen großer Kühltürme.

In Kommunen, wo für die Wasseraufbereitung wenig Energie aufgewendet werden muss und nur kleiner Transportaufwand zum Ort des Verbrauchs notwendig ist, zahlt sich in der Regel der Brauchwasserbetrieb ökologisch nicht aus. In den wenigen Gegenden mit Wassermangel ist zu bedenken, dass man in extremen Trockenzeiten erst recht wieder von der öffentlichen Versorgung abhängig ist, die ja dann auch die Regenwassernutzanlage nachspeist.[16]

Zusammenfassend kann gesagt werden, dass der Einbau in Einfamilienhäusern in der Regel nicht sinnvoll ist, bei größeren Objekten muss die Investition individuell abgewogen werden.

Man kann also nicht unreflektiert davon ausgehen, dass eine Reduktion des Trinkwasserverbrauches immer und uneingeschränkt mit einem positiven Umweltnutzen verbunden ist. Eine weitere Verminderung des Trinkwasserverbrauchs könnte möglicherweise eine Qualitätsverschlechterung des Wassers nach sich ziehen, durch den verminderten Durchsatz durch die Rohre kann es leichter zur Keimbildung kommen.

Wassersparen ist am sinnvollsten dort, wo tatsächlich Wasserknappheit herrscht: nämlich in den – im Vergleich zu uns – wasserarmen Ländern des Südens, wo paradoxerweise sehr viel landwirtschaftliche Produktion unter hohem Bewässerungsaufwand zu Exportzwecken betrieben wird.

Wie bereits zuvor erwähnt, kann am meisten Wasser durch den Verzicht auf Fleischkonsum beziehungsweise durch die Einschränkung von dessen Verzehr eingespart werden. Denn die Viehzucht ist der größte Faktor in Bezug auf Wasserverbrauch, da große Mengen an Futter für die Tiere angebaut werden müssen. Klarer ausgedrückt: 20 Prozent der Getreideproduktion weltweit gehen in die Futtermittelerzeugung.

Regen muss versickern können

Bisher haben wir aufgezeigt, dass es in den wasserreichen Regionen Mitteleuropas genügend Wasserdargebot gibt, dass mit Wasser als besonderer Ressource einfach differenzierter umgegangen werden muss und dass Wasser eigentlich nicht verloren gehen kann. Dennoch ist es nun so, dass es auch in unseren Breiten immer enger werden könnte, was die Nutzbarkeit des Wassers betrifft. Denn es ist zwar richtig, dass die Wassermenge in ihrer Gesamtheit immer die selbe bleibt, doch Drainagen, Flussbegradigungen, Flächenversiegelung und Bewässerungsanlagen haben weltweit zu einem Absinken der Grundwasserspiegel geführt. Da wir in erster Linie dieses Wasser als Ressource nutzen, ist es ein Gebot der Stunde, dieser verheerenden Entwicklung zu begegnen, wollen wir auch noch für künftige Generationen genügend sauberes Wasser zur Verfügung haben. Die übliche Gangart, das Regenwasser der Dachflächen und versiegelten (asphaltierten/betonierten) Flächen gesammelt in den Kanal zu leiten, muss sich in Zukunft ändern, soll der Grundwasserspiegel wieder angehoben werden. Es bietet sich an, das anfallende Dachflächenwasser auf dem eigenen Grundstück versickern zu lassen, wo immer dies möglich ist. Dadurch wird das Wasser vor Ort gehalten und wird nicht aus der Region abgeleitet. Bei wenig befahrenen Parkplätzen sind Rasengittersteine sinnvoll, bei Stellplätzen rund um Einkaufszentren und Supermärkte ist allerdings diese Maßnahme in weiten Teilen verboten worden. Die Erfahrungen der letzten Jahre haben gezeigt, dass Rasengittersteine der Umwelt mehr Schaden als Nutzen durch mitversickerndes Benzin und Motoröl bereiten. Trotzdem ist es sinnvoll, auch die Abwässer stark befahrener Straßen gezielt über Mulden zu versickern.

Durch die natürliche Abbautätigkeit im Boden können viele Schadstoffe, sogar Schwermetalle gebunden werden. Dieser Boden wird dann nach einigen Jahren ausgetauscht. Versickerungsflächen können verschiedenartig ausgeführt werden, in Schachtform, wenn das Anlegen einer größeren Fläche nicht möglich ist, oder in der erwähnten Muldenform. Wichtig ist, dass diese Versickerungsmulden immer begrünt sind, denn der natürliche Bodenfilter arbeitet nur, wenn der Boden »lebt«. Viele Bodentierchen, eine gute Bodenstruktur und die richtige Bepflanzung gewährleisten in Summe eine gute Reinigungsleistung des Bodens für Wässer, die von Verkehrsflächen zugeführt werden. Vor dem Bau einer dezentralen Versickerung muss in jedem Fall der Bodentyp bestimmt und Versickerungsversuche durchgeführt werden. Es gibt manche Bodentypen, die einfach kein Versickern erlauben, da sie wasserundurchlässig sind. Hier muss man leider weiter beim konventionellen Ableiten der Niederschläge in den Regenwasser- oder Mischkanal bleiben. Auch spielt die Struktur des Bodens mit eine Rolle, wie gut Schadstoffe zurückgehalten werden oder ins Grundwasser eindringen. Der vorher beschriebene »lebendige« Boden gewährleistet einen guten Rückhalt für derlei Stoffe, ein Schotterboden lässt die Schadstoffe nahezu ungefiltert durch, da er sehr grobe Bodenbestandteile hat, die kein Wasser an sich binden können. Eine tiefergehende Kenntnis der Bodenkunde ist notwendig, besonders interessierte Leser seien an dieser Stelle auf den weiterführenden Literaturanhang verwiesen. Durch Versickern von Regenwasser kann ein Anschwellen der Flüsse bei Starkregenereignissen wenigstens ein bisschen verzögert werden, da nun nicht mehr die gesamte Menge an Regenwasser über den Kanal in die Klärwerke und in weiterer Folge in die Flüsse kommt.

Das Problem bei Starkregenereignissen ist zusätzlich zum Hochwasser, dass auch die Kanalisation nicht auf so große Mengen Abwasser ausgelegt ist und über einen Überlauf manchmal direkt das ungeklärte Abwasser in die Flüsse gelangt. Weiters könnte der sinkende Grundwasserspiegel wieder angehoben werden, wenn viele kleinräumige Versickerungsmaßnahmen gesetzt werden.

» _____

Ein gesunder Boden weist eine sehr gute Filterwirkung auch für Schadstoffe auf

Sinkende Grundwasserspiegel sind vor allem in niederschlagsarmen Gebieten ein Problem. Ein großer Teil des natürlichen Niederschlages gelangt nicht mehr in den Boden, sondern wird sofort über den Kanal aus der Region abgeleitet. Zusätzlich wird oft mehr aus dem Grundwasserkörper entnommen als durch Regen nachgefüllt werden kann. Deshalb sind aus Sicht des Naturschutzes Versickerungsmaßnahmen wichtig.

Wenn Sie nun beim Hausbau daran denken, Versickerungsanlagen zu errichten, muss vor jeder Maßnahme sichergestellt werden, dass keine Gefahr für die Verschmutzung des Grundwassers besteht. Weiters müssen Sie bedenken, dass mit einer Entkoppelung vom normalen Regenwasserkanal auch die Verantwortung für die Wartung der Versickerungsanlage bei Ihnen liegt und nicht mehr Sache der öffentlichen Hand ist. Aus ökonomischer Sicht muss man ebenso ins Kalkül ziehen, dass es für die restlichen Anrainer, die an den Kanal angeschlossen bleiben, teurer wird, wenn viele Regenwasserversickerungsanlagen bestehen. Denn ebenso wie bei der Trinkwasserversorgung, sind auch bei der Abwasserentsorgung hohe Fixkosten für den Betreiber gegeben. Diese verteilen sich dann aber auf weniger »Teilnehmer« am System.

Wolkenkuckucksheim

Die großflächige Ausstattung von Siedlungsräumen mit Nutzwasserleitungen ist nach wie vor ein reines Zukunftsszenario. In Neubauoder Stadterweiterungsgebieten wäre es durchaus denkbar, die zu errichtenden Gebäude mit einer Nutzwasserleitung auszustatten. Dabei können auch andere Maßnahmen von Haus aus eingeplant werden, um den Wasserverbrauch zu reduzieren. Durch den Einbau einer zweiten Wasserleitung für Brauch- oder Regenwasser kann auch auf der Abwasserseite gespart werden, wenn das Brauchwasser nach Verwendung einer biologischen Aufbereitung zugeführt wird. Hier gibt es zahlreiche Möglichkeiten wie Pflanzenkläranlagen, deren Betrieb kostengünstiger und weniger personalintensiv ist als jener herkömmlicher Klärwerke. Sogar die Geruchsbelästigung ist niedriger im Vergleich zur konventionellen Behandlung, da der Abbau der organischen Verbindungen unter Wasser stattfindet.

In ihre »Sieben Thesen zur Qualität der Stadt« haben Heidi Dumreicher und Bettina Kolb auch eine Brauchwasserleitung für die Großstadt einfließen lassen. Dieses Projekt wurde im Rahmen des Forschungsauftrages »Ein urbanes Nachhaltigkeitsprojekt« entwickelt, das 1999 vom österreichischen Lebensministerium vergeben wurde. Leider wurde dieses Szenario nie verwirklicht. Interessant ist, dass die Verantwortung der Bürger für nachhaltiges Handeln in dieser Studie an die Stadtverwaltung delegiert wird. Begründet wird dies mit der Überforderung des Einzelnen, alle sinnvollen umweltschonenden Schritte allein durchführen zu können. Über die Vorgabe der Entscheidungsträger entsteht ein neuer Standard, durch den sich großräumig in der Gesellschaft etwas verändern lässt.[17]

Der Wasserschlürfer

Zuvor wurde schon mehrfach erwähnt, dass die Landwirtschaft weltweit einen enormen Wasserbedarf hat – zwischen 70 und 80 Prozent des Gesamtvolumens.

Die Geschichte der Bewässerung geht bis auf die Zeit um 3.000 vor Christus zurück. Damals wurde über mehrere tausend Quadratkilometer ein ausgeklügeltes Bewässerungssystem entwickelt, das über einen sehr langen Zeitraum gut funktionierte. Auch Städte entwickelten sich vorwiegend in der Nähe von Oberflächenwässern und zwar nicht nur wegen der Süßwasserversorgung, sondern auch wegen deren Nutzung als Transportweg.

Solang die Kreislaufwirtschaft adäquat gehandhabt wurde, entsprach sie durchaus der biologisch richtigen Dimension: die Rückstände aus der Tierhaltung wurden auf die Felder aufgebracht, wo sie als Dünger den Pflanzen zur Verfügung standen, die wiederum die Nährstoffe aus dem Boden aufnahmen und in Pflanzenmasse umbauten. Dann wurden die Pflanzen geerntet, ein Teil wurde als Viehfutter verwendet, der andere für die menschliche Ernährung. Mit der Erfindung des Kunstdüngers vor zirka 60 Jahren wurde der Eintrag von Stickstoff und Phosphor übermäßig, was im schlimmsten Fall zum Absterben ganzer Gewässerökosysteme führt.

Dazu kommt das Problem des Pestizideinsatzes. Derzeit werden 300 verschiedene Pestizide in der Landwirtschaft verwendet, die sich selbstverständlich auch im Grundwasser wieder finden. Bei intensiver Tierhaltung kommt noch das Problem des Arzneimitteleinsatzes dazu, viele Antibiotika und andere Medikamente sind im Grundwasser und im Boden nachweisbar.

Uns interessiert hier aber vor allem das Problem des hohen Wasserverbrauchs in der Landwirtschaft. Dass für die Erzeugung von Fleisch Unmengen an Wasser nötig sind, haben wir bereits erwähnt. Ein Fünftel des weltweiten Getreideertrages wird nur für die Viehzucht verwendet. Damit werden aber vor allem Wasser, das für die Produktion nötig ist, und auch Nährstoffe aus Ländern exportiert, die beides vor Ort bitter benötigen würden.

Und wenn schon ungerecht verteilt, dann gründlich: Die Umweltbelastungen müssen von jenen Ländern getragen werden, die die Rohstoffe – in diesem Fall das Fleisch – liefern, die Wertschöpfung der Waren kommt den beauftragenden Industrienationen zugute. Lange Zeit waren das wahre Ausmaß der Bodenverschmutzung, der

Verseuchung des Grundwassers und die Auswirkungen des Ressourcenabbaus nicht klar: jetzt müssen wir – die wir die Nutznießer dieser Entwicklung sind – in einer gemeinsamen Anstrengung mit den betroffenen Ländern versuchen, die Schäden an der Umwelt zu begrenzen und sie auch für die nachfolgenden Generationen lebenswert zu erhalten: allein in den Gebieten um die Sahara sind 18 Millionen Wasser-Flüchtlinge unterwegs.

> Wussten Sie, dass jedes Jahr durch unsachgemäße Bewässerung 200.000 Hektar landwirtschaftliche Flächen unbrauchbar werden?

Wir wollen hier nun eine Lanze für die biologische Landwirtschaft brechen, die auch in den Ländern der Dritten Welt anzuraten ist, denn durch die bodenschonende Bewirtschaftungsweise kann Wasser besser verwertet werden, was in diesen Regionen von vitalem Interesse ist. Es ist zwar noch nicht erwiesen, ob eine hundertprozentige Umstellung auf biologischen Landbau weltweit für eine ausreichende Nahrungsmittelversorgung aufkommen kann. Allerdings liegt der Vorteil der biologischen Wirtschaftsweise auf der Hand: sie arbeitet integriert, betrachtet also den Produktionsprozess nicht losgelöst von der Natur. Dadurch wird die Bodenfruchtbarkeit dauerhaft erhalten, während die chemische Keule dem Boden bald den Garaus machen wird.[18]

Der größte Wasserverbraucher Europas ist Spanien – und ausgerechnet dort breitet sich die ausgedehnteste Wüste des Kontinents aus. Unentwegt künstlich bewässert, wachsen Paprika, Tomaten und Gurken in Nährlösungen, während die Luft für die illegal beschäftigten Flüchtlinge eng wird in den Glashäusern der Region Murcia. Doch von dort werden für den gesamten EU-Raum jahrein-jahraus Früchte geliefert, die über die Supermarktketten zwischen Dublin und Bukarest mit ihrer einheitlichen Geschmacklosigkeit ganze Generationen verseuchen. Und auch wenn die größte europäische Entsalzungsanlage in Torrevieja (Region Murcia) 400.000 Menschen mit Süßwasser versorgen kann – die dortigen Bauern können es nicht beziehen, ist es doch viermal so teuer wie das Oberflächenwasser, das sie zur Bewässerung verwenden. Eine Entwicklung, die in eine Sackgasse führen muss.[19]

Dabei gäbe es für die Bauern in Murcia eine Alternative zu ihrem umweltbelastenden Haushalten: Das Forschungsprojekt »Watergy« der TU Berlin erhielt auf einer spanischen Messe für Wassertechnologie einen Preis für innovative Wassersparmaßnahmen. In Zusammenarbeit mit deutschen, holländischen und spanischen Wissenschaftlern wurde ein System für Glashäuser entwickelt, das es ermöglicht, die Feuchtigkeit, die von den Pflanzen verdunstet wird, wieder als Gießwasser nutzbar zu machen. Bis zu 75 Prozent des eingesetzten Wassers können so eingespart werden. Als zusätzlichen Umweltnutzen macht die Glashauskultur einen völligen Verzicht auf Pestizide möglich.[20]

Vorbildliche Wassersparer

Papier braucht üblicherweise in der Produktion etwa 14 Liter Wasser pro Kilogramm. Die Düsseldorfer Papierfabrik Julius Schulte Söhne GmbH & Co hat es 2004 erstmals weltweit geschafft, den Wasserkreislauf innerhalb des Unternehmens komplett zu schließen, Abwasser zu klären und zu enthärten und es in den Prozess rückzuführen. Dadurch konnten innerhalb eines Jahres 260.000 Kubikmeter Wasser eingespart werden, was dem Inhalt von 260 Millionen Mineralwasserflaschen mit einem Liter Inhalt entspricht. Des weiteren spart sich die Firma jährlich 400.000 Euro an Abwassergebühren. In einem Turmreaktor wird das verschmutzte Wasser vergoren, in zwei weiteren Belüftungsreaktoren wird es entkalkt und kann dann genauso wie ungenutztes Wasser wieder für den Produktionsprozess eingesetzt werden.[21]

Ein weiteres positives Beispiel aus der Papierindustrie ist die Firma Arctic Paper Munkedal aus Schweden, auf deren Papier das vorliegende Buch gedruckt wurde. Die Firma liegt in einem ökologisch sehr sensiblen Gebiet und war seit Gründung – ganz im Sinne der schwedischen Umweltpolitik – bestrebt, hohe Umweltstandards einzuhalten. Das Kilogramm Papier wird mit einem Wassereinsatz von nur 2,8 Litern Wasser produziert. Allerdings ist auch die Firma Arctic

Paper Munkedal bestrebt, den geschlossenen Wasserkreislauf so bald wie möglich zu verwirklichen. Zudem ist die Firma FSC zertifiziert. FSC steht für Forest Stewardship Council, diese Vereinigung wurde 1993 nach dem Umweltgipfel in Rio gegründet. Sie fußt auf drei Säulen: die zertifizierten Produkte müssen umweltgerecht, sozial verträglich und ökonomisch tragfähig sein. Mitglieder der Vereinigung müssen sich für eine der drei Säulen entscheiden, die Stimme jeder Sparte hat jedoch gleich viel Gewicht, womit sichergestellt wird, dass niemand seine Interessen vorrangig durchsetzen kann.[22]

Der Allgäuer Strumpfhersteller Kunert hat es sogar geschafft, durch Umweltschutzmaßnahmen innerhalb eines Jahres zwei Millionen Euro einzusparen. Ein kluger Kopf im Unternehmen kam beispielsweise auf die Idee, die Abwässer des Strümpfefärbens nicht mehr wie üblich in die Kanalisation zu leiten, sondern die Farbe zurückzugewinnen und beim nächsten Färbebad wieder zuzuführen. So ersparte man der Umwelt hochtoxische Stoffe, und der Konzern hat einen niedrigeren Farbstoffbedarf. Eine klassische win-win Situation.[23]

Wasser ist zum Plantschen da

Jetzt bin ich wieder am Meer und weiß noch immer nicht, womit ich es vergleichen soll.

Herbert Achternbusch

In Ägypten, nahe der Grenze zu Libyen liegt das Gilf Kebir. Dieser Teil der Sahara ist auch heute noch unwegsam. Trotzdem kennt jeder, der den Film »Der Englische Patient« gesehen hat oder das gleichnamige Buch von Michael Ondaatje gelesen hat, die »Höhle der Schwimmer«. Sie ist das früheste Zeugnis dafür – aus dem Beginn des Holozän vor etwa 10.000 Jahren –, dass Menschen schon früher das kühle Nass zur Abkühlung genutzt hatten. Die Wandmalereien zeigen Figuren, die Schwimmbewegungen ausführen. Die Höhle wurde erst 1933 vom ungarischen Wüstenforscher László Almásy entdeckt.[1] Ein weiterer Beweis, dass die Sahara grün und wasserreich war, bilden zahlreiche Funde von Flusspferdknochen.[2]

Doch nicht nur die Schwimmer in der Wüste deuten darauf hin, dass sich der Mensch schlichtweg zum Wasser hingezogen fühlt. Ob nun die Herkunft des Lebens aus dem Wasser oder die frühesten Erfahrungen des menschlichen Embryos im Fruchtwasser eine Rolle dabei spielen, dass sich die meisten Menschen an die Küsten der Meere, Seen und Flüsse sehnen, sei hier nicht Thema unserer Überlegungen. Wir wenden uns vielmehr dem Thema Tourismusindustrie zu, die weltweit zu den größten Wirtschaftszweigen zählt. 1997 erzielte sie nach Angaben der Welttourismusorganisation einen Gesamtumsatz von 35 Billionen US-Dollar. Sie absorbiert elf Prozent der Konsumausgaben der westlichen Industriestaaten. Mit weltweit hundert Millionen Beschäftigten ist sie der größte Arbeitgeber unter den Branchen. Grenzüberschreitende Reisen machen 25 bis 30 Prozent des Welthandels im Dienstleistungsbereich aus. Höhere Umsätze werden allenfalls noch in der Auto- und der Mineralölindustrie erzielt. Für viele Regionen ist der Tourismus zur wichtigsten Lebensgrundlage geworden.

Gleichwohl sind die Einnahmen höchst ungleich verteilt, wird doch die Hälfte davon in nur sieben Ländern (USA, Großbritannien, Frankreich, Italien, Spanien, Deutschland, Österreich) erzielt, während sich die gesamte Dritte Welt (ohne Ostasien/Pazifik) mit fünf Prozent der Einnahmen begnügen muss. Im Übrigen profitiert die einheimische Bevölkerung der Entwicklungsländer davon zu wenig, wird sie doch meist mit untergeordneten Aufgaben betraut, während die Führungstätigkeiten Ausländern vorbehalten bleiben und die Lebenshaltungskosten für alle gleichermaßen steigen. Außerdem fließt ein Teil der Tourismuseinnahmen insofern wieder in die Herkunftsländer der Reisenden zurück, als dort Ausstattung für die touristische Infrastruktur gekauft wird.

In Deutschland erzielte die Tourismusbranche mit 2,8 Millionen Beschäftigten einen Umsatz von 140 Milliarden Euro. 116 Millionen Gäste tätigten 339 Millionen Übernachtungen in 54.166 Unterkünften mit 2,6 Millionen Betten. 4.000 der 12.431 Gemeinden Deutschlands sind in Tourismusverbänden organisiert, 310 davon sind als Heilbäder oder Kurorte anerkannt. Jenen Gästen, die sich der Natur und dem Sport widmen, stehen 34 Freizeit- und Erlebnisparks, 45.000 Tennisplätze, 648 Golfplätze, 122 National-/Naturparke beziehungsweise Biosphärenreservate, ein Wanderwegenetz von 190.000 Kilometern sowie 40.000 Kilometer Radfernwege zur Verfügung.

2004 unternahmen die deutschen Bürger 274 Millionen Reisen, von denen 73 Prozent ins Inland führten. Dabei buchten sie 1,4 Milliarden Übernachtungen und gaben 120 Milliarden Euro aus, von denen 61,4 Milliarden auf Auslandsreisen entfielen.

Da die Auslandsreisen der Deutschen in den letzten Jahren eher abgenommen haben – so war das beliebteste Reiseziel Deutschland selbst mit 30,8 Prozent, wobei allein 6,7 Prozentpunkte auf Bayern fielen –, ist das Auto das beliebteste Transportmittel mit 48 Prozent der insgesamt getätigten Reisen. Daran schließt aber gleich das Flugzeug mit 36 Prozent an – das umweltbelastendste Transportmittel überhaupt.[3]

Die Situation in Österreich sieht vor allem wegen seiner viel kleineren Strukturen etwas anders aus. 2005 wurden in Österreich 29,1 Millionen Gäste und 119,2 Millionen Nächtigungen (Ausländer 87,7 Millionen, Inländer 31,5 Millionen) registriert. Die Übernachtungen entfielen vor allem auf die Bundesländer Tirol (42,4 Millionen), Salzburg (22,8 Millionen), Kärnten (12,7 Millionen), Steiermark (9,7 Millionen) und Wien (8,8 Millionen). Die Österreicher bevorzugten als Reiseziele im Inland die Bundesländer Steiermark (6,2 Millionen), Salzburg (5,5 Millionen) und Kärnten (4,6 Millionen). Die durchschnittliche Aufenthaltsdauer lag bei 4,1 Tagen. Im Jahr 2005 gab es in Österreich 69.981 Tourismusbetriebe mit 1.064.403 Betten. Österreichs Hotellerie bietet durchschnittlich 40 Betten pro Betrieb an. Zum Vergleich: Dänemark, Portugal, Zypern und Schweden haben jeweils über hundert Gästebetten je Hotelbetrieb. Zehn Prozent aller Erwerbstätigen arbeiten im Bereich des Tourismus. Im Jahr 2004 erzielte Österreich Pro-Kopf-Einnahmen von 1.516 Euro aus dem Tourismus. Damit liegt es weit vor anderen Urlaubsländern wie Schweiz (1.117 Euro), Spanien (906 Euro) oder Frankreich (531 Euro). 2004 wurde eine Wertschöpfung von 21,16 Milliarden Euro aus dem Tourismus erzielt, das entspricht neun Prozent des Bruttoinlandsprodukts. Der Tourismus verhalf der österreichischen Wirtschaft dazu, dass seit dem Zweiten Weltkrieg ein Zahlungsbilanzüberschuss erzielt werden konnte, während die Industrie erst im Jahr 2002 erstmals eine positive Handelsbilanz aufweisen konnte.

2005 betrug der Überschuss in der Reiseverkehrsbilanz 5,1 Milliarden Euro und half, die österreichische Leistungsbilanz fast auszugleichen. Für 2006 wird die direkte und indirekte Wertschöpfung des Tourismus auf rund 20 Milliarden Euro geschätzt.

Und immer noch stellen in Österreich die Deutschen die größte Gruppe an Urlaubern, gefolgt von den Österreichern selbst, den Holländern und Italienern. Eine neue interessierte Gruppe, die ständig im Wachsen begriffen ist, sind die Russen, gefolgt von den übrigen ehemaligen Ostblock-Staaten.[4]

Wenn Massen reisen

Während der Schulferien – vornehmlich während der Sommermonate – beginnt die alljährliche rezente Völkerwanderungszeit.

Während im Jahr 1950 noch 25 Millionen internationale Ankünfte weltweit gezählt wurden, liegt dieser Wert laut World Tourism Barometer im Jahr 2005 bei 808 Millionen Reisenden, also mehr als dem Hundertfachen der Einwohnerzahl Österreichs.[5]

Laut UNESCO reiste in den 1970er Jahren nur eine von 13 Personen in Entwicklungsländer, während es in den 1990er Jahren schon eine von fünf war. In Kuba verfünffachte sich der Tourismus seit 1990.[6]

Für die Wirtschaft ist der Tourismus ein unentbehrliches Geschäft, und was dieser enorme Anstieg an Reisenden für die Ökosysteme und somit auch für den weltweiten Wasserhaushalt bedeutet, soll hier erläutert werden.

Während Reisen nach Europa und Amerika einem stetigen, aber langsamen Wachstum unterliegen, sind die Reisen nach Asien, den Pazifikraum und den Mittleren Osten regelrecht explodiert.

Doch wir wollen nicht in die Ferne schweifen, denn sieh, das Böse liegt so nah. Um zu verdeutlichen, wie dramatisch die Situation durch den zunehmenden Tourismus im Mittelmeerraum ist, sei hier aufgezeigt, dass ein Tourist pro Tag (inklusive Bewässerung der Golfplätze) zwischen 300 und 800 Liter Wasser braucht. Für Tunesien bedeutet das einen neunmal höheren Wasserbedarf im Vergleich zur einheimischen Bevölkerung. Dies ist auch dadurch bedingt, dass der Tourist im Urlaub dazu neigt, zweimal täglich zu duschen und mehr Wasser zu verschwenden als zuhause. Hochgerechnet ergibt das die unvorstellbare Summe von 210 Milliarden Liter Wasser im Jahr, die von 175 Millionen Reisenden im Mittelmeerraum zusätzlich benötigt werden.[7]

In den Ländern an der Mittelmeerküste gibt es Tier- und Pflanzenarten, die nur dort heimisch – also endemisch – sind und auch nicht in andere Lebensräume ausweichen können. Gerade für Feuchtgebiete bedeutet eine touristische Erschließung oft das Aus. Sie werden meist trockengelegt, um Hotels oder Ferienanlagen errichten zu können, allerdings ohne ökologische Ausgleichsflächen zu schaffen. Beispielsweise entstand die toskanische Stadt Grosseto wie viele andere toskanische Städte in Küstennähe zur Gänze in einem trockengelegten Feuchtgebiet, noch heute werden dort üppige Ferienwohnungen und Hotels aus dem Boden gestampft, um dem immer größer werdenden Zustrom an Sommertouristen gerecht werden zu können. Paradoxerweise wird dann aber gerade dort mit der Artenvielfalt des umliegenden Feuchtgebietes geworben.

Ein weiteres Beispiel ist die niederländische Provinz »Flevoland«, die zur Gänze durch Trockenlegung eines Feuchtgebietes gewonnen wurde. Die Grundsteinlegung erfolgte am 27. Juni 1985, insgesamt leben in diesem Teil der Niederlande über 360.000 Menschen. Die Provinz wurde im dicht besiedelten Holland als »Ausweichprovinz« geschaffen. Für Touristen bieten sie viele Möglichkeiten mit modernen Hotels. Auch hier wird mit der umgebenden Fauna und Flora der Feuchtgebiete geworben.[8]

Durch den enormen Wasserbedarf der Touristen und neuerdings der zusätzlichen Belastung durch den exzessiven Bewässerungsbedarf für Golfplätze, deren Errichtung weltweit im Zunehmen begriffen ist, ergibt sich ein tristes Bild: Grundwasservorkommen werden völlig übernutzt, in meernahen Gebieten rinnt Salzwasser in die Grundwasserbecken nach. Damit sind die Grundwasservorräte als Trinkwasser unbrauchbar. Für eine Nutzung als Trinkwasser müssen sie nun entweder aufwändig entsalzt werden, oder es bleibt – wenn diese Technologie nicht zur Verfügung steht – die örtliche Bevölkerung auf der Strecke, ist doch nunmehr ihre Wasserversorgung gefährdet bis verunmöglicht.

So gab es 1998 eine ernste Wassernot in Zypern, die dazu führte, dass den Bauern vor Ort die Wasserressourcen halbiert wurden, während die Tourismusbetriebe als Aushängeschilder der Region weiter ohne Einschränkungen Wasser entnehmen durften.

Aber nicht nur für Menschen, auch für Tiere ist es schwierig, mit den Folgen der knappen Süßwasservorräte zurechtzukommen. Und gerade in Zypern ist das dort endemische Zyprische Mufflon eine gefährdete Art. Es handelt sich um eine sehr begrenzte Population in einem einzigen Schutzgebiet im Wald von Paphos auf einer Fläche von nur 620 Quadratkilometern. Aus dem Wald von Paphos wurde Wasser für Bewässerungszwecke abgepumpt, was zum Austrocknen vieler natürlicher Quellen führte, die dem Muffelwild als Wasserquelle dienten.

Wasser- und Nahrungsmangel innerhalb des Waldes veranlassen das Muffelwild, den Wald zu verlassen, was es in Kontakt mit Hausschafen und -ziegen und damit in höchste Infektionsgefahr bringt.[9]

» Wussten Sie, dass in Tunesien der Wasserverbrauch eines Touristen neunmal so hoch ist wie der eines Einheimischen?

Nun hat man seit einiger Zeit Wasser aus der Türkei per Medusa Bag importiert. Diese Lösung gilt noch nicht als technisch ausgereift, wird aber trotzdem in Zypern erfolgreich eingesetzt. Jährlich gelangen auf diesem Wege 1,7 Millionen Kubikmeter Trinkwasser auf die Insel. Teurer Aktionismus, der nicht nötig wäre, würde man auch in den touristischen Betrieben sorgsamer mit dem örtlichen Wasser umgehen.[10]

Auch die beliebte Ferieninsel Mallorca hat Probleme mit der Trinkwasserversorgung. Hier müssen Hunderttausende Touristen zusätzlich mitversorgt werden. Die Einheimischen nutzen das in Zisternen gesammelte Regenwasser als Trinkwasser, den Feriengästen ist dies zu riskant. Sie beziehen ihr Trinkwasser aus den Supermärkten. Das Wasser in der Hauptstadt ist allerdings sogar zum Zähneputzen zu chlorhaltig, salzig und ungenießbar. Weshalb von den Tourismus-Veranstaltern jeder Mallorca-Urlauber davor gewarnt wird, das Leitungswasser zu trinken. Teils kommt das Wasser für die Insel sogar im Tankschiff vom spanischen Festland. Da ist jeder glücklich zu schätzen, der einen eigenen Brunnen hat, möchte man meinen. Doch ein eigener Brunnen bedeutet im dürregeplagten Mallorca noch lange nicht, dass das Wasser reichlich und von guter Qualität ist: die Brunnenbesitzer werfen oftmals Chlortabletten in ihre Brunnen, um die Qualität aufzubessern, die tatsächlichen Fördermengen kennt niemand. Offiziell geht mehr als die Hälfte des geförderten Wassers in die Landwirtschaft, sieben Prozent in Tourismuszentren. Tatsächlich wurde bewiesen, dass weit mehr in den Tourismus geht.[11]

Es fragt sich allerdings immer wieder, was die Regierung der Balearen dazu bewegt, Wasser aus einer großen Entsalzungsanlage zu gewinnen, obwohl es eigentlich vom vorhergehenden Umweltminister einen Wasserversorgungsplan ganz anderer Art gibt. Dieser sah vor, eine Süßwasserquelle zu nutzen, die sehr ergiebig ist und die Hälfte der Mallorquiner mit Trinkwasser versorgen könnte. Bisher ist nichts geschehen, und das Wasser der Quelle Sa Costera fließt weiter ungenutzt ins Meer.[12] Trotzdem verbrauchen Einheimische wie Urlauber auf Mallorca etwa 300 Liter des kostbaren Nasses täglich.

> **»**
> Wussten Sie, dass ein 18-Loch Golfplatz in Spanien täglich 2,3 Millionen Liter Wasser braucht?

Die Tageszeitung »Die Presse« titelte in ihrer Ausgabe vom 25. November 2006:»Spanien 2050: Wüstensafari an der Costa del Sol«. Dieser Region ist durch den Klimawandel ein Temperaturanstieg von sieben Grad über die nächsten hundert Jahre prognostiziert. Der Bauboom, der seinesgleichen sucht, trägt durch Versiegelung und ein damit einhergehendes Aufheizen dieser Flächen das übrige zur Austrocknung der Region bei. Und auch während der Bautätigkeit selbst wird sehr viel Wasser benötigt.

In der spanischen Region Murcia, die sich elitär präsentiert, wird ein Golfplatz nach dem anderen errichtet. Laut DANTE (Die Arbeitsgemeinschaft für nachhaltige Tourismusentwicklung) verbraucht jedoch ein spanischer 18-Loch Golfplatz täglich über 2,3 Millionen (!) Liter Wasser – Wasser, das den Einheimischen zur Deckung ihrer Lebensgrundlage fehlt. Auf den Philippinen könnten davon 65 Hektar Ackerland bewässert werden, die gleiche Menge Wasser könnte eine 15.000-Einwohner-Stadt oder aber 60.000 Dorfbewohner versorgen.[13]

Große Probleme bereiten in allen wasserarmen Ländern die Golfplätze. Nicht von ungefähr stammt der Trendsport aus Schottland, wo jener Feuchtigkeitshaushalt, den ein Golfplatz benötigt, naturgegeben ist. In vielen anderen Regionen ist der Golfplatz ein wahres Fass ohne Boden. Durch die höheren Temperaturen herrscht eine weit höhere Verdunstung, was eine künstliche Beregnung notwendig macht. Dieses Wasser fehlt den Ländern mit ihren Tourismushochburgen, wo zumeist ohnedies Wasserknappheit herrscht. Außerdem braucht ein Golfplatz in südlichen Breiten bis zu 1.500 Kilogramm Dünger, Pestizide und Herbizide pro Jahr, um halbwegs so grün auszusehen wie in Schottland. Und dennoch werden immer mehr Golfplätze errichtet, gilt doch Golfen als der Trendsport schlechthin.

Die im deutschen Sprachraum allseits beliebte Fernsehfilm-Serie »Das Traumhotel« heizt zudem das Bedürfnis nach Fernreisen an. In einer der Folgen (»Das Traumhotel – Afrika«) wird ein Gebäudekomplex in einer oasenartigen Landschaft gezeigt, in der Wasser im Überfluss vorhanden zu sein scheint: Springbrunnen, Wasserfälle, riesige Schwimmbecken vor der atemberaubenden Kulisse Südafrikas. Stolz verkünden die Produzenten, dass der Film an Originalschauplätzen in der Nähe von Johannesburg und im berühmten »Pilanesberg Nationalpark« entstand. In einer der Handlungsstränge geht es darum, dass aufgrund des Einschreitens einer Umweltaktivistin der geplante Golfplatz nicht gebaut wird, sondern das dafür notwendige Wasser in die gerade noch vorhandenen Zulu-Siedlungen gepumpt wird. Löblich, doch wird die Angelegenheit so dargestellt, als wären die Afrikaner auf das Know-How des Hoteldirektors angewiesen, um zu ihrem Wasser zu kommen. In keinem der Dialoge geht es darum, dass nun eigentlich der Tourismus der Grund für die Wassernot ist. Wenn Fernsehen irgendetwas bewirken soll, dann wäre es sinnvoll, hier das Kind beim Namen zu nennen.

Schifahren ohne Schnee

Wenden wir uns nun dem Wintertourismus zu. Vor allem für die Alpenregion ist leicht vorstellbar, welche Folgen die Zunahme an Urlaubern für die Umwelt hat. Denn gerade alpine Ökosysteme reagieren besonders sensibel auf menschliche Eingriffe.

Als Schifahrer weiß man, dass Kunstschneepisten weitaus unangenehmer zu befahren sind als solche mit Naturschnee. Doch was tun, wenn es keinen oder zu wenig Schnee gibt? Beschneiungsanlagen gelten als Retter einer ganzen Tourismusbranche und können zudem die Saison verlängern. Doch kaum jemand macht sich bewusst, unter welchem Wasser- und Energieeinsatz die Beschneiung erfolgt: pro Quadratmeter beschneiter Fläche mit einer Schneeauflage von 20 Zentimetern werden 100 Liter Wasser und etwa eine Kilowattstunde Energie gebraucht. Laut der Tageszeitung »Die Presse« vom 19. Januar 2007 kostet ein Kubikmeter Kunstschnee zwischen zwei und drei Euro, mit dieser Menge können drei Quadratmeter Piste präpariert werden. Dieser Preis enthält allerdings nicht die Investitionskosten für die Errichtung einer Beschneiungsanlage und diese sind nicht zu verachten: für die Pumpstation und den Speichersee etwa zwei Millionen Euro, für die Beschneiungslanzen 10.000 Euro, wohlgemerkt pro Stück, man braucht allerdings zwischen 150 und 200 Stück, um den Qualitätsanforderungen der Touristen entsprechen zu können. Oder man verwendet Schneekanonen, das Stück um wohlfeile 35.000 Euro, sie haben aber höhere Wartungskosten und in sehr steilen Lagen sind sie auch im Vergleich zu feststehenden Lanzen nur bedingt einsetzbar.

Als sicher gilt inzwischen, dass sich in den alpinen Regionen sowohl der Zeitpunkt der Niederschläge als auch deren Intensität, die Ausprägung der Schneedecke und der Wassergehalt des Bodens aufgrund des Klimawandels stark verändern werden, was sich direkt auf den Wasserhaushalt der Alpen auswirkt.[14]

Wird nun in einer Region beschneit, erfolgt dies aus hygienischen Gründen untertags meist mit Trinkwasser, in der Nacht, wenn keine Wintergäste auf den Pisten unterwegs sind, darf auch mit Brauchwasser beschneit werden. Dieses wird aus Speicherseen oder Bächen entnommen. Das Problem dabei ist, dass aus ökologischen Gründen eine gewisse Restwassermenge im Gewässer verbleiben muss. Die Crux an der Sache: gerade im Winter haben die Gewässer naturgegeben Niederwasserführung. Darum wird vermehrt auf Trinkwasser zu Beschneiungszwecken zurückgegriffen, laut WWF werden im Wintersportort Bad Kleinkirchheim die Gäste bereits ersucht, mit dem Duschen zurückhaltend zu sein, man brauche das Trinkwasser für die Beschneiung. Und beschneit muss meist werden, ob nun Naturschnee gefallen ist oder nicht, denn wer keine perfekt präparierten Pisten vorweisen kann, muss mit herben Verlusten rechnen.

Laut CIPRA (Commission Internationale Pour la Protection des Alpes), der Alpenschutzkommission, werden derzeit fast 40 Prozent der Flächen beschneit. In der Provinz Bozen sogar über 60 Prozent. Der Wasserverbrauch durch Schneekanonen hat sich in dieser Region innerhalb von fünf Jahren verfünffacht: Die Beschneiung auf italienischen Pisten verursacht Kosten in der Höhe von 136.000 Euro pro Hektar und Jahr.[15]

Fast zum Lachen ist folgende Aussage, die Georg Hechenberger von der Bergbahnen AG in Kitzbühel im Jahr 2002 auf die Frage, wie der Ort touristisch auf den Klimawandel reagieren werde, zum Besten gab: er glaube»an ein Klimamodell, welches besagt: Im Sommer mehr Wärme, im Winter mehr Kälte.«[16] Vier Jahre nach dieser Aussage bringen LKW insgesamt 4.000 Kubikmeter Schnee für die Aktion»Rettet das Hahnenkammrennen 2007« vom Großglockner ins schneelose Kitzbühel, denn zur Erzeugung von Kunstschnee ist es in diesem Jahr zu warm. Vor Ort angekommen, wird der Schnee in Netze verladen und mit Hubschraubern auf der Piste verteilt. Die gesamte Aktion erfordert 500 LKW-Fahrten vom Großglockner nach Kitzbühel und retour, es sind geschätzte 2.000 Helikopter-Flüge nötig, um den Schnee zu verteilen. Der ganze Wahnsinn kostet Kitzbühel geschätzte 300.000 Euro. Der Lohn dafür ist allerdings, dass über die Umwegrentabilität der Tourismusbranche 30 Millionen Euro allein durch das Hahnenkammrennen in die Kassen des Nobelschiorts strömen. Und da die Aktion leider trotzdem die Absage einiger Bewerbe des Rennens nicht verhindern konnte, zahlt nun die Versicherung den Ausfall. Auch gut.[17]

Dass zahlreiche Schiorte von ihrem Ruf als Austragungsort für Schirennen profitieren, ist Schnee von gestern. Gegen den schneelosen und viel zu warmen Winterbeginn 2006/2007 konnte auch die FIS nicht an. Für die Saison 2006/2007 wurden insgesamt 802 Schi-

> »
> Manche Wintersportorte bitten ihre Gäste, mit dem Duschen zurückhaltend zu sein – man brauche das Trinkwasser für die Beschneiung

veranstaltungen geplant. Allein von den weltweit 120 Events in der ersten Januar-Hälfte wurden 47 wegen Schneemangels abgesagt, 41 weitere konnten nicht in allen Disziplinen abgehalten werden. Es wird eng für die Austragung der Schirennen in den Alpen. So auch für die Veranstalter des internationalen Lauberhornrennens, das am 13. und 14. Januar 2007 stattfand. Laut Berichten der schweizerischen »Sonntagszeitung« sollen die Organisatoren am Lauberhorn für die Präparation ihrer Piste 1,5 Tonnen Ammoniumnitrat als Schneehärter verwendet haben. Das entspräche der zugelassenen Jahresmenge für eine landwirtschaftliche Fläche von 15 Hektar. Dem Bundesamt für Umwelt geht dieser Kunstdüngereinsatz zu weit. Dazu kommt, dass der Kanton den Kunstdüngereinsatz nicht kontrolliert. Denn an dieser Stelle klafft eine Gesetzeslücke: es gibt in der Schweiz keine Regelung für den Einsatz von Kunstdünger auf Schipisten. »Im Zuge der aktuellen Diskussion lässt das auch die Landwirte stutzig werden. Für sie herrschen schließlich klare Regelungen und sie fragen sich, weshalb diese nicht auch für die Organisatoren von Schirennen gelten«, schreibt die »Sonntagszeitung«.

Die Frage ist leicht beantwortbar: findet ein Rennen nicht statt, entgehen der Gemeinde Einnahmen aus der Tourismusbranche. Soviel können alle Bauern der Region gemeinsam nicht erwirtschaften. Es muss zudem noch bedacht werden, welche Geldsummen in die Fernsehübertragungsrechte fließen, die zwar dem Veranstaltungsort nur sehr teilweise zukommen, doch einiges an Prestige bringen. So hat das Internationale Olympische Komitee (IOC) bereits 2004 für die Olympischen Winterspiele in Vancouver (2010) und die Olympischen Sommerspiele 2012 mit der European Broadcasting Union (EBU) einen Vertrag über die Übertragungsrechte abgeschlossen. Das Vertragsvolumen wird auf 614 Millionen Euro geschätzt. Ergänzend zu dem Vertrag haben sich die EBU und ihre Mitglieder verpflichtet, in Form von Programmen und Werbung Leistungen zur Unterstützung der Olympischen Bewegung und der Olympischen Idee außerhalb der Olympischen Spiele zu erbringen, die auf 125 Millionen Euro beziffert werden.

Die vom IOC über die Vergabe von Fernsehrechten erlösten Mittel kommen den Organisationskomitees Olympischer Spiele, den Nationalen Olympischen Komitees und den Internationalen Fachverbänden zugute.[18]

Wird uns also in Zukunft die Überdüngung der Schipisten eine nie zuvor dagewesene Umweltkatastrophe im gesamten Alpenraum bescheren? Eines ist sicher: Künftig werden die Schiorte in den Alpenregionen, die unter 1.000 Höhenmetern liegen, das Problem haben, dass sie aufgrund des Klimawandels als nicht beschneibar gelten werden, weil die Temperaturen einfach zu hoch liegen. Als daraus resultierende Entwicklung ist das Verbot der Neuerschließung von (schneesicheren) Gletschergebieten für jene Regionen nicht mehr haltbar. Was sich bereits in der Neufassung der Salzburger Richtlinien für die Schigebietserschließung niederschlägt, wo der entsprechende Paragraf gefallen ist. Dies zeugt von den rein wirtschaftlichen Interessen, die Folgen für die Umwelt werden negiert.[19]

» ───────────

Auf dem Lauberhorn wurden 1,5 Tonnen Ammoniumnitrat für die Schneekanonen verwendet – soviel wie 15 Hektar Acker im Jahr benötigen

Laut »CH-Forschung – wissen aktuell und verständlich« sind die Schweizer Schigebiete vom Klimawandel nicht so sehr betroffen wie die österreichischen, denn sie liegen fast alle über 1.500 Meter Seehöhe.[20] Nichtsdestotrotz hat sich auch in der Schweiz im Zeitraum von 1990 bis 2001 die beschneite Fläche versiebenfacht.[21] Am härtesten trifft der Klimawandel allerdings die deutschen Schiorte wegen ihrer niedrigen Höhenlage.

Insgesamt denkt man in der Wintersportbranche besorgt über mögliche Alternativen zum Schifahren, Snowboarden und Carven nach, eine Verlegung der Schigebiete in höhere Lagen ist sehr kostenintensiv, kommt in Konflikt mit dem Naturschutz und erscheint insgesamt überaus fraglich. Beschneiung ist auch nur eine Alternative, wenn es kalt genug ist. Erst ab -4 Grad Celsius und nicht zu hoher Luftfeuchtigkeit klappt es auch mit dem Kunstschnee. Es gibt auch Überlegungen, weitere Hallen für die Schifahrer zu bauen, um wetterunabhängiges Vergnügen anbieten zu können. Die Kosten für Bau und Erhaltung sind allerdings beachtlich, abgesehen davon, ist der Betrieb wenig umweltkonform. Doch es geht schließlich darum, jährlich 120 Millionen Schiurlauber in den Alpen zu halten. Das Thema Beschneiung wird übrigens ziemlich kontrovers beurteilt, sowohl in der Tourismus- als auch in der Umweltbranche. Als Vorteile der Beschneiung werden längere Befahrbarkeit der Piste mit besserem Schutz der darunter liegenden Vegetation angegeben, auch bleiben

»
Wussten Sie, dass die deutschen Schiorte am meisten unter dem Klimawandel leiden?

die Fahrer naturgemäß eher auf der Piste, wenn diese gut präpariert ist. Der Kunstschnee lässt die Piste etwa zwei bis drei Wochen später im Vergleich zu Naturschneepisten aper werden.[22]

Doch der ökologische Schaden ist nicht zu verachten: der Stromverbrauch der Schneekanonen ist exorbitant hoch und das in Monaten, in denen der Energiebedarf der restlichen Bevölkerung naturgemäß durch das Heizen ebenso hoch liegt und aus der Wasserkraft aufgrund niedriger Wasserführung der Flüsse im Winter nicht viel Energieausbeute zu holen ist.

Dazu kommt, dass Beschneiungsanlagen mit Wasser aus Speicherteichen gespeist werden, die aber ihrerseits einen großen Eingriff in die Natur darstellen, sind doch eine Vielzahl an Bau- und Erdarbeiten notwendig, um genug Wasser zur Verfügung stellen zu können. In Österreich ist ein Beschneien der Piste nur mit Schnee aus klarem Wasser in Trinkwasserqualität erlaubt, in Italien dürfen auch tote Bakterien zugesetzt werden, die das Ausbilden eines Kristallisationskeimes schon bei höheren Temperaturen möglich machen.

Weiters enthält Kunstschnee bis zu viermal mehr Mineralien und Ionen als Naturschnee. Das bedeutet, dass diese Masse auch ohne Zugabe von Blaukorn eine Düngewirkung ausübt. Ob dies in Gebieten mit von Natur aus mageren, nährstoffarmen Standorten allerdings von Vorteil ist? Die gesamte Vegetation im Bereich der Pisten könnte verändert werden.

Nachhaltig und sanft

Spätestens nach dem wiederholten Ausbleiben der Schneefälle in den Winterferien, dem leeren Wasserhahn am Mittelmeer und den wiederholten Überschwemmungskatastrophen im sommerlichen Mitteleuropa wird sich die Tourismusbranche in Europa auf die Suche nach neuen Angeboten machen müssen. Was ist die Alternative? Der Trend beginnt bereits, in Richtung Wellness und »Entschleunigung« zu gehen. Verwöhnbäder, Thermen, exklusive Paketangebote in der Gastronomie, Erlebniswanderungen, Kinderanimation stehen bereits teilweise auf der Angebotsliste. Der Umstieg auf Nachhaltigkeit im Tourismus wird sich allerdings nur langsam verwirklichen lassen, braucht doch dieser Wandel nicht nur ein Umdenken in den Köpfen, sondern auch einiges an Investitionen.[23]

Als positives Beispiel eines Umdenkens sei der »Rat für Nachhaltige Entwicklung« genannt, der im April 2001 von der deutschen Bundesregierung berufen wurde. Ihm gehören 19 Persönlichkeiten des öffentlichen Lebens an. Unter Nachhaltigkeit versteht der Rat, »Umweltgesichtspunkte gleichberechtigt mit sozialen und wirtschaftlichen Gesichtspunkten zu berücksichtigen. Zukunftsfähig wirtschaften bedeutet also: Wir müssen unseren Kindern und Enkelkindern ein intaktes ökologisches, soziales und ökonomisches Gefüge hinterlassen. Das eine ist ohne das andere nicht zu haben.« Die Aufgaben des Rates:

- Mithelfen, dass Deutschland Kurs auf Nachhaltigkeit nimmt.
- Nachhaltigkeit zu einem öffentlichen Thema machen.
- Der Bundesregierung beim Thema Nachhaltigkeit zur Seite stehen.[24]

Soweit so gut. In der Tourismusbranche bedeutet dies ein Abgehen vom Massentourismus hin zu Qualität und Individualität. Also ein ganzheitliches Denken auch im Hinblick auf die Wahl des Urlaubs. Was nicht nur in die Köpfe der Veranstalter muss, sondern auch in jene der Konsumenten. Das gilt freilich auch für Fernreisen, die oftmals nicht nur die Ökologie belastet, sondern auch die in dieser Branche Beschäftigten.

In diese Bresche schlägt »Fair Trade – Fairer Handel«. Als »Fairer Handel« wird ein kontrollierter Handel bezeichnet, in dem die Preise für die gehandelten Produkte üblicherweise höher angesetzt sind als der jeweilige Weltmarktpreis. Damit soll den Produzenten ein höheres und verlässlicheres Einkommen als im herkömmlichen Handel ermöglicht werden. In der Produktion sollen internationale Umwelt- und Sozialstandards eingehalten werden.

Die Fairhandelsbewegung konzentriert sich hauptsächlich auf Waren, die aus so genannten Entwicklungsländern in Industrieländer exportiert werden. Fair Trade umfasst landwirtschaftliche Erzeugnisse (etwa Kaffee und Bananen) ebenso wie Produkte des traditionellen Handwerks und der Industrie und weitet sich zusehends auf neue Bereiche wie den Tourismus aus. Mit seinen klaren Grundsätzen zur Förderung von benachteiligten Produzenten und Arbeitnehmern eröffnet der Faire Handel auch im Tourismus einen konkreten Weg für eine sozial gerechte und nachhaltige Entwicklung. Dazu hat der Arbeitskreis Tourismus und Entwicklung zusammen mit Partnern aus Süd und Nord Konzeptarbeit geleistet und anhand von Praxisbeispielen Grundlagen entwickelt, die den Aufbau des zukunftsweisenden Fairen Handels im Tourismus ermöglichen. Analog zum Fairen Handel bei Produkten hat der Faire Handel im Tourismus zum Ziel, die Lebensbedingungen von Tourismusangestellten und Kleinunternehmern zu verbessern, ihre Lebensgrundlagen zu sichern und ihnen eine würdige Existenz zu ermöglichen.

Zentral für den Fairen Handel im Tourismus ist ein gerechter Austausch zwischen allen beteiligten Akteuren. Dazu sind alle Akteure gefordert, auf ihrer jeweiligen Ebene fair zu handeln, Transparenz über ihre Aktivitäten zu schaffen und im vollen Respekt von Demokratie und Partizipation gleichberechtigte, partnerschaftliche Beziehungen aufzubauen und zu pflegen. Produkte des Fairen Handels sind in der Regel durch ein Label gekennzeichnet, das Konsumenten gegenüber die Einhaltung der Fairtrade-Kriterien deklariert. Unter der Vielzahl an Labels im Tourismus zertifiziert erst ein einziges, nämlich das Gütesiegel von »Fair Trade in Tourism South Africa« (FT-TSA), Angebote wie Hotels und Ausflüge nach den Grundsätzen des Fairen Handels. Derzeit laufen auf internationaler Ebene erste Abklärungen, ob und wie im Rahmen des für die Fairtrade-Zertifizierung weltweit maßgeblichen Dachverbandes Fairtrade Labelling Organizations International (FLO) der Tourismus bewertet werden kann. Ziel der Entwicklung des Fairen Handels im Tourismus ist nicht, einfach eine neue Nische zu schaffen, sondern konkret den Weg zu weisen, wie die gesamte Tourismusbranche sozial gerechter wirtschaften kann. Die Herausforderung ist dabei, einen Tourismus zu realisieren, der umfassend – ökonomisch, ökologisch und sozial – nachhaltig ist beziehungsweise zur nachhaltigen Entwicklung beiträgt. Weiters sollte er den Erwartungen der Reisenden nach einem attraktiven erholsamen Urlaub wie denjenigen der Einheimischen am Reisezielort nach neuen Einkommen nachkommen, dem Respekt ihrer Lebensgrundlagen und kulturellen Vielfalt sowie ihrer Würde.[25]

Das Ramsar-Abkommen

Würde und Respekt vor Mensch und Natur sollte also oberstes Gebot bei der Wahl des Urlaubsortes sein. Wie wir zuvor ausführten, stehen die meisten Freizeit-Aktivitäten in engem Zusammenhang mit dem Wasser. Sei es nun ein Bade- oder Schiurlaub, Wasser ist unabdingbare Voraussetzung fürs Vergnügen. Wer allerdings nicht nur im Freien um der Bewegung willen ist, sondern sein Dasein als Teil der Natur sieht, der wird sich – auch angesichts der Anziehungskraft des Wassers – der Sensibilität von Nassgebieten bewusst. In diesem Zusammenhang seien hier Ökosysteme vorgestellt, die sich durchaus als Urlaubsziel eignen und bereits so zugänglich gemacht sind, dass auch pädagogische Komponenten für die nachfolgenden Generationen darin enthalten sind.

Es begann in den 1970er Jahren, als die Erhaltung des Lebensraumes für Wat- und Wasservögel im Mittelpunkt des Interesses der betroffenen Länder stand. Damals wurde ein Abkommen zwischen 18

Staaten unterzeichnet, wonach Feuchtgebiete von internationaler Bedeutung geschützt werden sollten. Benannt ist das Abkommen nach der Stadt Ramsar im Iran, wo es am 2. Februar 1971 geschlossen wurde. Dieser Tag wird jährlich als »Weltfeuchtgebietstag« begangen. Die Konvention war das erste zwischenstaatliche Vertragswerk über die Erhaltung und wohlausgewogene Nutzung natürlicher Ressourcen. Mittlerweile hat sich das Hauptaugenmerk auf die Erhaltung und Entwicklung von Feuchtgebieten als Ökosystem verlagert. Wie so viele internationale Abkommen ist auch das von Ramsar durch einen unverbindlichen Charakter gekennzeichnet. Es bezieht alle Arten von geläufigen Feuchtgebieten mit ein, sogar die künstlich geschaffenen. Bis zum heutigen Zeitpunkt sind bereits 150 Staaten beigetreten.[26]

Doch was charakterisiert ein Feuchtgebiet? Die Bezeichnungen sind vielfältig, allen ist gemeinsam, dass sie Landschaften beschreiben, die vom Wasser geprägt sind: von Quellen, Fließgewässern, Auen, stehenden, natürlich und künstlich entstandenen Gewässern (Seen, Weiher, Teiche, Tümpel, Baggerseen) und schließlich Mooren. Wobei hier unterschieden werden muss zwischen Hoch- und Niedermooren. Hochmoore werden dadurch charakterisiert, dass sie keinen Grundwasseranschluss haben und nur von Regenwasser gespeist werden. Sie sind daher nährstoffarm. Im Gegensatz dazu besitzen Niedermoore Grundwasseranschluss und sind nährstoffreicher. Feuchtwiesen, die bei Hochwasser überflutet werden oder aber über den schwankenden Grundwasserspiegel bei Hochwasser überstaut werden, gehören ebenso zu den Feuchtgebieten wie Brucherlenwälder, Schwarzerlenbruchwälder (an Niedermooren und auch bachbegleitend vorkommend) und Birkenbruchwälder (an Hochmooren). Ein künstlich entstandenes Feuchtgebiet stellen beispielsweise Mühlbäche dar.

Die ökologische Bedeutung von Feuchtgebieten ist eindeutig in der sehr hohen Artenvielfalt von Pflanzen und Tieren zu sehen. Sie dienen weiters der Regulierung des Wasserhaushaltes im Boden und begünstigen das kleinregionale Klima.

Überflutungsflächen entlang von Fließgewässern (Feuchtwiesen,

Auwälder) sind ein wichtiger Puffer bei Hochwasserereignissen. Sie kappen die Hochwasserspitzen in Fließgewässern und geben das Wasser langsam wieder ab.

Diese natürlichen Landschaften sind weitgehend zerstört. Denn bald nach dem Zweiten Weltkrieg ging man intensiv daran, landwirtschaftliche Flächen neu zu schaffen, um eine Selbstversorgung der Bevölkerung mit landwirtschaftlichen Produkten gewährleisten zu können.

Vor allem in Österreich begann man in den 1950er Jahren die »sauren Wiesen« trockenzulegen. Damit waren diese Feuchtgebiete jedoch für Fauna und Flora als Lebensraum verloren. Was läge also heutzutage näher, als diese künstlich errichteten Felder wieder an die Natur zurückzugeben? Schließlich liegen die mit landwirtschaftlichen Gütern zu erzielenden Gewinne um ein Vielfaches niedriger als die Kosten für Schäden durch die zunehmenden Hochwässer.

» Was die Ramsar-Gebiete betrifft, so hat Deutschland Nachholbedarf, machen doch die ausgewiesenen Regionen nur zwei Prozent der Feuchtgebietsflächen aus

Mittlerweile gibt es in Österreich 19 ausgewiesene Ramsar-Gebiete, unter ihnen so bekannte wie den Nationalpark Donauauen oder den Nationalpark Seewinkel.

In Deutschland finden sich 32, unter ihnen das Ostsee-Boddengewässer, der Bodensee, der Chiemsee, aber auch das Wattenmeer.[27] Deutschland hat hier allerdings Nachholbedarf, machen doch die deutschen Ramsar-Gebiete nur zwei Prozent der tatsächlichen Feuchtgebietsfläche aus.[28]

In der Schweiz wurden zehn internationale und 18 nationale Gebiete ausgewiesen. Diese sind sehr bedeutend in Bezug auf die Rastplätze und Überwinterungsmöglichkeiten zahlreicher Zugvögel, die aus Osteuropa kommen.[29]

Glücklicherweise machte man sich gerade noch rechtzeitig Gedanken über die Feuchtgebiete, deren überragende Bedeutung für die Landschaft lange Jahre unterschätzt und sogar als störend für weitere Siedlungstätigkeit empfunden wurde.

Man muss leider sagen, dass auch ein rückgebautes Feuchtgebiet, so schön es auch sein mag, für die Natur nicht dieselbe Funktion hat wie vor dem menschlichen Eingriff. Dennoch: Es gibt mittlerweile eine ganze Reihe von Feuchtgebieten, deren Bedeutung für den Tourismus langsam erfasst wird.

Das Unterwasserreich

Das UnterWasserReich Schrems im österreichischen Waldviertel ist ein so genanntes Ramsar-Zentrum. Der Schremser Naturpark liegt in einem Hochmoor, das in seiner Gesamtheit ein bedeutender Lebensraum für Tiere und Pflanzen ist.

Das Zentrum ist nicht nur ein architektonisch interessanter Bau, der didaktisch bestens aufgearbeitete Zugang zum Thema Wasser ist vorbildhaft. Da sich die Leiterin des Zentrums wissenschaftlich mit den Fischottern befasst, deren Bestände im vergangenen Jahrhundert extrem dezimiert wurden, gibt es die niedlichen Tierchen in einem artgerechten Gehege zu sehen, die als besondere Attraktion für Jung und Alt gelten.

Im Naturerlebniszentrum gibt es zusätzlich Angebote für Kinder, die sich als Naturforscher betätigen und an verschiedenen Workshops teilnehmen können. Dazu gehören Forschungstage zum Thema Fischotter und zum Thema Amphibien. Ganz dem Trend der Zeit entsprechend können auch Kindergeburtstage gebucht werden, die sogar einen Wissenszuwachs bringen.[30]

Naturpark Bayerischer Wald

Dieser Naturpark grenzt westlich an den Nationalpark Bayerischer Wald und auf tschechischer Seite an ein Landschaftsschutzgebiet an. Die Landschaft ist sehr abwechslungsreich und gekennzeichnet durch eine große Vielfalt an Tier- und Pflanzenarten, auch hier findet man den Fischotter und es gibt sogar Luchse. Richtung Donau laden zahlreiche malerische Altarme und Auwaldreste zum Verbleiben ein, aber auch Hochmoore und Streuobstwiesen zeichnen das Gebiet als Ferienidylle aus.[31]

Spürsinn Bodensee

Möchte jemand mehr Spaß »am Wasser« ist er mit der »Spürsinn Region Bodensee« an der richtigen Adresse. Hier kann man mit einem Solarboot auf den Bodensee hinausfahren und wegen des geräuschlosen Fortkommens Wasservögel aus nächster Nähe betrachten. Die Solarfähre wird auch als »Schwimmendes Klassenzimmer« angeboten, man erfährt Wissenswertes über die Wasserwelt im Allgemeinen und den Bodensee im Besonderen. Zahlreiche Rahmenangebote vom Schulbauernhof bis zu Workshops wie »Naturerleben Winter« finden in der Region statt. Diese Saison ist eine besondere Herausforderung für Naturführer, da die Natur im Winter für durchschnittlich Interessierte nicht viel zeigt. Geht man ins Detail, gibt es auch im Winter einiges zu entdecken.

Auch das nahe liegende »Wollmatinger Ried-Untersee-Gnadensee« ist einen Besuch der zahlreichen Wasservögel und der unberührten Natur wegen wert.[32]

Wattwandern in Deutschland

In Norddeutschland bietet sich bei Ebbe eine Wattwanderung an. Zieht sich das Meer für einige Stunden zurück, gibt es hier vieles zu entdecken. Die unterschiedlichsten Touren werden je nach Geschmack angeboten, es kann sehr nass werden (die Ausstattungsliste für den Trip liest sich wunderlich – schnelltrocknende Badehose?! Keine Gummistiefel?!) oder aber man wählt die Wanderung über festes Sandwatt, da bleibt man weitgehend trocken. Meist dürfen Kinder unter acht Jahren nicht mitkommen, Jugendliche bis 14 benötigen die Begleitung eines Erwachsenen. Es werden allerdings auch besonders gekennzeichnete Touren für jüngere Besucher angeboten. Die diversen Touren setzen allesamt körperliche Fitness voraus und schließen Menschen mit Herz-Kreislauf-Problemen und anderen ernsten Erkrankungen aus.[33]

Das Entlebucher Hochmoor

In der Schweiz kann man Flusswandern und unberührte Natur in den Tälern des Tessin erleben. Unter dem Motto »Schweiz pur« kann man seit 2006 im ganzen Land sanften Tourismus und attraktive Angebote finden. In Entlebuch abseits der Touristenströme hat sich eine sehenswerte Moorlandschaft erhalten, die auch erwanderbar ist. Es ist dies Sörenberg, das größte Hochmoor der Schweiz und von der UNESCO als Biosphärenreservat bezeichnet. Man kann auf dem Moorlehrpfad diese stille Landschaft von Entlebuch nach Finsterwald durchwandern.[34]

Der Schwarzenbergsche Schwemmkanal

Aber nicht nur die Natur, sondern auch vom Menschen geschaffene Landschaft kann als Anziehungspunkt für Wassertouristen dienen: der 50 Kilometer lange Schwarzenbergsche Schwemmkanal im Drei-Länder-Eck Oberösterreich-Bayern-Tschechien ist ein spannendes Beispiel dafür. Dieser Kanal diente – wie schon der Name sagt – der Trift von Holz zur Großen Mühl und über diese auf der Donau nach Wien. Er war lange vor dem Rhein-Main-Donau-Kanal fertig und verband die Flussläufe zwischen Schwarzem Meer und Nordsee über die Wasserscheide im Böhmerwald. Von 1823 bis 1916 in Betrieb versorgte er die unter chronischem Holzmangel leidende Hauptstadt Wien mit insgesamt 800 Millionen Raummetern Holz. Heute kann man dort auf einem gut beschilderten Wander- und Radweg bei einem bequemen Gefälle von 0,2 Prozent die gemeinsame Kulturgeschichte von Österreich und Böhmen erleben.[35]

Auch Flusswanderungen beispielsweise mit dem Rad entlang der Donau oder per Kanu auf der Moldau erfreuen sich zunehmender Beliebtheit. Auf diese Weise kann man entweder vom Kanu aus oder zu Fuß die Natur in einem Tempo erleben, das dem Alltagsstress einen Kontrapunkt bietet.

Diese Auswahl ist willkürlich und erhebt keinerlei Anspruch auf Vollständigkeit – es sollte damit gezeigt werden, wie viele verschiedene, ökologisch vertretbare Möglichkeiten es gibt, Natur im Zusammenhang mit Wasser zu erleben.

Alles geht den Bach runter

Es ist schwer, verschüttetes Wasser wieder einzusammeln.

Aus China

Je erfinderischer die Menschheit wird, umso mehr Müll produziert sie. Oder hätte sich je ein Zeitgenosse der 1970er Jahre vorstellen können, welche Müllberge ausgediente Computer, Handys, DVD- und Videoplayer hinterlassen würden?

Müll – Dein Feind und Henker

Wie schon erwähnt, kann die Natur den natürlich entstandenen biogenen Abfall gut verkraften und wieder aufbereiten, solang die anfallenden Mengen den natürlichen Kreislauf nicht belasten. Das gilt freilich nicht für Materialien, die entweder giftige Stoffe enthalten oder eine Halbwertszeit von mehr als einem Jahr haben. Die Frage, was mit diesem Mist zu geschehen hat, stellte sich die fortschrittsgläubige Nachkriegsgeneration erst gar nicht, sondern füllte weiterhin ihren immer gefährlicher werdenden Abfall in tiefe Gruben und ließ Gras drüber wachsen. Hatten wir ja immer so gemacht. Nur: Wer hatte an Lösungsmittel, Treibgase und PVC gedacht? Und wer daran, dass diese Stoffe ins Grundwasser gelangen, sobald sie ohne Vorkehrungen abgelagert werden? Bedenkt man, dass in Deutschland die erste geordnete Mülldeponie erst im Jahr 1961 – nämlich in Bochum – in Betrieb ging, so lässt sich allein das Ausmaß der gesundheitlichen Schäden für den Menschen, die seither durch die Kontaminierung des Trinkwassers entstanden sind, kaum beziffern.

Zunächst oblag die Entsorgung der Abfallprodukte den Kommunen. Erst in den 1980er Jahren wurde die Zuständigkeit an die Kreise und kreisfreien Städte übertragen. 1971 wurde mit dem Abfallbeseitigungsgesetz die Grundlage für eine geordnete Deponierung in der ganzen Bundesrepublik geschaffen. Das führte dazu, dass viele kleine Gemeinden ihre bis dahin betriebenen Müllkippen schließen mussten, da sie den Anforderungen nicht mehr entsprachen. In der DDR hingegen gab es bis zur Wende ein Gesetz, nach dem Abfälle nicht weiter als drei Kilometer transportiert werden durften. Dadurch gab es unzählige kleine und kleinste Müllkippen. Auf diesen ehemaligen Müllkippen werden noch heute Wohnsiedlungen errichtet.

In Österreich kam es in den 1980er Jahren zu einem der größten Skandale seit Kriegsende, als entdeckt wurde, dass das Wiener Trinkwasser ernsthaft durch eine Mülldeponie gefährdet war. Die Großstadt ergänzt nämlich ihre Hochquellenwasserleitung in Zeiten erhöhten Bedarfs aus dem größten Grundwasserspeicher Mitteleuropas, aus der südlich von Wien gelegenen Mitterndorfer Senke. Es handelt sich dabei um einen 40 Kilometer langen tektonischen Grabenbruch, der mit Schotter gefüllt ist und etwa 150 Meter tief liegt. Besagte Deponie entstand aus einer Schottergrube im gut durchlässigen Schotterbett, und obwohl die Sohle der Grube im Bereich der Grundwasserschwankungen lag, wurden keine technischen Vorkehrungen zum Grundwasserschutz getroffen. Zahlreiche Wasserversorgungsunternehmen haben hier ihre Pumpwerke, und zahlreiche Südbahngemeinden an der Thermenlinie beziehen ihr Trinkwasser aus der Mitterndorfer Senke.

1982 stellte sich heraus, dass auf der 800.000 Kubikmeter fassenden Fischer-Deponie in Theresienfeld (Niederösterreich) unter anderem gefährlicher Industrie- und Gewerbemüll illegal abgelagert wurde. Erste Untersuchungen ergaben, dass chlorierte Kohlenwasserstoffe, vor allem Perchlorethylen, aus der Deponie das Grundwasser verseuchte. Bei den zuständigen Behörden, die in den darauffolgenden Jahren immer wieder Missstände feststellten, waren mehrere Verfahren anhängig, sodass 1985 und 1986 schließlich über 500 Fässer aus der Deponie entfernt werden konnten, die unter anderem Lösungsmittel- und Kunstharzrückstände enthielten. Da der Betreiber mehrfach bereits bestehende Räumungsfristen der zuständigen Behörden wieder aufheben ließ, konnte er bis 1987 weiterhin Material in die Deponie einbringen. Erst nach jahrzehntelangem Rechtsstreit konnten die Behörden die endgültige Schließung und anschließend die Sanierung der Deponie durchsetzen. Die Räumung der Müllhalde, offiziell als Altlast N1 bezeichnet, wurde Ende 2003 abgeschlossen, dabei musste fast eine Million Tonnen Bauschutt und Gewerbeabfälle entfernt werden, darunter über 40.000 Tonnen gefährliche Abfälle. Anschließend wurden noch weitere 900.000 Tonnen verunreinigten Schotters entsorgt. Die Sanierung konnte Ende Juni 2005 endgültig abgeschlossen werden, wobei die Grube mit frischem Schotter gefüllt und wieder begrünt wurde. Insgesamt verursachte die drei Jahre dauernde Sanierung, bei der täglich 160 LKW-Ladungen Deponiematerial abgetragen wurden, einen Kostenaufwand von 130 Millionen Euro.

Laut dem aktuellen Umweltkontrollbericht des österreichischen Umweltbundesamts (UBA) sind bis dato 41.410 so genannte »Altflächen« im Bundesgebiet bekannt, auf denen bis 1989 Abfälle gelagert wurden oder auf denen mit umweltgefährdenden Stoffen umgegangen wurde, etwa alte Betriebsstandorte. An die 2.400 davon sind »Verdachtsflächen«, was einer Einstufung auf eine erhebliche Gefährdung von Mensch und Umwelt entspricht. Gut 222 davon gelten als »Altlasten«, von denen nachgewiesener Maßen derartige Gefahren ausgehen. Aber auch die Zahl der nach der betreffenden Bestimmung im Altlastensanierungsgesetz (ALSAG) »Paragraph-18-Flächen« genannten Fälle könnte angesichts der Menge der Alt- und Verdachtsflächen in die Hunderte gehen, vermuten Experten.[1]

Zeitbombe Trinkwasserverseuchung

Das heißt, allein in Österreich ticken unter unseren Füßen unzählige Zeitbomben, die ein hochsensibles System wie das Grundwasser gefährden. Der größte Nachteil ist wohl darin zu sehen, dass die

Grundwasserreserven nicht sichtbar sind und die Verunreinigungen nur gemessen, nicht aber geschmeckt werden können. So entsteht allgemein der Eindruck, die Welt sei ohnedies in Ordnung. Dass aber auch die Oberflächenwässer in den letzten Jahrzehnten einer nie zuvor dagewesenen Verunreinigung ausgesetzt waren und sind, ist umso mehr unentschuldbar, als hier sehenden Auges Schaden angerichtet wurde, der auch noch in den nächsten Jahrzehnten nicht wieder gut zu machen ist.

Dabei möchte man meinen, dass die Hinwendung zum so genannten »Biotop« im privaten Ziergarten so manchen Gartenbesitzer bereits zum Kenner der Materie macht: Das Prüfen der Wasserqualität, das Einbringen der »richtigen« Pflanzen und Tiere, um die Algenbildung hintanzuhalten, schließlich das Überwachen der Reinhaltung sind zeitaufwändige Tätigkeiten, die ein gewisses Verständnis für ökologische Zusammenhänge voraussetzen. Im »Großen« ist es nun ebenso wichtig, die richtige Ausgewogenheit zwischen dem menschlichen Einfluss und der naturgegebenen Artenvielfalt zu beobachten und voranzutreiben.

Bleiben wir zunächst beim Gartenbiotop. Ein künstlicher Teich bleibt immer ein geschlossenes – oder besser gesagt semigeschlossenes – System, in das Laub, Blütenstaub, Regen und andere Nährstoffe ständig einfallen, aber in dem kein Wasseraustausch stattfindet, wie es in einem natürlichen Kleingewässer permanent der Fall ist. Auch wenn in einem natürlichen Gewässer kein Zu- und Ablauf vorhanden ist, wird durch das langsam fließende Grundwasser immer ein – wenn auch geringer – Wasseraustausch gewährleistet, der überschüssige Nährstoffe abführt und so eine Überdüngung in Grenzen hält. Wir, mit unserem kleinen, künstlich angelegten Biotop müssen daher ständig danach trachten, dem »natürlichen« Reinigungsprozess auf die Sprünge zu helfen, um der Algenbildung vorzubeugen.

Im Gegensatz dazu sind Fließgewässer selbstreinigend. Dort ist durch die ständige Bewegung des Wassers ein hoher Sauerstoffgehalt gewährleistet.

Einen weiteren Beitrag zur Selbstreinigung liefert eine unterschiedlich zusammengesetzte Tier- und Pflanzenwelt im Gewässer. Die große Artenvielfalt stellt sicher, dass es für nahezu jeden organischen Schadstoff, der ins Wasser gelangt, ein Lebewesen gibt, das für dessen Zersetzung zuständig ist. Naturbelassene Fließgewässer zeichnen sich durch einen hohen Strukturreichtum aus – sie bieten daher Lebensraum für das gesamte Ökosystem, das sich dort naturgegeben ausbilden würde. Wenn der Mensch nun verändernd eingreift, sei es durch ein Begradigen des Flusslaufes, sei es durch eine Veränderung der Gewässersohle oder auch nur durch Abholzen der Uferbegleitvegetation, kann dieses ausgeklügelte System ins Wanken geraten. Die fehlende Ufervegetation bewirkt ein starkes Aufheizen der Bäche und Flüsse, dies wiederum wirkt sich auf den Sauerstoffgehalt des Gewässers aus: je höher die Temperatur, desto weniger Sauerstoff befindet sich im Wasser. Das kann nicht nur zu einem Fischsterben führen, sondern es können auch die Kleinstlebewesen absterben – das Ökosystem kippt. Und auch hier zeigt sich dann – wie in unserem Gartenteich – eine Vermehrung bestimmter Algen, die wie lange, schlickige Fäden das Wasser bedecken. Dieses Phänomen ist als »Algenblüte« bekannt. Wir wollen uns nun mit dem Zustand einiger wichtiger Oberflächenwässer in Mitteleuropa und den Auswirkungen menschlichen Größenwahns anderswo befassen.

Drainagiert und eingetieft

Nach aktuellem Forschungsstand wurde das größte Flusssystem Europas während der Eiszeit aus Rhein, Themse und Seine gebildet, die über das Gebiet des damals noch trocken liegenden Ärmelkanals in den Atlantik abflossen. Bis vor 200 Jahren blieben Eingriffe in die Fließgewässer, Moore und Auen in Mitteleuropa marginal. Flut- und Dürrekatastrophen wurden hingenommen, man arrangierte sich mit der Natur, so wie es heute noch beispielsweise in Bangladesh geschieht: dort kehren die Bewohner auch nach großen Hochwässern immer wieder in die Überschwemmungsgebiete zurück, da diese am fruchtbarsten sind.

In unseren Breiten litten die Bewohner unter den Hochwässern, hier insbesondere die Mühlenbesitzer, wurden ihnen doch mit den Überschwemmungen ihre Lebensgrundlagen meist vollständig zerstört. Erst die umfassenden Regulierungen an der Donau 1875 und am Rhein 1895 bewirkten großräumige Umgestaltungen der flussbegleitenden Landschaften. Das Grundwasser wurde abgesenkt, die Flusssohlen eingetieft und die Auen eingedämmt. Die Trockenlegung der Landschaft wurde intensiviert und um die Mitte des 19. Jahrhunderts die erste Tonröhrendrainage in Angern an der March in Betrieb genommen. Die Nachteile der Entwässerung waren die Beschleunigung des Abflusses, eine verstärkte Erosionskraft der Bäche durch die Einleitungen der Entwässerungsrohre und eine damit einhergehende, erhöhte Wassermenge im Bachbett. Dadurch kam es aber zusätzlich zu einer Beschleunigung der Fließgeschwindigkeit und damit zu einer weiteren Eintiefung der Bäche. Weitere Nachteile einer Drainagierung der Landschaft war der Verlust der Ufervegetation und damit der Überflutungsräume. Folge war und ist eine Artenverarmung der Fauna und Flora in der Landschaft.

Die Donau

Die Donau ist nach der Wolga der zweitlängste Strom in Europa. Ihre Länge, gemessen ab dem Zusammenfluss von Brigach, Breg und der Donauquelle in Donaueschingen, beträgt 2.845 Kilometer; von der Breg-Quelle in Furtwangen an gerechnet sind es 2.888 Kilometer. Nach Deutschland und Österreich durchfließt der Fluss noch acht weitere europäische Staaten und mündet im ausgedehnten Donaudelta in das Schwarze Meer.

Die Donau entwässert eine Fläche von 817.000 Quadratkilometern, leider sind nur mehr 20 Prozent der natürlichen Überschwemmungsgebiete erhalten geblieben. In den letzten Jahrzehnten wurden zehn Donaukraftwerke errichtet, die dem Fluss kaum eine natürliche, freie Fließstrecke übrig ließen. Im Rahmen der Internationalen Kommission zum Schutz der Donau, die 1998 gegründet wurde, ist man nun bestrebt, auch hier wieder eine gute ökologische Funktionsfähigkeit herzustellen. Eine Besonderheit der Donau ist, dass sie den Charakter eines Gebirgsbaches aufweist, sogar noch im Gebiet von Wien.

Dieser ist durch die relativ hohe Fließgeschwindigkeit von ein bis drei Metern pro Sekunde und durch sehr kalte Temperaturen charakterisiert. Auch die Hochwasserspitze kommt später als bei Tieflandflüssen, erst im Juni steigt der Pegelstand, da die bedeutendsten Zuflüsse der Donau – Inn, Traun, Enns und Ybbs – echte Gebirgsbäche sind, deren Wasserstand durch die Schneeschmelze in den Alpen bestimmt wird. Das Gefälle der Donau beträgt 40 Zentimeter pro Kilometer.

Wie viele andere Flüsse hat die Donau seit dem Beginn der Industrialisierung zahlreiche schwere Eingriffe durch Menschenhand erfahren. Wie bereits erwähnt sind nur 20 Prozent der Überschwemmungsgebiete, die im 19. Jahrhundert existierten, heute noch vorhanden, und nur noch die Hälfte des Flusslaufs kann heute als zumindest »naturnah« bezeichnet werden.

Neben der zunehmenden Verschmutzung durch Industrie, Landwirtschaft, Tourismus und der Zuleitung von Abwässern sowie der Regulierung durch Wehre, Dämme, Staustufen und Kanäle – letzteres vorwiegend in Deutschland und Österreich – sind es vor allem Großprojekte, die dem Lebensraum Donau stark zusetzen. Da gleich zehn Staaten, darunter einige der ärmsten Länder Europas wie Moldawien, Rumänien, die Ukraine und Bulgarien ihre vor allem wirtschaftlichen Interessen am Fluss wahrnehmen und von seiner Lage profitieren wollen, ist ein grenzüberschreitender Schutz schwierig.

Im Jahr 1964 begannen das damalige Jugoslawien zusammen mit Rumänien zwischen den Südkarpaten und dem Serbischen Erzgebirge an der Grenze von Rumänien zu Serbien mit dem Bau eines Wasserkraftwerks, das 1972 eröffnet wurde. Die Talsperre mit zwei Schleusen ließ einen 150 Kilometer langen Stausee entstehen, der Wasserspiegel wurde um unglaubliche 35 Meter gehoben. Neben der Energiegewinnung wurde auch die Wasserstraße Donau ausgebaut und die Schiffdurchfahrt durch die Sprengung der Katarakte im Fluss erleichtert.

Für den Stausee, dessen Ausläufer bis Belgrad reichen, mussten unter anderem die Stadt Orşova und fünf Dörfer weichen. Auch die seit 1669 von Türken bewohnte Insel Ada Kaleh wurde überflutet.

Insgesamt mussten 17.000 Menschen umgesiedelt werden, ihre angestammten und teils kulturell bedeutenden Wohnorte wurden von den Wassermassen begraben. Auch für die Umwelt hat die Errichtung des Damms Folgen gehabt, so können seither Störe nicht mehr zum Ablaichen die Donau hinaufschwimmen.

Um den kulturellen und ökologischen Schaden zu begrenzen, sind Objekte der Flora und Fauna, ebenso wie geomorphologische, archäologische und kulturhistorische Artefakte in zwei Nationalparks und Museen bewahrt worden, in Serbien im Djerdap Nationalpark, der seit 1974 besteht und 63.608 Hektar umfasst, und in Rumänien im Portile de Fier Nationalpark, der 2001 eingerichtet wurde und eine Fläche von 115.655 Hektar besitzt.

Im Budapester Vertrag vom 16. September 1977 vereinbarten die damalige Tschechoslowakei und Ungarn in Budapest den Bau eines riesigen Staustufenverbunds zwischen Gabčíkovo nahe Bratislava und Nagymaros in Ungarn zur Energiegewinnung, erste Planungen für das Projekt reichen bis in das Jahr 1946 zurück.

Ungarische und österreichische Experten befürchteten durch den Bau zerstörerische Auswirkungen auf die nahen österreichischen Donauauen, die Landschafts- und Siedlungsräume entlang der slowakisch-ungarischen Grenze sowie auf die Budapester Wasserversorgung. Nachdem bereits seit 1983 die Arbeiten daran verlangsamt wurden, gründete sich 1984 in Budapest »Duna Kör«, der »Donau-Kreis«. Diese Umweltbewegung, die vielfach als Keim der »samtenen

» Neben der zunehmenden Verschmutzung waren es vor allem Großprojekte, die in den 1960er Jahren dem Lebensraum Donau stark zusetzten

Revolution« in Ungarn angesehen wird, fand starken Rückhalt in der Bevölkerung, 140.000 Menschen unterzeichneten ihre Petition gegen den Staudamm und 1988 kam es zu einer Demonstration mit rund 40.000 Teilnehmern vor dem ungarischen Parlament. Im Rahmen der politischen Erschütterungen des Ostblocks 1989 zog sich Ungarn dann unter dem Druck der Bevölkerung von dem Projekt zurück.

Die Tschechoslowakei beziehungsweise ab 1993 die Slowakei

betrieb den Weiterbau des Kraftwerks an einer anderen Stelle und verklagte Ungarn 1993 und erneut 1997 beim Internationalen Gerichtshof auch auf die Erfüllung des Budapester Vertrages von 1977. Ungarn warf nun der Slowakei zusätzlich vor, teilweise Wasser aus dem Grenzfluss in den neu gebildeten künstlichen Gabčíkovo-Kanal entzogen zu haben. Der Gerichtshof hat im Prinzip entschieden, dass der Vertrag von 1977 gilt und die beiden Länder vereinbaren sollen, wie sie ihn erfüllen. Die entsprechende Einigung ist bis heute nicht zustande gekommen. Durch diese Situation sind die Beziehungen zwischen Ungarn und der Slowakei bis in die Gegenwart belastet.

1995 gründete die moldawische Regierung »Terminal S.A.«, ein Joint-Venture mit griechischer Beteiligung zur Errichtung eines Hafens mit angeschlossener Ölraffinerie an ihrem Uferstück bei Giurgiuleşti. 1996 gewährte die Europäische Bank für Wiederaufbau und Entwicklung einen Kredit über 19 Millionen Dollar und erhielt damit einen Anteil von 20 Prozent. 41 Prozent hält die moldawische Tirex-Petrol und 39 Prozent die griechische Technovax. Der Grundstein für den Bau wurde im November 1998 gelegt, seither kommt das Projekt allerdings nur sehr mäßig voran. Gegenwärtig versucht die moldawische Regierung ihren Anteil zu verkaufen, seit 2003 werden vor allem Interessenten aus Russland und Aserbaidschan genannt.

Da das Donaudelta sehr nahe ist, würden Einträge belastenden Materials insbesondere im Falle von Havarien schnell und unverdünnt dort hineingelangen und das Schutzgebiet stark gefährden. Entsprechend führten diese Pläne zu Protesten durch Umweltschutzverbände, von der moldawischen Regierung werden sie aber konsequent weiterverfolgt.

Am 27. August 2004 wurde in der kleinen ukrainischen Stadt Wylkowe der Bystre-Kanal wiedereröffnet. Da er mitten durch das Naturreservoir des Donaudeltas führt und durch eine Senkung des Wasserspiegels eine irreparable Schädigung der einzigartigen Flora und Fauna nach sich ziehen könnte, protestierten unter anderem Umweltverbände, die rumänische Regierung und das EU-Umweltkommissariat gegen den Kanal. Die ukrainische Regierung entgegnete, dass hinter den Vorwürfen vor allem wirtschaftliche Interessen Rumäniens steckten, da dieses bisher eine Art Monopol auf den Schifffahrtsverkehr zum Schwarzen Meer gehabt hätte, verbat sich die »Einmischung in innere Angelegenheiten« und begann ungeachtet aller Aufforderungen mit den Arbeiten.

Dabei ist die Donau entlang ihres Laufes für rund zehn Millionen Menschen eine bedeutende Trinkwasserquelle. In Baden-Württemberg beliefert der Zweckverband Wasserversorgung den gesamten Raum zwischen Stuttgart, Bad Mergentheim, Aalen und dem Alb-Donau-Kreis mit Trinkwasser, von dem gut 30 Prozent (2004: 30 Millionen Kubikmeter) aufbereitetes Donauwasser sind. Auch Städte wie Ulm oder Passau verwenden großteils Donauwasser als Trinkwasser.

» Die Donau ist entlang ihres Laufes für rund zehn Millionen Menschen eine bedeutende Trinkwasserquelle

Österreich dagegen bezieht zu 99 Prozent sein Trinkwasser aus Grund- und Quellwasser, nur sehr selten, zum Beispiel während Hitzeperioden, wird Wasser aus der Donau entnommen, um daraus Trinkwasser zu gewinnen. Dasselbe gilt für Ungarn, das zu 91 Prozent Grundwasser verwendet. Auch die anderen Staaten entlang des Mittellaufs verzichten aufgrund der starken Verschmutzung auf die Verwendung von Donauwasser als Trinkwasser. Nur Orte an der Donau in Rumänien, wo der Strom wieder sauberer ist, versorgen sich noch weitgehend mit dem Wasser aus der Donau (Turnu-Severin, Donaudelta).

Fünf Anrainerstaaten der Donau beziehen nennenswerte Anteile ihrer Energie aus Wasserkraftwerken an der Donau, nämlich Deutschland, Österreich, die Slowakei, Serbien und Rumänien. Anderen Staaten fehlt zum Bau entweder die partielle territoriale Kontrolle über die Donau für autonome Bauten (Kroatien, Bulgarien und Moldawien verfügen jeweils nur über ein Ufer des Flusses), Wasserkraftwerksbauten sind politisch nicht durchsetzbar wie in Ungarn oder der Lauf der Donau gibt eine solche Verwendung schlicht nicht her, so in der Ukraine.

In Deutschland wurden bereits Ende des 19. Jahrhunderts erste Wasserkraftwerke gebaut, insbesondere in der Region der Oberen

Donau, aber auch zum Beispiel bei Ulm. Allerdings erlangte die Donau als Energielieferant niemals die Bedeutung wie weiter flussabwärts, da sie vergleichsweise schwach und energiearm ist.

In Österreich hingegen ist die Situation bereits gänzlich anders, wenn auch der Bau des ersten Donaukraftwerkes Ybbs-Persenbeug erst relativ spät begann, nämlich 1953. Heute hat Österreich in Europa nach Island und Norwegen den höchsten Anteil an Wasserkraft überhaupt, auch im Donauraum ist Österreich führend, insgesamt werden rund 20 Prozent des öffentlichen Energiebedarfs durch die Donaukraftwerke gedeckt. Diese Entwicklung gilt allerdings nicht als durchwegs positiv: die reine Wasserkraft-Monokultur, die sich in Österreich insbesondere an der Donau konzentriert, die von der deutschen Grenze an, mit Ausnahme der Wachau, bis nach Wien mit Laufkraftwerken besetzt ist, verändert den Lauf und die Fließgeschwindigkeit des Gewässers und beeinträchtigt die reguläre Überflutung der ökologisch wertvollen Auwälder. Daneben bilden die Staustufen Barrieren für Fische und andere Lebewesen, die sich nicht mehr frei im Fluss bewegen können.

> **Österreichs Wasserkraft-Monokultur verändert den Lauf und die Fließgeschwindigkeit der Donau**

In der Slowakei ist die Wasserkraft mit gut 16 Prozent Anteil am Energiemix die zweitwichtigste Energiequelle nach der Braunkohle. Der größte Anteil davon, nämlich elf Prozent der Gesamtproduktion der elektrischen Energie entstammt dem Wasserkraftwerk Gabčíkovo.

Das bis heute größte Wasserkraftwerk Europas am Eisernen Tor wurde 1972 nach achtjähriger Bauzeit von Jugoslawien (heute Serbien) und Rumänien gemeinsam in Betrieb genommen. Bis heute stellt dadurch die Wasserkraft mit 37,1 Prozent (Serbien) beziehungsweise 27,6 Prozent (Rumänien) eine der bedeutendsten Energiequellen der beiden Länder dar.

Dennoch gilt die Donau immer noch als Freizeitparadies. So ist die Wachau, das Durchbruchstal der Donau zwischen Melk und Krems, 80 Kilometer westlich der Bundeshauptstadt Wien, eine der schönsten Flusslandschaften der Welt mit mildem Klima und Weinbau. Seit dem Jahr 2000 zählt auch die Wachau zum UNESCO-Weltkulturerbe, sie ist eine der touristischen Hauptattraktionen an der Donau.[2] Zahlreiche Natur- und Nationalparks liegen entlang der Donau und beziehen ihre Aulandschaft in dessen Schutz ein. Zwischen Immendingen und Ertingen durchquert der Fluss den Naturpark Obere Donau. Die landschaftlich attraktiven Felsen im Donaudurchbruch Schwäbische Alb gehören zu den wenigen, natürlich unbewaldeten Pflanzenstandorten in Deutschland. Da dieser Untergrund sehr trocken ist und die Temperaturen stark schwanken, konnten sich viele lichthungrige Pflanzen, teils als eiszeitliche Relikte, hier erhalten. So kommt es im Nationalpark zur ungewöhnlichen Kombination von mediterraner, alpiner und tundrischer Flora. Mit fast 750 Pflanzenarten, darunter vom Aussterben bedrohten, ist die Region, die von menschlichen Einflüssen weitgehend verschont blieb, eine der artenreichsten Baden-Württembergs.

Das Naturschutzgebiet Donauleiten ist donauabwärts zwischen Passau und Jochenstein auf der linken, nördlichen Donauseite gelegen. Es handelt sich um eine sehr steile Abbruchkante, an der sich der Bayerische Wald gegenüber der Molassesenke des Alpenvorlandes um über hundert Meter gehoben hat. Durch die Exponierung gegen Süden wärmen sich Granit und Gneis dieser Donauhänge auf und sorgen für ein fast mediterranes Klima. Eines der größten Auengebiete Mitteleuropas sind die Donauauen nahe Wien bei Hainburg, dort erstreckt sich von der Lobau – noch auf Wiener Stadtgebiet – bis zur Einmündung der March der Nationalpark Donau-Auen, in dem rund 70 Fisch-, 30 Säugetier- und 100 Vogelarten leben.

Der Nationalpark Donau-Auen wurde nicht durch die Regierung Österreichs initiiert, sondern 1983/1984 durch Bürgerproteste vor dem beabsichtigten Bau eines Donaukraftwerks gerettet, der die Auen zerstört hätte. Dabei kam es zur spektakulären Besetzung der Hainburger Au durch mehrere tausend Menschen und einem von über 350.000 Wählern unterzeichneten Volksbegehren. Diese Bürgerbewegung gilt als die Geburtsstunde der österreichischen Grünen Partei. 1996 wurden die Auen zum Nationalpark erklärt. Heute ist dieser Nationalpark durch die geplante Lobauautobahn bedroht. Sie

151

soll großteils unter dem Nationalpark als Tunnel verlaufen, müsste aber zahlreiche Oberbauten aufweisen. Das für die Donau-Auen wichtige, heikle Grundwassersystem könnte durch den Bau gestört werden.

Der Nationalpark Donau-Eipel, ungarisch Duna-Ipoly Nemzeti Park, umfasst das Börzsöny-Gebirge, das Pilis-Gebirge, das Visegrád-Gebirge, das linke Ufer der Eipel, die Szentendre-Insel und das linke Ufer der Donau in diesem Bereich mit dem Zentrum des Donauknies. Zweitausend verschiedene Pflanzenarten und einige tausend Tiergattungen leben im Nationalpark, darunter auch der endemische Piliser Lein, eine krautige Pflanze, die zur Familie der Leingewächse zählt.

Der Naturpark Kopački rit liegt am Zusammenfluss der Drau in die Donau in Kroatien. Die unberührten Sumpf, Moor- und Auengebiete sind Heimstätte zahlreicher Tier- und Pflanzenarten, darunter 260 Vogelarten. In den zahlreichen Seitenarmen leben 40 Fischarten. Der Naturpark Kopački rit ist nominiert für die Liste des UNESCO-Weltnaturerbes.

Das Spezial-Naturreservat Deliblatska Pešćara befindet sich im Bezirk Jušna Bačka in der Autonomen Provinz Vojvodina in Serbien. Es erstreckt sich zwischen der Donau, den Südkarpaten und dem Fluss Tamiš über 354 Kilometer und über eine Fläche von 30.000 Hektar. Das Reservat stellt ein wüstenartiges Phänomen dar, eine Sanddünenlandschaft mitten im Balkan, mit einer einzigartigen Orografie, Flora und Fauna in Europa. Daher wird es in Serbien auch umgangssprachlich Evropska Sahara (Europäische Sahara) genannt.

Der Nationalpark Derdap erstreckt sich entlang der Donau, von der Stadt Golubac bis zur Kleingemeinde Tekija, über eine Länge von 100 Kilometern und auf einer Fläche von 63.680 Hektar. Das Einzigartige an diesem Park sind die riesigen Schluchten und Pässe, durch die die Donau fließt. Mit Derdapska klisura wird der größte Pass bezeichnet, der gleichzeitig auch der größte Europas ist. Die tertiäre Flora, Vegetation und Fauna machen ihn zu einem einzigartigen Naturreservat.

Das Donaudelta, über 2.000 Kilometer flussabwärts in Rumänien, ist das Mündungsgebiet der Donau am Schwarzen Meer und – nach dem Wolgadelta – das zweitgrößte Flussdelta Europas. Es besteht aus drei Hauptarmen sowie unzähligen Seitenarmen, Röhrichten, schwimmenden Inseln, Altarmen und Seen, aber auch Auwäldern sowie extremen Trockenbiotopen auf Dünen. Kurz vor Tulcea teilt sich der Strom in zwei Arme nach Chilia und Tulcea, kurz hinter Tulcea teilt er sich erneut in zwei Arme nach Sulina und Sfântu Gheorghe. Das 5.000 Quadratkilometer große, weltweit einmalige Ökosystem ist Europas größtes Feuchtgebiet, es gilt als größtes zusammenhängendes Schilfrohrgebiet der Erde und ist der Lebensraum von über 4.000 Tier- und über 1.000 Pflanzenarten. Urtümliche Galeriewälder aus Eichen, Weiden und Pappeln säumen die Ufer des Donaudeltas.

1991 erklärte die UNESCO das Delta zu einem Teil des Weltnaturerbes, seitdem ist es Biosphärenreservat. Am 5. Juni 2000 verpflichteten sich die Regierungen Rumäniens, Bulgariens, Moldawiens und der Ukraine zum Schutz und zur Renaturierung der Feuchtgebiete entlang der etwa 1.000 Kilometer langen unteren Donau. Dieser Grüne Korridor wurde damit zum größten grenzüberschreitenden Schutzgebiet Europas.

Nach der Jahrtausendwende entwickelte sich das Gebiet zunehmend zum Touristenziel. Allein zwischen Mai und Juli 2004 kamen fast 54.000 Gäste, was eine Steigerung von nahezu 50 Prozent gegenüber dem Vorjahr bedeutet.

Von den Naturfreunden International wurde das Donaudelta zur Landschaft des Jahres 2007/2008 gewählt.[3]

Der Rhein

Der Rhein ist der längste Fluss, der Deutschland durchfließt. Mit einer Länge von 1.320 Kilometern führt er seine Wässer durch sechs Länder und mündet in den Niederlanden in die Nordsee.

Er entwässert eine Fläche von 220.150 Quadratkilometern und erreicht bei Emmerich an der Grenze zwischen Deutschland und den Niederlanden eine Breite von 730 Metern. Bedeutendste Zuflüsse sind Aare, Ill, Main, Mosel, Nahe, Ruhr und Lippe. Der Rhein ist eines der bedeutendsten Binnenschifffahrtsgewässer der Welt.

Bereits seit der Römerzeit ist der Rhein eine bedeutende Wasser- und Handelsstraße. Heute ist er für Massengüter und Containerschiffe der bevorzugte, weil billigste Transportweg und auf einer Länge von 800 Kilometern zwischen Rotterdam und Basel schiffbar. 1992 wurde der Rhein-Main-Donau-Kanal eröffnet, der das Schwarze Meer mit der Nordsee über ein 3.500 Kilometer langes Kanalnetz verbindet. Die Schifffahrtsstraße ist beidseitig von Eisenbahnlinien und Autobahnen begleitet. Eine solche Handels- und Verkehrsachse bildet vor allem an Schnittstellen mit Querverkehr bedeutende Wirtschaftsstandorte aus – Köln, Mainz, Ludwigshafen, Basel. Für die Chemie mit Kohle/Teerfarben, die Petrochemie, die Kunststoffindustrie und die Ölraffinerien werden Kohle und Öl billig herangeschafft und weiterverarbeitet; die Chlorchemie (Polyvinylchlorid) bekommt ihr Salz durch die Massentransportschifffahrt. Im Übrigen betrug 2005 das Transportaufkommen 236.765 Millionen Tonnen.

Bedeutendster Wirtschaftsfaktor nach Handel und Industrie ist der Tourismus. Auch der früher höchst bedeutsame Weinbau ist noch ein Wirtschaftsfaktor für den Rhein. Trotz einer romantisierenden Sicht – vor allem des heimischen Tourismusverbandes – auf den Rhein geben dessen Wässer immer wieder Anlass zur Beunruhigung. Nach den Angaben des Umweltbundesamts nimmt die Schadstoffbelastung des Rheins zwar seit 1960 kontinuierlich ab, was auf die systematische Abwasserreinigung durch den Bau von Kläranlagen und darauf zurückzuführen ist, dass die Industrie immer weniger mit Chemikalien und Schwermetallen belastete Abwässer in den Rhein einleitet. Die oberelsässischen Kaligruben leiten aber immer noch einen großen Teil nicht brauchbarer Salze in den Rhein ab, obwohl diese Einleitungen nach einem Schadensersatzprozess der Stadt Amsterdam vor dem Gericht in Strassburg reduziert sein sollten. Trotz der deutlichen Reduzierung der Gewässerbelastung durch Haushalts- und Industrieabwässer transportiert der Rhein jährlich noch immer zu viele Schwermetalle und Chemikalien wie Pestizide in Richtung Nordsee und belastet damit die Trinkwasserversorgung der Rheinanlieger.

Wenn dann unvorhersehbare Zwischenfälle wie jener vom 1. November 1986 passieren, als eine Lagerhalle der Firma Sandoz in der Nähe von Basel am Rhein brannte, können – wie in diesem Fall – mit dem Löschwasser Chemikalien in den Rhein gelangen, die dort einen großen Teil des tierischen und pflanzlichen Lebens vernichteten. Es dauerte einige Jahre, bis der Rhein sich wieder erholt hatte. Nicht zuletzt als Folge dieses Unfalls wurde die Löschwasserrückhalterichtlinie erlassen.

1987, ein Jahr nach dem Brand bei Sandoz, beschlossen die Umweltverantwortlichen von EU und Deutschland das »Aktionsprogramm Rhein«, dessen erklärtes Hauptziel es ist, die natürliche Vielfalt wiederherzustellen.

Am 29. Januar 2001 wurde in Strassburg das Schutzprogramm »Rhein 2020« verabschiedet, das vorsieht, dem Rhein wieder seine ökologische Funktionsfähigkeit über Rückbaumaßnahmen zu geben und das sowohl Hochwasservorsorge, Oberflächengewässerschutz und Grundwasserschutz beinhaltet. Heute leben wieder etwa 40 Fischarten im Rhein.

Sensibilisiert ist auch die Firma BASF, die in Ludwigshafen ihre Zentrale hat. Sie hat ein 23-köpfiges Team aus hochspezialisierten Laboranten und Technikern rekrutiert, das für verantwortungsvolle Aufgaben in Sachen Gewässerschutz bereit steht: im Falle einer Betriebsstörung rücken Umweltmesswagen zusammen mit der Feuerwehr aus. Vor Ort werden dann sofort die Umweltauswirkungen ermittelt, soweit möglich erste Analysedaten erstellt und – falls erforderlich – Gegenmaßnahmen in die Wege geleitet. Ein weiterer Messwagen ist fest in Mannheim stationiert. So können Beschäftigte und Anwohner schnellstmöglich informiert werden. Auch von außen gemeldete Beobachtungen über mögliche Umweltbeeinträchtigungen werden sofort überprüft.

Hauptaufgabe bleibt aber die kontinuierliche Überwachung der Umwelt: fünf Mess-Stellen am Rand des Werkgeländes erfassen die wichtigsten Luftwerte, sechs schwenkbare Kameras beobachten den Luftraum über dem Werk, zehn Stationen messen die Lärmbelastung und bei jährlich rund 500 Kontrollfahrten außerhalb des Werkgeländes wird die menschliche Nase zur Geruchsüberwachung eingesetzt. In vielen Fällen ist sie der Technik überlegen und nimmt auch noch

> »
> Die oberelsässischen Kaligruben leiten immer noch einen großen Teil nicht brauchbarer Salze in den Rhein ab

Spuren chemischer Stoffe wahr. Alle Abwässer aus der Produktion werden kontrolliert, bevor sie in die Kläranlage beziehungsweise in den Rhein gelangen.[4]

Der Mensch greift ein

Nun zu jenen Wasserlandschaften, die durch Menschenhand verändert und/oder bedroht werden und die außerhalb Europas liegen.

Die Drei-Schluchten-Talsperre

Eines der problematischen Großprojekte der Erde ist unbestritten die Drei-Schluchten-Staumauer am längsten chinesischen Fluss Yangtse. Nach seiner Inbetriebnahme im Jahr 2008 wird dies das größte Speicherkraftwerk der Welt sein. Nach 12 Jahren Bauzeit wurde die 2.309 Meter lange und 185 Meter hohe Staumauer Ende Mai 2006 fertig. Für dieses Monsterprojekt mussten 1,3 Millionen Menschen – andere Quellen sprechen sogar von bis zu 1,7 Millionen – umgesiedelt werden. Es kam zu einer gezielten Überflutung von 19 Städten und 1.352 Dörfern.[5]

Dadurch begannen auch schon die ersten Umweltprobleme, die Mülldeponien in den abgesiedelten Dörfern verseuchen nun das Wasser, dessen Qualität schon jetzt vor der tatsächlichen Inbetriebnahme 2008 drastisch abgenommen hat. Den abgesiedelten Menschen wurde versprochen, dass sie in neue und bessere Quartiere kommen würden, indes hat es die Regierung verabsäumt, ihre Versprechungen wahr zu machen – viele der Entwurzelten warten immer noch auf Abschlagszahlungen für ihre verlorenen Grundstücke – das Geld versickerte in den Taschen korrupter Regierungsbeamter. Das Projekt kostete insgesamt 17 Milliarden Euro, ausländische Kritiker schätzen die wahren Kosten auf das Doppelte, ohne die Umweltfolgekosten einkalkuliert zu haben.

Der in Bau befindliche Schiffsaufzug hat eine Länge von 120 Metern und kann jeweils ein Schiff bis 3.000 Tonnen heben. Das Wasserkraftwerk hat unvorstellbare 85 Milliarden Kilowattstunden

Leistung, doch das macht die Befürchtungen vieler Umweltschützer nicht wett.[6]

Seit Baubeginn mehren sich die kritischen Stimmen. Es kursieren die abstrusen Vermutungen, dass bei einem abrupten Bruch der riesigen Staumauer sich der dahinter liegende 660 Kilometer (sic!) lange Stausee schwallartig entleeren könnte und diese plötzlich in Bewegung geratenen Wassermassen kurzfristig die Erdachse aus dem Lot bringen könnten. Was bei einem solchen Ereignis eigentlich keine Auswirkungen auf das Klima haben würde. Ganz im Gegensatz zum Aufprall eines Meteoriten beispielsweise, der durch die Verschiebung der Erdachse eine globale Klimaveränderung hervorrufen würde. Sogar das Seebeben im Indischen Ozean 2004 bewirkte nur eine geringe Verschiebung der Erdachse um acht Zentimeter. Hier sei nur erwähnt, dass die Lage der Erdachse einer andauernden Veränderung unterliegt. Die Drei-Schluchten-Talsperre ist – wie auch die Chinesische Mauer – aus dem Weltall sichtbar und beweist damit die Gigantomanie ihrer Erbauer. Es bleibt abzuwarten, welche Folgen die Inbetriebnahme 2008 mit sich bringt.

Durch die Vielzahl an Kritikern und Warnern war ein Dialog zwischen den verschiedenen Beteiligten nicht mehr möglich, die Debatte emotional beladen und es musste ein Mittel gefunden werden, wieder miteinander ins Gespräch zu kommen. Dazu wurde 1998 »The World Commission on Dams« ins Leben gerufen. Unter dem Vorsitz Kader Asmals, des damaligen Wasser- und Forstministers der Regierung unter Nelson Mandela in Südafrika, wurde dort die Kommission mit dem Ziel gegründet, Entwicklungsländern eine Stimme zu geben. Es wurde eine Richtlinie für bestehende und für in Planung befindliche Dammbauten erstellt. Viele der bereits bestehenden Dämme, so auch die »Drei-Schluchten-Staumauer« entsprechen nicht dieser Rahmenrichtlinie, die leider nicht bindend ist.[7]

Die beispiellose Tragödie des Aralsees

Ein weiterer Eingriff in die Natur mit katastrophalen Folgen ist das Verschwinden des Aralsees. Man traut seinen Augen nicht: riesige

Schiffswracks liegen auf trostlosen Sandflächen am Trockenen, rosten vor sich hin, weit und breit kein Tropfen Wasser zu sehen, die Szenerie ist grotesk. Der Wind pfeift über menschenleere Ödnis, Kinder spielen im Sand, Ackerbau funktioniert aufgrund der Bodenversalzung kaum, die demoralisierten Menschen in dieser verlassenen Gegend leiden an den Folgen der hohen Arbeitslosigkeit, Alkoholmissbrauch und Drogenhandel nehmen überhand.

Einst war der Aralsee der viertgrößte Binnensee weltweit. Er liegt jeweils zur Hälfte im Gebiet des heutigen Kasachstan und Usbekistans. Ursprünglich dehnte sich die riesige Wasserfläche auf 68.000 Quadratkilometern aus – immerhin fast doppelt so groß wie die Fläche Baden-Württembergs. Der See beherbergte früher 25 heimische Fischarten, unter ihnen Stör, Barsch, Döbel und Brasse – 1957 wurden 48.000 Tonnen Fisch aus dem See geholt, noch 1963 lebten mehr als 63.000 Personen vom Fischfang.

Die Tragödie des Aralsees begann Ende der 1950er Jahre mit einem ehrgeizigen Projekt der Sowjets. Der Baumwollanbau sollte auch in der damaligen UdSSR forciert werden, man wollte zur Gänze vom Import unabhängig werden. Schon unter Stalin wurde die Hälfte der Fläche Usbekistans mit Baumwolle bepflanzt. Doch der Baumwollanbau ist sehr wasserintensiv, also fasste man einen genialen Plan, der die Deckung des Bedarfs möglich machen sollte. Der Aralsee wird durch zwei Zuflüsse gespeist, den Syr-Darja mit 3.000 Kilometer Länge, der seinen Weg durch die Wüste Kyskylum nimmt und den am Südrand der Wüste verlaufenden Amu-Darja mit 2.500 Kilometer Länge. Um die durstigen Baumwollfelder zu versorgen, wurden die beiden Zuflüsse vor ihrem Einmünden in den See in einen künstlich errichteten Bewässerungskanal eingespeist, der sich über 1.100 Kilometer Länge als weltweit längster seiner Art durch die turkmenische Wüste erstreckt. Auf seinem Weg zum mittlerweile größten Baumwollanbaugebiet der Welt verdunstet bereits die Hälfte der Wassermassen. Eine großartige Leistung?

Doch dieser Raubbau an der Natur blieb nicht ungestraft. Seit den 1960er Jahren verliert der Aralsee zunehmend an Fläche, von den ursprünglich 55 Quadratkilometern Wasserflächen als Zustrom blieben gerade einmal vier übrig. Dieses Schwinden der Wasserzufuhr teilte den See über die Jahrzehnte in zwei Teile: den Kleinen Aral im Norden, der bessere Wasserqualität aufweist als der Große Aral im Süden. Um einer weiteren Wasservermischung der beiden Seen vorzubeugen, wird im Moment ein 15 Kilometer langer Damm zwischen Nord- und Südteil errichtet.

Vor der Verwirklichung dieses Monsterprojekts waren die Flächen rund um den See von mildem Seeklima geprägt, durch die Veränderung des gesamten Wasserhaushalts der Region hat sich das Klima nun hin zu einem Festlandklima mit einem drei Grad Celsius höheren Jahresmittel der Temperatur verändert. Damit gehen kältere Winter und heißere Sommer einher. Die trocken gefallenen Flächen sind durch Salz und durch Pestizide verunreinigt, die mit den Zuflüssen in den See getragen wurden. 156.000 Hektar einst fruchtbares Ackerland verkarsteten durch windvertragenes Salz und die Veränderung des Klimas. Die Bevölkerungszahl der Stadt Aralsk hat sich von 60.000 auf 30.000 halbiert. 90 Prozent der Bewohner sind arbeitslos.

Ist der Aralsee noch zu retten? Für den nördlichen – kleineren – Teil des Sees scheint eine Rettung durch den errichteten Staudamm möglich, der aber dem südlichen Teil den Todesstoß versetzen wird, da durch diese Maßnahme gar kein Wasser mehr in sein Becken nachfließt.

Weitere Maßnahmen können sein, den Baumwoll- und Reisanbau zu stoppen, das würde allerdings schwierig, denn die Bevölkerung lebt davon. Es wäre zumindest sinnvoll, auf unterirdische oder Tröpfchenbewässerung umzustellen und die Lecks in den Zuleitungen zu sanieren. Aber auch die Ausschussquote von 25 Prozent (sic!) bei der Baumwollproduktion muss man sich kritisch ansehen und die Produktion optimieren, denn damit werden Millionen Liter Wasser verschwendet.[8]

Dessen nicht genug, spielt sich im Stillen eine zweite Tragödie von nicht minderem Ausmaß ab: die Insel Vozrozdheniye (zu deutsch:

»
Seit 1960 hat der Aralsee die Hälfte seiner Fläche verloren, weil der Zustrom für die Bewässerung des Baumwollanbaus verwendet wird

»Insel der Wiedergeburt« – welche Ironie) war früher mitten im See gelegen. Von 1936 bis 1991 war sie Versuchsgebiet des sowjetischen Militärs, es wurde dort eine Station für biologische Waffen betrieben. Pest, Milzbrand (Anthrax), Pocken, Botulinustoxin und andere Krankheitserreger werden bis zum heutigen Tag in rostigen Fässern ohne Kennzeichnung gelagert – die Zuständigkeit ist nicht geklärt. Im Sommer 2003 hat ein Team der US-amerikanischen »Defense Threat Reduction Agency« versucht, die milzbrandverseuchten Böden auf der Insel zu dekontaminieren. Man weiß jedoch nicht genau, welche Mengen dort gelagert werden. Es gibt immer wieder Fälle von Pest in der Umgebung. Seit dem Zerfall der Sowjetunion kümmern sich vermehrt amerikanische Spezialisten um die tickenden Bomben. Die Milzbrand-Fässer wurden 1988 aus Sibirien auf die entlegene Insel gebracht, um sie dort aus Scham vor den westlichen Staaten zu verstecken, nachdem man die »Biological and Toxin Weapon Convention« bereits 1972 unterzeichnet und 1975 ratifiziert hatte.

30 Prozent der Kinder in Aralsk am Nordende des Sees sind Totgeburten. Durch den Rückgang des Sees liegt diese Insel mittlerweile sehr nahe am Festland.[9]

Der Assuan Staudamm und das Toshka Projekt

Wo sich heute noch große Wüstengebiete in Ägypten ausdehnen, soll bald Landwirtschaft, Industrie und städtisches Leben möglich werden. Bis 2017 will die ägyptische Regierung, um Raum für die zunehmende Bevölkerungszahl zu schaffen, 420.000 Hektar Wüste fruchtbar machen. Ägypten besteht zu 96,5 Prozent aus Wüste. Im Moment leben die Ägypter aufgrund der ausgedehnten Wüsten auf nur fünf Prozent der Landesfläche.

Durch das Toshka-Projekt soll die besiedelbare Fläche auf bis zu 20 Prozent anwachsen. In einigen Jahren werden – geht es nach den Planern – mit Hilfe eines riesigen Wasserprojektes drei Millionen Menschen die im Moment noch kargen Sandböden besiedeln. Zusammen mit einigen arabischen Golfstaaten hat sich Ägypten zum ehrgeizigen Ziel gesetzt, der Wüste fruchtbares Land abzutrotzen – koste es, was es wolle. Man munkelt von 60 Milliarden, Geldgeber sind neben der

Regierung Privatleute aus den Vereinigten Arabischen Emiraten und Saudi Arabien. Das Vorhaben wurde von langer Hand geplant. Durch den Bau des Assuan Dammes von 1960 bis 1970 wurde soviel Wasser im Nasser Stausee zurückgehalten, dass ein Teil dieses Wassers in die Toshka-Senke abgeleitet werden musste, um ein Überfließen des Sees zu verhindern. Dort verdunstete es ohne weiteren Nutzen für die Bevölkerung. Um das künftig zu verhindern, wurde 1997 von Präsident Mubarak offiziell das Toshka Projekt gestartet.

Die aus dem See abgeleiteten Wassermassen werden in Zukunft parallel zum Nil in einem offenen Kanal geführt. Man entschied sich gegen eine Pipeline, obwohl zu befürchten steht, dass aufgrund des Klimas große Mengen an Wasser durch Verdunstung verloren gehen. Täglich werden dem See 25 Millionen Kubikmeter Wasser entnommen, die über ein riesiges Pumpwerk in den 50 Meter über dem See gelegenen Kanal gepumpt werden. Dieser 50 Kilometer lange, 8 Meter tiefe und 50 Meter breite Kanal wurde an der Gewässersohle aufwändig versiegelt, um ein Versickern des Wassers in den Untergrund zu verhindern. Mit diesem Projekt sollen junge Ägypter ermutigt werden, aus dem engen Niltal wegzuziehen hinein in ein neues Leben mit besseren Arbeitschancen und guter Infrastruktur. Es ist weiters geplant, in einigen Jahren auch die in der Region vorkommenden Bodenschätze zu nutzen, Fischzucht in großem Stil und Metallindustrie sollen folgen. In wenigen Jahren ist auch eine Eisenbahnlinie geplant. Präsident Mubarak sieht das Projekt als »Geschenk an die zukünftigen Generationen«. Kritiker dagegen befürchten ein Versalzen der Böden und in weiterer Folge Bodenunfruchtbarkeit.

Außerdem bestehen massive Bedenken bezüglich der Wasserentnahmemenge aus dem Nasser See. Dieses Wasser muss in anderen Landesteilen eingespart werden, da Ägypten jährlich laut Nilvertrag von 1959 nur 55,5 Milliarden Kubikmeter zustehen, diese Menge wird allerdings schon jetzt überschritten, was zu heftigen Kontroversen mit anderen Nilanrainerstaaten führt. Auch die Erschließung von fossilem Grundwasser als Übergangslösung für die Bewässerung bis zur Fertigstellung des Kanals hat massive Bedenken geweckt. Fossile Grundwässer sind sehr alt und werden kaum nachgebildet. In einigen Regionen der Welt machte man die Erfahrung, dass ganze Teile des Bodens einbrechen, wo Hohlräume durch die Entnahme entstanden sind.

Der Assuan-Staudamm an sich, der wegen seiner Größe geradezu revolutionär war und viele Probleme der Region lösen sollte, erwies sich mittlerweile als Fehlschlag. Vor der Errichtung des Staudammes überschwemmte der Nil jährlich die Felder der Bauern und brachte so auf natürlichem Weg die lebenswichtigen Nährstoffe mit. Da diese Hochwässer aber auch Schaden anrichteten, kam es zur Planung des Assuan-Staudammes. Doch der Damm hielt den für die Felder der Bauern so wichtigen Nilschlamm zurück, die Bauern müssen nun teuren Kunstdünger zukaufen, der Fischbestand im Nil ging durch die fehlenden Nährstoffe dramatisch zurück. Vor dem Bau des Assuan-Staudammes wurde der vom Wind über die Felder verwehte Wüstensand vom alljährlichen Hochwasser weggespült, nun bleibt er liegen und verdeckt zudem die über die Jahre durch den Nilschlamm fruchtbar gewordenen Böden. Somit leiden die armen Bauern doppelt: einerseits können sie sich die starken Pumpen, die notwendig sind, um die Felder zu bewässern, nicht leisten, zum andern sind sie zu arm, um Kunstdünger zu kaufen und damit die fehlenden Nährstoffe des Nilschlamms zu kompensieren.[10]

Great Man Made River Project in Libyen

Dieses Projekt liegt in Libyen und ist zur Zeit das größte Trinkwasser-Pipeline-Projekt weltweit. Die Hauptstadt Tripolis wird seit 1996 über diese Pipeline versorgt, andere Teile befinden sich noch in Bau. Es wird hier in riesigen Betonrohren fossiles Grundwasser aus dem Untergrund zur Versorgung großer Teile des Landes verwendet.

Darüber hinaus sollen der Wüste landwirtschaftliche Ertragsflächen abgetrotzt werden. Nach Fertigstellung aller Leitungen ist geplant, täglich sechs Millionen Kubikmeter Wasser zu transportieren. Nicht gewiss ist, wie sich das Auspumpen fossiler Grundwässer langfristig auf die Stabilität des Oberbodens auswirkt und wie lange es möglich sein wird, so eine beträchtliche Menge an Wasser zu entnehmen. Die Einwohner der Oasenstädte – manche dieser Siedlungen bestehen seit 10.000 Jahren – klagen seit einiger Zeit über sinkende Grundwasserstände. Ist das ehrgeizige Great Man Made River Project vielleicht Verursacher dieser Situation?[11]

Schon öfter wurden Einbrüche des Oberbodens beobachtet, da das Grundwasser vor dem Auspumpen große Hohlräume ausfüllte – und das seit Jahrtausenden. Die Nachbildung des Grundwassers dauert allerdings ebenso lang.

Das ehrgeizige Ziel des Staatsführers Gaddafi ist es, die libysche Wüste fruchtbar und damit das Land zu einem Agrarexportland zu machen. Vorwiegend werden Kreisberegnungsanlagen auf landwirtschaftlichen Flächen betrieben, die etwa einen Kilometer Durchmesser haben und mitten in der Wüste liegen. Dabei werden sie mit einem Riesenberegnungsarm, der in der Mitte montiert ist und auf Stützrädern im Kreis fährt, mit Wasser versorgt. Ein ungelöstes Problem bei der Bewässerung in trockenen Gebieten ist, dass durch die Nutzung von fossilem Wasser auch Salze in den Boden eindringen, da es über Jahrtausende alle Inhaltsstoffe aus dem Boden lösen konnte. Durch das trockene Klima ist die Verdunstung des Bodens sehr hoch, viel Wasser geht verloren und es werden durch die Verdunstung Salze aus dem Boden an die Oberfläche »gezogen« – an der Oberfläche entstehen Salzkrusten. Nach und nach versalzt der Boden so stark, dass die landwirtschaftliche Nutzung nicht länger möglich ist. Um eine Vorstellung der Größe der Kreisberegnungsanlagen zu geben: man sieht sie sogar aus dem Weltraum.

Das gesamte Projekt läuft seit 1984 und kostete bis zum jetzigen Zeitpunkt 64 Milliarden US-Dollar – damals versuchte Gaddafi, mit den reichlich verdienten Petro Dollars etwas Sinnvolles für die Bevölkerung zu tun. Die Ölreserven Libyens reichen noch zirka für 30 Jahre, danach gibt es vermutlich kein Einkommen mehr aus der Erdölindustrie. Also setzte man auf das Pferd »Landwirtschaft«. Bedenkt man, dass die Technologie der Meerwasserentsalzungsanlagen immer günstiger wird, sollte sich Gaddafi wohl für eine andere Technologie entscheiden.[12]

Das Narmada Staudammprojekt in Indien

Der Narmada war bis zur Unabhängigkeit Indiens ein unberührter Fluss und gilt ebenso wie der Ganges als heilig. Auf einer Länge von 1.312 Kilometern fließt er durch die drei Bundesstaaten Gujarat, Madhya Pradesh und Maharashtra.

Doch bald nach der Übernahme der Selbstverwaltung begann der Traum vom riesigen Staudammprojekt, der Indien Wohl und nationalen Fortschritt durch Energiegewinnung und Bewässerungsmöglichkeiten bringen sollte. Ab 1965 wurde mit der Planung eines gigantomanischen Projektes begonnen, das nach Fertigstellung aus 30 Großdämmen, 135 mittleren Dämmen und 3.000 kleinen Staudämmen bestehen sollte. Es formierte sich bald darauf breiter Protest, denn Hunderttausende Menschen waren von Umsiedelungen betroffen und niemand konnte und wollte die Folgen für die Umwelt voraussagen. Das Herzstück des Projekts ist der Sardar-Sarovar-Staudamm mit einer Mauer, die nach Fertigstellung 138 Meter hoch sein wird. Allein dieser Teilstaudamm erfordert die Absiedelung von 245 Dörfern mit insgesamt 200.000 Einwohnern.

Unter den Aktivisten gegen den Staudamm befindet sich auch die bekannteste indische Autorin Arundhati Roy, die vielen auch in Europa ein Begriff ist. Ihr Buch»Der Gott der Kleinen Dinge« wurde in mehr als 30 Sprachen weltweit übersetzt. Bereits 1987 wurde mit dem Bau des Sardar-Sarovar-Staudamms begonnen, doch 1999 wurde der Bau vorläufig gestoppt. Die Freude währte nicht lange, denn schon im Oktober 2000 machte das indische Höchstgericht eine Baufortführung möglich. Laut der»Erklärung von Bern« – einer Schweizer Aktivistengruppe gegen den Narmada Staudamm – widerspricht das Großprojekt jeglichem internationalen Standard. Es wurde seitens der indischen Regierung noch nie geprüft, ob sich bei diesem Projekt Kosten und Nutzen wenigstens die Waage halten.

Laut Vandana Shiva, einer international anerkannten Umweltaktivistin, sollen sich die Gesamtkosten innerhalb der nächsten 25 Jahre auf 52,2 Milliarden Dollar belaufen. Die einzigen bewiesenen Profiteure dieser Rieseninvestition sind die Baufirmen. Weiters bleibt zu bemängeln, dass ein sehr großer Anteil der nach Indien fließenden

Entwicklungshilfegelder über die Baufirmen, Gerätschaften und Beraterhonorare wieder zurück in den Westen fließt. Sechs der großen Staudämme sind mittlerweile fertig gestellt, doch der andauernde bürgerkriegsähnliche Protest ließ nun auch gewichtige Investoren abspringen: so zog die japanische Regierung schon 1990 aufgrund der heftigen Aufstände ihre Kredite zurück. Als 1991 Medha Patkar als Führerin der Widerstandsbewegung »Rettet den Narmada – Narmada Bachao Andolan« den alternativen Friedensnobelpreis zugesprochen bekam, folgten auch ein Rückzug der Weltbank und am Ende Deutschlands: im April 1999 zogen die Energiekonzerne VEW und Bayernwerk ihre geplanten Beteiligungen zurück, Siemens folgte im Jahr 2000. Zwar gab es im Jahr 2006 eine kurze Hoffnungspause für die Dammgegner, denn bei einer Besichtigung durch die indische Regierung konnte diese nicht umhin, den eigenen Praktiken bei der misslungenen Umsiedlung der betroffenen Anrainer ein mehr als schlechtes Zeugnis auszustellen. Doch mittlerweile geht der Bau weiter …[13]

Wahnsinnsprojekte

Es gibt bedauerlicherweise viele Projekte weltweit, die an ökologischem Wahnsinn und Vorbeiplanen an der Nachhaltigkeit ihresgleichen suchen (und leider finden). In diesem Zusammenhang sei das südamerikanische Pantatal zu erwähnen, mit einer Fläche von 140.000 Quadratkilometern größer als Griechenland und seines Zeichens größtes Feuchtgebiet der Welt.

Doch durch ausgedehnten Zuckerrohr- und Sojaanbau mit all seinen Folgen wie Pestizideinsatz und Überdüngung ist dieses Gebiet massiv bedroht.[14]

Aber auch der Ilisu-Staudamm in der Türkei, der zum GAP (Great Anatolia Project) gehört, ist ökologisch bedenklich. Auch hier werden Menschen umgesiedelt, vielfältige Flusslandschaften zerstört, Tier- und Pflanzenarten sterben aus – die Folgen für die Region sind langfristig schwer abzuschätzen. Die eigentliche Staumauer soll 1.820 Meter lang und 135 Meter hoch werden.[15]

Erfährt man von den ungeheuren baulichen Anstrengungen außer-

165

halb Europas, der Natur und hier vor allem der Macht des Wassers Herr zu werden, so schüttelt der weise Europäer sein altes Haupt – klar, im stark besiedelten deutschsprachigen Raum hätten wir nicht einmal den Platz für derartige megalomanische Projekte. Wir sind hier schon wieder am Rückbauen, zwar kommt die Einsicht spät, aber noch nicht zu spät. Es seien hier nur einzelne kleine Beispiele herausgenommen, die Freizeitwissenschaftlern wie Umweltschützern stolz die Brust schwellen lassen.

Zurück zur Natur

Beispiel 1: die Wien

Ja, Sie haben richtig gelesen, die Wien ist ein Fluss, der im westlichen Wienerwald bei Rekawinkel entspringt und östlich des Stadtzentrums von Wien, bei der Urania, in den Donaukanal mündet. Sie hat eine Länge von 34 Kilometern und ein Einzugsgebiet von 230 Quadratkilometern. Über den Donaukanal entwässert die Wien indirekt in die Donau und ist eines jener Oberflächengewässer, die den Wienern schon immer Schwierigkeiten bereitet haben. Deshalb sei hier kurz die Geschichte einer Vergewaltigung mit anschließendem Versuch einer Versöhnung mit der Natur beschrieben.

Die ersten Regulierungsversuche der Wien führten bereits die Römer vor etwa 2.000 Jahren aus, wobei Wehre und Staubecken errichtet wurden. 1782 erfolgte eine teilweise Tieferlegung des Flussbettes, die von Sträflingen durchgeführt wurde. In der Chronik wird berichtet, dass im Jahr 1785 die Kellerräume und das Erdgeschoß von Schloss Schönbrunn überflutet wurden. Ein zehnminütiger Wolkenbruch verursachte damals ein Ansteigen des eher seichten Wienflusses um neun Meter.

Heute sieht man an der Stadtausfahrt bei Hadersdorf-Weidlingau riesige Becken, die unter dem Namen »Auhofbecken« bekannt sind. Sie dienen dem Hochwasserrückhalt des Wienflusses und sind ein wesentlicher Bestandteil des Hochwasserschutzes für Wien. Bis zum

Ende des 19. Jahrhunderts hatte der Wienfluss außerhalb des Siedlungsgebietes der Stadt einen bis zu 300 Meter breiten Flussraum zur Verfügung. Es gab Inseln, sowie Prall- und Gleitufer. Einhängender Uferbewuchs, Wurzelbärte und Totholz boten der aquatischen Fauna einen vielfältigen Lebensraum.

Bedingt durch den geologischen Untergrund, der vorwiegend dem Flysch und Sandstein angehört, steigt bei starken wie auch bei lang anhaltenden Niederschlägen die Wasserführung rasch an. Vor der Regulierung kam es daher häufig zu Überschwemmungen. Hochwasserführungen der Wien können die 2.000fache Wassermenge des Niederwassers erreichen. Der Wienfluss hat deshalb Wildbachcharakter.

Die erste wirksame Regulierung fand 1814 bis 1817 statt. Zwischen Schönbrunn und dem heutigen Donaukanal wurde das Flussbett vertieft und die Uferböschungen gepflastert. Da aber die Stadterweiterung und die Ansiedlung von Industrie und Gewerbe (Wäschereien, Färbereien, Gerbereien) entlang des Wienflusses zügig fortschritten, stellten Überschwemmungen infolge der sanitären Verhältnisse und der direkten Einleitung der Abwässer in den Fluss ein gesundheitliches Risiko für die Bevölkerung Wiens dar. Der Ausbruch einer Choleraepidemie, die durch Donauhochwasser und Rückstau in den Wienfluss 1830 ausgelöst wurde, war Anlass für den Bau von Sammelkanälen entlang der Wien, die auch als »Cholerakanäle« bezeichnet wurden. Sie führten beidseitig vom Linienwall (in etwa heutiger Gürtel), bis zur Einmündung in den Donaukanal. Später erfolgte eine Verlängerung dieser Wienflusssammelkanäle bis zur Halterbachmündung. Bei Hochwasser gab es allerdings immer wieder Rückstau in den Kanälen, deren Überläufe wiederum in die Wien mündeten.

Das größte bekannte Hochwasser mit 600 Kubikmetern Durchfluss in der Sekunde ereignete sich am 18. Mai 1851. An dieser Wasserführung orientierte sich die endgültige Wienfluss-Regulierung, die 1894 bis 1901 mit streckenweisen Einwölbungen und zeitgleich mit dem Stadtbahnbau im Wiental, der heutigen U4, erfolgte. Dieses naturferne Gerinne prägt auch heute noch von Hütteldorf bis zur Mündung in den Donaukanal das Erscheinungsbild der Wien. Mit dem

Hartverbau, den Begradigungen des Flusslaufes, der Einengung des Bachbettes auf langen Strecken, sowie dem Einbau von Sohlstufen, wurde die Wien für die meisten aquatischen Organismen unbewohnbar. Die Selbstreinigungsleistung des Gewässers wurde stark vermindert. Zusätzlich erfolgte durch die Tieferlegung des Flussbettes eine Abkoppelung vom Umland und den Nebenbächen. Der ehemalige Fischreichtum verschwand, und nur mehr im Mündungsgebiet sind einwandernde Fische aus dem Donaukanal in den Rückstaubereich der Wien zu beobachten. Ein weiteres Aufwandern von Fischen wird durch die Sohlstufen im Stadtparkbereich verhindert.

Inzwischen wurde durch geänderte äußere Rahmenbedingungen – wie Versiegelungen von Flächen, damit höhere Spitzenabflüsse bei Starkregenereignissen – eine Verbesserung des Hochwasserschutzes für Wien notwendig und neue Entlastungskanäle für den Wienfluss sind in Bau. Die neuen Maßnahmen zum Hochwasserschutz ermöglichten auch Schritte zum Rückbau des Wienflusses nach ökologischen Gesichtspunkten. Eine erste Teststrecke am Wienfluss mit Sohlöffnung und Restrukturierungen des Bachbettes wurde in Hadersdorf gebaut. Weitere Umbauten folgten im Zeitraum von 1997 bis 2001 und die Wien kann nun nach hundert Jahren wieder in die Auhofbecken fließen. Erst ab Eintreten eines gewissen Hochwasserstandes wird das Wasser in den Staubecken zurückgehalten, um die Stadt Wien nicht zu gefährden.

Durch den teilweisen Rückbau des Wienflusses wurden nicht nur neue Fließgewässerlebensräume geschaffen, sondern es wurde auch wieder ansatzweise eine Auensituation in den Becken hergestellt. Sogar der Biber konnte wieder aus dem Donauraum bei Wien in die Becken zurückkehren. In einem interdisziplinären Monitoringprojekt konnte neben anderen Untersuchungen auch die erfolgreiche Wiederbesiedlung mit Fischen und wirbellosen Wasserorganismen dokumentiert werden.[16]

Beispiel 2: die Drau

Die Renaturierung der Donauinselufer sind ein ebensolches Beispiel naturnaher Uferverbauung wie das LIFE- Projekt »Auenverbund Obere Drau« in Kärnten. Das Projekt sei eines der innovativsten Fluss-bauprojekte Europas, meint dazu der WWF Österreich in einer Aussendung aus dem Jahr 2001. Fünf Millionen Euro wurden bis zum Jahr 2003 investiert, um die Drau auf einer Strecke von 60 Kilometern wieder in ein naturnahes Flusssystem zu verwandeln.

Beispiel 3: die Fischa

Bedingt durch das Jahrhunderthochwasser im Sommer 2002 mussten auch einige Flüsse und Bäche in Niederösterreich renaturiert werden – man hat sich vom Wasser belehren lassen. So wurde auch die Fischa bei Fischamend – der Ort liegt in der Nähe des Wiener Flughafens Schwechat – erfolgreich renaturiert. Dort haben sich die Gemeindeverantwortlichen dazu entschlossen, einen Abschnitt der Fischa naturnah zu sanieren, nachdem einige Brücken vom Hochwasser weggeschwemmt wurden.

Beispiel 4: der Kamp

Aus ökologischer Sicht führte das Extremereignis aber auch zu einer außergewöhnlichen Entwicklung im Kamptal im Weinviertel, nordöstlich von Wien. Es entstanden dort naturnahe Flussabschnitte, wie sie an anderen Flüssen Österreichs erst mit großem finanziellen Aufwand gezielt hergestellt werden.

Vor diesem Hintergrund wird an der Universität für Bodenkultur ein integratives Gesamtkonzept – beauftragt von der Niederösterreichischen Landesakademie in enger Zusammenarbeit mit dem Amt der NÖ Landesregierung Gruppe Wasser – erarbeitet, das die »Nachhaltige Entwicklung der Kamptal-Flusslandschaft« zum Ziel hat.[17]

Beispiel 5: die Rodach

Und nun ein Blick nach Deutschland. Dort gibt es freilich zahlreiche Projekte, die hier zu beschreiben den Rahmen sprengen würde. Es sei stellvertretend das Beispiel Rodach herausgegriffen.

Die Rodach ist ein rechter Nebenfluss des Mains, entspringt im Frankenwald und mündet bei Marktzeuln in den Main. Forscher dreier Universitäten erfassten 2001 anhand des Beispiels »Rodach-

und Mainrenaturierung« die Zunahme der Arten, quantifizierten und bewerteten zufrieden die Ergebnisse. Die Flüsse erhielten Hilfe zur Selbsthilfe und dürfen ihr Ufer wieder aus eigener Kraft formen. Michael Reich, Vorstand des Instituts für Umweltplanung der Universität Hannover bezeichnete überdies die Maßnahmen als »Schnäppchen«, verglichen mit den teuren, aufwändigen Flussbefestigungen, die noch vor 20 Jahren angelegt wurden. Die Bilanz der vergangenen zehn Jahre: 2,6 Kilometer Rodach-Renaturierung schufen neuen Raum für 350.000 Kubikmeter Wasserrückhalt und 20 Hektar Auenvegetation, die Investitionssumme betrug 2,5 Millionen Euro. Daneben wurden 8,5 Kilometer des Maines renaturiert, dies erbrachte 920.000 Kubikmeter Retentionsraum und 54 Hektar Auen. Die Kosten: 6,7 Millionen Euro.[18]

Hinter uns die Stinkflut

»Was für eine seltsame Welt liegt doch, den meisten von uns unbekannt, unter unseren Füßen verborgen.«
Graham Greene

Wenn es um die Beseitigung unseres Mülls geht, so haben sich die Kommunen nicht nur mit den Müllkippen zu beschäftigen, sondern auch mit dem so genannten Abwasser, worunter man durch Gebrauch verunreinigtes (beziehungsweise in seinen Eigenschaften oder seiner Zusammensetzung verändertes) Wasser versteht. Dazu gerechnet werden muss aber auch das von befestigten Flächen abfließende und gesammelte Niederschlagswasser. Abwässer werden durch die Kanalisation gesammelt und transportiert, im deutschen Sprachraum praktisch immer in Kläranlagen behandelt und danach in als Vorfluter dienende Gewässer eingeleitet. Wir alle wissen, dass das nicht immer so war. Bis in die späten 1970er Jahre wurden auch hierzulande immer noch ungeklärte Abwässer in Flüsse, Seen und Meere eingebracht. Das Ergebnis waren Umweltkatastrophen, die bis heute ihre Nachwirkungen haben.

Ringleitungen für die Seen, strenge Vorgaben für die Industrie und rigorose Gesetze zur Abwasserentsorgung der privaten Haushalte brachten in den letzten 20 Jahren in Europa einen Sanierungsprozess in Gang. Doch es ist nicht alles Gold, was glänzt.

Blicken wir zunächst in die Geschichte der Abwasserentsorgung. Mit der Sesshaftwerdung des Menschen wurde auch die Entsorgung der menschlichen »Hinterlassenschaften« zum Thema. Blickt man auf die allerersten Anfänge der Abwasserentsorgung zurück, kommt man am Beispiel der antiken Stadt Mohenjo-Daro nicht vorbei, die ihre Hochblüte zwischen 2600 und 1900 vor Christus hatte. Sie liegt im Gebiet des heutigen Pakistan und wurde erst in den 1920er Jahren entdeckt. Bis heute sind Archäologen mit der Freilegung der antiken Reste befasst. An diesem Ort entdeckte man nicht nur ein riesiges Badehaus, das 12 mal 7 Meter maß und an seiner tiefsten Stelle 2,4 Meter tief war, sondern auch, dass der Abfluss dieses Badehauses schon vor über 4.000 Jahren mit einem Gitter zum Auffangen der festen Stoffe versehen war. Diese Hochkultur kannte auch schon Latrinen und ein aus Terracottarohren bestehendes Entwässerungssystem, das in einer die ganze Stadt durchziehenden Kanalisation endete. Ob die Bewohner dieser Hochkultur auch schon Toiletten mit fließendem Wasser hatten, weiß man nicht genau – fest steht jedenfalls, dass es in den Boden eingelassene Gefäße gab, die als Abort dienten und zum Entleeren herausgenommen werden konnten.[1]

Auch die Römer hatten um 100 nach Christus schon ein sehr brauchbares Kanalisationsnetz im damaligen Militärlager Vindobona, auf dessen Gebiet bekanntermaßen später die Stadt Wien entstand. Die Sohle dieses Kanalsystems bestand aus Dachziegeln, darüber lagen Abdeckungen aus Steinplatten. Für kleinere Kanäle wurden Rohre aus gebranntem Ton verwendet. Sogar Toiletten mit laufender Wasserspülung sind aus der Römerzeit bekannt.

Der Ausspruch »Pecunia non olet« (Geld stinkt nicht) geht auf Kaiser Vespasian (9–79 nach Christus) zurück, der Latrinengefäße aufstellen ließ, in die der Urin der Bewohner gekippt und an die Gerber verkauft wurde, die damit ihr Leder behandelten. Aufgrund von hämischen Bemerkungen, wie man auf diese Art sein Geld verdienen könne, soll er nach Überlieferungen ein Goldstück an seine Nase geführt und den obigen Ausspruch getätigt haben. Ein weiterer Spruch aus der Römerzeit: »Cactor cave malum! Aut si contempseris, habeas Jovem iratum!«, was auf deutsch etwa bedeutet: »Hüte Dich, auf die Straße zu kacken! Sonst trifft Dich Jupiters Zorn!«[2]

Mit Beginn der Völkerwanderung um das vierte Jahrhundert nach Christus geriet diese weise Einsicht aber offenbar total in Vergessenheit. Denn im Mittelalter ähnelten die mitteleuropäischen Städte einer Kloake. Schlachter, Marktbudenbesitzer, Tierhalter und sämtliche Bewohner der Stadt kippten ihre Abfälle einfach auf die Straße,

Fäkalien wurden auf die gleiche Weise entsorgt. Eine Unterscheidung zwischen Abfall und Abwasser kannte man damals noch nicht und es ist kaum vorstellbar, welche Geruchskulisse diese Zustände hervorgerufen haben müssen, ganz zu schweigen von Ratten und Ungeziefer, dessen Rolle bei der Krankheitsübertragung jedoch noch nicht bekannt war. Auch die zahlreichen Choleraepidemien führte kaum jemand auf die unhaltbaren hygienischen Zustände zurück, bis der britische Arzt John Snow (1813–1858) nachweisen konnte, dass die großen Choleraepidemien mit dem verunreinigten Wasser in engem Zusammenhang standen. Bis dahin glaubte die Mehrheit der Menschen, dass die Cholera über die Luft übertragen werde. Dieser Erkenntnis und auch dem zunehmenden Gestank zufolge überlegte man, die Städte mit einer durchgehenden Kanalisation zu versehen, die sowohl Regenwasser, Brauchwasser, Abwasser als auch feste Abfälle entsorgen würde.

>> 1793 war Wien die einzige durchgehend kanalisierte Stadt Europas

So drängte 1842 die Stadt Hamburg nach einer Feuersbrunst, während der große Teile der Altstadt zerstört wurden, darauf, endlich ein funktionierendes Abwasserentsorgungssystem zu errichten. Der britische Ingenieur William Lindley erhielt den Auftrag, eine Kanalisation zu errichten. Ebenso wie Wien behauptet auch Hamburg von sich, die erste zusammenhängende Kanalisation in Kontinentaleuropa gehabt zu haben. Es dauerte noch bis 1890, bis alle Hamburger Haushalte an das Kanalnetz angeschlossen waren. Das ist eine großartige Leistung, da eine Anschlussrate von 100 Prozent auch heutzutage noch nicht die Regel ist. Die hygienischen Verhältnisse besserten sich rapide, der Gestank blieb: denn alle Kanäle mündeten am selben Punkt in die Elbe und dort schwamm ein trüber Teppich aus Abfällen und Fäkalien an der Oberfläche. Darum entschloss man sich dazu, vor der Einleitung der Abwässer in die Elbe eine Abwasserreinigungsanlage zu errichten. Im Jahr 1905 ging man dazu über, mittels einer Rechenanlage mechanisch vorzureinigen.[3]

Ein Blick auf das London des Jahres 1858 zeigt eine ähnliche Entwicklung: in diesem Jahr kam es zum »Great Stink«, zu deutsch sehr treffend »Der große Gestank«. Und das kam so: Mitte des 19. Jahrhunderts wurde die Wasserspülung bei Toiletten eingeführt. An sich stellte das ja eine Verbesserung gegenüber den bis dato üblichen Nachttöpfen dar, jedoch resultierten daraus beträchtliche Abwassermengen, die das Londoner Abwassernetz nicht mehr bewältigen konnte. Als sich die »members of parliament« in besagtem Sommer zu sehr durch den Geruch belästigt fühlten und ein Umzug des Parlaments an andere Stelle flussauf der Themse erwogen wurde, beauftragte man den Londoner Zivilingenieur Joseph Bazalgette (1819–1891) mit dem Bau eines modernen Abwassersystems. Das daraufhin errichtete Kanalsystem mit drei großen Pumpwerken blieb bis in die Mitte der 1950er Jahre in Betrieb. Als es nach der Stilllegung dem Vandalismus und dem Verfall zum Opfer fiel, nahm man sich Mitte der 1980er Jahre seiner an und renovierte es – heute kann man ein phänomenales Zeugnis der viktorianischen Baukunst bestaunen.[4]

Der Dritte Mann lässt grüßen

Unvorstellbar auch, dass 1739 Wien die einzige – innerhalb der Stadtmauern – voll kanalisierte Stadt Europas war. Die Bewohner der Vorstädte warfen ihren Abfall weiterhin in die Wienerwaldbäche und auch das Abwasser wurde dort direkt eingeleitet. Die ansässige Bevölkerung nutzte aber parallel die Bäche auch zur Wasserentnahme, um sich mit Trinkwasser und Nutzwasser zu versorgen. Durch die unhaltbaren hygienischen Zustände kam es 1830 zu einer Choleraepidemie, als ein großer Eisstoß zum Übertreten der Donau und in weiterer Folge auch der Wienerwaldbäche führte: 2000 Menschen starben. Als Folge wurden alle Bäche im Stadtgebiet eingewölbt und zusätzlich zwei große Sammelkanäle am Wienfluss – auch »Cholera-Sammelkanäle« genannt – für das Abwasser der Wiener errichtet.[5]

Durch die zahlreichen Kanäle wurden auch Obdachlose auf die Unterkunftsmöglichkeit aufmerksam, manche der Kanäle erlauben sogar ein aufrechtes Begehen. Um dem Treiben in der Unterwelt ein Ende zu bereiten, wurde 1934 die »Kanalbrigade« gegründet, die ab da die illegalen Bewohner aus dem Kanalnetz vertrieb. Jedoch gewann während und nach dem Zweiten Weltkrieg das Wiener Kanalnetz als Unterschlupf für Geheimagenten der Alliierten neuerlich an Bedeutung. Dieser Umstand bot auch den Stoff für den berühmten in Wien spielenden Film »Der Dritte Mann«, nach einem Roman von Graham Greene mit Orson Welles in einer der Hauptrollen. Auch die MA 30 (Wien Kanal) nutzt den Werbeeffekt des berühmten Films und führt anhand ihrer Multimediashow »Die Rückkehr des Dritten Mannes« jährlich Tausende Touristen und Wiener durch die geheimnisvolle Wiener Unterwelt.[6]

Abwasserwirtschaft im Süden

Wenden wir uns nun der Abwasserentsorgung in der heutigen Dritten Welt zu. Nur über eine Verbesserung der Wasserver- UND Abwasserentsorgungsstruktur kann eine Verbesserung der gesundheitlichen Situation der Bewohner des Südens erreicht werden. Auf die Frage nach den Faktoren eines menschenwürdigen Lebens, landet man früher oder später beim Thema der persönlichen Hygiene: den Menschen der Entwicklungsländer ihre Würde zurückzugeben und wenigstens einfache Wasch- und Sanitäranlagen zu errichten, sollte auch ein Anliegen der reichen Länder sein. Als in Mitteleuropa sanitäre Anlagen auch im ländlichen Raum flächendeckend eingeführt wurden, befanden wir uns in der glücklichen Situation, über genügend finanzielle Mittel zu verfügen. Den Entwicklungsländern ist dies leider nicht gegönnt. Die Regierungen haben den Ernst der Lage noch nicht erkannt, ein neuer Ansatz der UNO geht in die Richtung, ökonomische Verluste des Landes durch fehlende Sanitärversorgung zu bewerten. Vielleicht rüttelt das die Verantwortlichen auf?

Vorsichtigen Schätzungen der UNO zufolge soll eine weltweite »sanitäre Aufrüstung« – je nach verwendeter Technologie – zwischen 20 und 30 Milliarden Dollar kosten. Würde man zulassen, dass die Defizite in diesem Bereich weiter bestehen bleiben, und rechnet man die Folgekosten des Mangels ein, kommt man zirka auf die neunfa-

che Summe. Doch es geht hier nicht nur darum, dass von Seiten der Regierungen »guter Wille« bei der Umsetzung gezeigt wird, sondern auch das Menschenrecht Wasser für alle durchzusetzen. Zieht dieses Argument allein nicht, so sollte zumindest aus volkswirtschaftlicher Kosten-Nutzen-Analyse die Lage verändert werden. Denn die Situation der Entsorgungswirtschaft in den Entwicklungsländern sieht teilweise kata- **»**
strophal aus: aus Mangel an hygienischen Die Hälfte der Weltbevöl-
öffentlichen Toiletteanlagen müssen un- kerung hat keinen Zugang
zählige Menschen ihren Bedürfnissen zu adäquaten sanitären
heimlich – immer bedroht durch Entde- Einrichtungen
ckung durch Dritte – nachkommen. 2,6
Milliarden Menschen, also nahezu die Hälfte der gesamten Weltbevölkerung, haben keinen Zugang zu adäquaten sanitären Einrichtungen. In Indien sind 700 Millionen Menschen gezwungen, täglich ihr Geschäft im Freien zu verrichten. Diese unhaltbaren Zustände finden aber nur langsam Eingang in das Bewusstsein der Verantwortlichen: Logischerweise posieren Politiker weltweit lieber vor neu eröffneten Brunnen als vor neuen Toiletteanlagen.

Die Grundlage für eine Verbesserung der Situation vor allem in Entwicklungsländern kann nur ein veränderter Umgang mit diesem Tabuthema sein. Worüber nicht gesprochen wird, das findet auch keinen Eingang in das Problembewusstsein der Bürger. Ändern wollte das im März des Jahres 2006 eine Ausstellung am Potsdamer Platz in Berlin. Die »German Toilet Association« kreierte dort eine delikate Kunstaktion: Menschen aus Pappe verbargen sich mehr schlecht als recht hinter ihrer Aktentasche und anderen Gegenständen, um ihre Notdurft zu verrichten. Die Aktion wollte auf die unhaltbaren hygienischen Zustände in weiten Teilen der Welt aufmerksam machen und für dieses Thema sensibilisieren. Weltweit sterben täglich 6.000 Kinder – also stirbt alle 10 bis 15 Sekunden ein Kind – an den Folgen von leicht zu vermeidenden Durchfallerkrankungen, die in direktem Zusammenhang mit fehlenden Sanitäreinrichtungen und einer adäquaten Trinkwasserver- und Abwasserentsorgung stehen.

Das entspricht:

- einem Absturz eines voll besetzten Jumbojets alle 90 Minuten
- zweimal täglich einem Terroranschlag, vergleichbar mit jenem von 9/11
- monatlich einem Tsunami-Ereignis wie in Aceh vom Dezember 2004[7]

Warum aber stehen solche Ereignisse viel mehr im Zentrum des öffentlichen Interesses, als der Tod von Kindern, der durch die Verbesserung sanitärer Missstände vermeidbar gewesen wäre? Es drängt sich der Verdacht auf, dass kaum jemand Interesse hat, die Lebensumstände der betroffenen Bevölkerungsgruppen zu verändern, da diese Länder weder zu den touristischen Destinationen zählen, noch sonst im öffentlichen Interesse stehen. Vielleicht bewegt der neueste Ansatz, die Anzahl der betroffenen Menschen in verlorenes Kapital umzurechnen wirtschaftlich starke Gruppen, wenngleich aus ethisch fragwürdigen Beweggründen.

2006 hat die UNO erstmals in ihrem Human Development Report das Thema der sanitären Missstände angeprangert. Doch auch dieser Report geht von einem veralteten Ansatz einer zentralisierten Abwasserbehandlung aus und bezieht sich mehrheitlich auf die herkömmlichen Schwemmtoiletten. Die neuen Lösungen können nur individuell angepasst und kleinräumig funktionieren. Alles andere – und man kann die Folgen auch schon in Europa ablesen – ist zu kostenintensiv. Die Wartung kilometerlanger Kanalnetze, die Instandhaltung riesiger Behandlungseinheiten kosten unverhältnismäßig viel. Womit man wieder beim Thema der Bewusstseinsbildung und Akzeptanz angelangt ist. Es gibt sehr engagierte Ansätze, die revolutionär sind. Wir Europäer sind aufgrund unseres relativen Wasserreichtums mit einer Schwemmkanalisation gesegnet, die sich – wie schon weiter oben im Text ausgeführt – durch die fortschreitende Industrialisierung von England her ausgebreitet hat. Wasser wurde deshalb als Transportmittel verwendet, weil es in erster Linie dazu diente, die festen Abfälle fortzuschwemmen. Natürlich funktioniert hier ein Technologietransfer in südlichere Länder nicht. Aufgrund des Wassermangels in ariden (trockenen) Regionen sind hier maßgeschneiderte Lösungen gefragt: hier hat die Schweizer Firma Novaquatis absolute Pionierarbeit geleistet. Eine neue Methode wurde entwickelt und immer weiter verfeinert: die Urinseparation. Bei dieser wird der flüssige Anteil der menschlichen Ausscheidungen vom festen Anteil getrennt. Dazu muss man wissen, dass vom Urin im Allgemeinen keine gesundheitliche Gefährdung ausgeht, dieses Problem stellt sich vornehmlich bei Fäkalien. Grundlage dieser Methode, die sich besonders für aride Gebiete eignet, ist eine Toilette spezieller Bauart, bei der sofort am Ort des Anfalls der Urin abgetrennt wird und ohne Verdünnung mit Trinkwasser oder Brauchwasser einer weiteren Behandlung zugeführt wird. Der Vorteil dieser Methode liegt auf der Hand: keine riesigen Abwasserfrachten mehr durch die unnötige Verdünnung des Urins mit Wasser, die Art der Toilette funktioniert bestens in Gebieten, wo nicht verschwenderisch mit Wasser umgegangen werden kann und nur die wirklich als problematisch betrachtete Menge an Fäkalien bedarf einer Weiterbehandlung. Die Probleme, die man bei uns mit dem

» _____

Wussten Sie, dass weltweit täglich 6.000 Kinder an den Folgen von verunreinigtem Trinkwasser sterben?

Eindicken des Klärschlamms in Abwasserbehandlungsanlagen kennt und die sehr zeitaufwändig und kostenintensiv sind, fallen bei dieser Methode vollends weg. Trotzdem ist sie bei weitem hygienischer als die in den genannten Ländern praktizierte »Grubenkanalisation«, die eher den früher im europäischen Raum gebräuchlichen Plumps-Klosetts entsprechen. Die Nachteile dieser Methode sind beispielsweise Lecks in den Auffangkammern unter den Klosetts und damit eine Kontamination des Bodens, wo möglicherweise in der Nähe Trinkwasser entnommen wird. Hier kann nur eine Aufklärung der Bevölkerung und eine Einbindung der beteiligten stakeholder von Anfang bis zur Einführung der neuen WCs Abhilfe schaffen. Das benötigte Investitionsvolumen ist bei weitem niedriger, als wenn man die Länder mit der bei uns üblichen Kanalisation ausrüsten würde. Natürlich müssen die Fäkalschlämme auch einer Behandlung zugeführt werden, um die hygienische Unbedenklichkeit sicherzustellen. Die Erreger von Magen-Darm-Krankheiten wie beispielsweise Rotaviren, die bedeutendsten Durchfallverursacher bei Kleinkindern, Salmonellen, Amöben und Wurmeier werden mit den Fäkalien – fast ausschließlich im Stuhl – ausgeschieden und bergen durch unkontrollierte Ablagerung große Gefahren für die Bevölkerung, hier vor allem für die Kinder und für geschwächte Menschen.

Im Sinne einer Kreislaufwirtschaft laufen bereits Forschungsprojekte, in deren Verlauf Verfahren zur Aufbereitung der Schlämme erarbeitet werden, die es wiederum ermöglichen, die gewonnene Komposterde im Gemüsebau zu verwenden. Somit schließt sich der Kreislauf, denn im System anfallende Nährstoffe werden der Gesellschaft nicht entzogen und müssen nicht teuer als künstliche Dünger zugekauft werden, sondern verbleiben in der Region. Natürlich bedarf es der Sicherstellung durch Dritte, ein Augenmerk darauf zu haben, dass Fäkalschlämme durch Entsorger nicht aus Kostengründen wild deponiert werden – hier versucht man mit Anreizsystemen zu agieren. Das wiederum setzt eine ausreichende Aufklärung aller Beteiligten von Anfang an voraus.[8]

Blick zurück in die Zukunft

Unter dem Titel »Blick zurück in die Zukunft« schreibt Gabriela Hartig in der Rotkreuz-Publikation »Henri« vom März 2006 eine eindrucksvolle Reportage über die Arbeit des Roten Kreuzes in einem Entwicklungsland. Hier wird klar, welch hohen Stellenwert nicht nur die Versorgung mit reinem Trinkwasser für die Menschen des Südens hat, sondern auch, weshalb Hygiene so, wie wir sie uns vorstellen, in diesen Ländern bisher nicht stattfinden konnte. Wir haben uns dazu entschlossen, den Artikel in seiner Gesamtlänge zu zitieren und danken dem Roten Kreuz für die Abdruckgenehmigung. Hier der Wortlaut:

Hyang Kom ist mit ihren 76 Jahren eine Seltenheit in Kambodscha. Die zarte Frau mit den kurzen grauen Haaren und dem stillen Lächeln lebt in der Provinz Koh Kongan an der Grenze zu Thailand und sieht ihre Urenkel aufwachsen. Dieser Satz beschreibt die ganze Sensation von Hyang Koms Leben. Denn alte Menschen sind rar in Kambodscha.

Nicht dass zu wenig Leute dieses asiatische Land besiedeln würden – über die Boulevards der Hauptstadt Phnom Penh schwirren Motorräder in Schwärmen, entlang den Landstraßen warten Menschentrauben auf eine Mitfahrgelegenheit, selbst die offenen Ladeflächen von Lastwägen sind voll besetzt, aber überall blickt man in junge Gesichter.

Die Schreckensherrschaft der Roten Khmer hat die auffällige Lücke zwischen den Generationen gerissen. Zwischen 1975 und 1979 wüteten sie unter Pol Pot im Namen eines steinzeitlichen Kommunismus. Mindestens zwei Millionen Menschen starben an Zwangsarbeit, Folter, Unterernährung oder Malaria. Ein Fünftel der Bevölkerung Kambodschas kam in nur vier Jahren auf grausame Weise ums Leben. Und Hyang Kom hat überlebt und hat sogar noch eine Familie. »Drei Jahre, acht Monate und zwanzig Tage«, präzisiert Men Neary Sopheak die Zeit des Schreckens. Die Dolmetscherin musste sich vor den Roten Khmer verstecken und tarnte sich als Landarbeiterin.

Todesstrafe für Bildung

»Ich werde diese Zeiten niemals vergessen«, sagt Sopheak. »Auf Bildung stand die Todesstrafe. Wir haben nur mit einfachen Wörtern und in einfachen Sätzen gesprochen, um uns nicht zu verraten.« In ganz Kambodscha haben fünf Ärzte das Regime überlebt.

Mrs. Sopheak, wie die stattliche Dame respektvoll genannt wird, ist nach Zwischenstationen in Moskau und Ostberlin nach Phnom Penh zurückgekehrt. Ihren Beruf könnte man als »Vergangenheitsbewältigung für die Allgemeinheit« umschreiben. Als Kommunikationschefin des Kambodschanischen Roten Kreuzes ist sie zum allgemeinen Wohlergehen mit den Aufräumarbeiten der konfliktreichen Geschichte beschäftigt.

Zwölf Millionen Minen, eine für jeden Einwohner, hat diese Geschichte Kambodscha bis 1992 vererbt. In den Grenzregionen zu Vietnam und Laos liegen vor allem amerikanische Fabrikate, im Westen des Landes, Richtung Thailand, sind die Relikte des Bürgerkriegs verscharrt. Etwa die Hälfte der explosiven Killer wurde inzwischen entsorgt. Trotzdem fordern sie immer noch 800 Opfer pro Jahr. Die meisten davon, etwa 39 Prozent, fallen den Minen bei der täglichen Landarbeit zum Opfer. Im März und April, wenn die Bauern ihre Felder bestellen, erreichen die Opferstatistiken ihre Höhepunkte.

Vermintes Land

Obwohl fast alle Minenfelder lokalisiert und auf Karten verzeichnet sind, sinken die Opferzahlen seit Jahren kaum. Eine Ursache dafür ist die Armut, deren Teufelskreis auch von den explosiven Kriegsrückständen in Schwung gehalten wird.

Die Ärmsten der Armen können sich nur Land in verminten Gebieten leisten. Sie pflügen auf Minenfeldern und verdienen sich als Altmetallsammler ein bescheidenes Zubrot. »Diese ohnehin kargen Einkommensquellen sind auch noch lebensgefährlich«, sagt Men Neary Sopheak. »Etwa 60 Prozent der Opfer sind Männer, die von den Minen im glimpflichsten Fall arbeitsunfähig gemacht werden. Die Familie steht ohne Einkommen da und verarmt noch weiter.«

Um den tödlichen Kreislauf zu durchbrechen, hat das Kambodschanische Rote Kreuz ein Kreditprogramm entwickelt. Die Bedürftigsten erhalten Minikredite für Saatgut oder Grunderwerb, die ihnen den Aufbau einer Existenz jenseits der Minenfelder erlauben. Nach den Plänen der kambodschanischen Regierung soll das Land bis 2015 minenfrei sein.

Kein Ochse fürs Feld

Aber nicht nur diese hundertfach tötenden Kriegsrelikte haben die Entwicklung in Kambodscha aufgehalten. Technologischer Fortschritt war der Feind des Bauernstaates, manuell betriebener Agrarkommunismus der Marke Steinzeit war das Modell, das Pol Pot in den Siebzigerjahren mit brachialer Gewalt durchsetzte. Darunter leidet Kambodschas Landwirtschaft bis heute.

Etwa 85 Prozent der zwölf Millionen Einwohner leben und arbeiten in ländlichen Gebieten, landwirtschaftliche Maschinen gibt es kaum. So idyllisch die knochigen Ochsen im Reisfeld dem Touristen erscheinen, so dramatisch illustrieren sie die Armut auf dem Land. Ein Einkommen von 46 Cent pro Tag markiert in Kambodscha die Armutsgrenze. Jeder vierte Landbewohner muss mit weniger auskommen.

Auch der Bauer und Fischer Penmon vegetiert mit seiner Frau und den vier Kindern in der traurigen Rückständigkeit, die das Regime der Roten Khmer inzwischen fast 30 Jahre überdauert hat. Er muss seine Familie mit bloßen Händen ernähren, einen Ochsen, um sein Reisfeld zu bearbeiten, besitzt er nicht. Das Leben von der Hand in den Mund bedeutet für ihn, Kinder zu haben, die für ihr Alter viel zu klein und zu dünn sind.

Medizin aus der Kugel

Die Armut ist in Penmons Dorf Vel Theboung im Süden Kambodschas überall sichtbar durch das Fehlen von normalen Gebrauchsgegenständen des 21. Jahrhunderts. In Vel Theboung gibt es keine Monoblock-Plastiksessel, wie sie an der Hauptstraße noch vor jedem Verschlag stehen. Auch in den wackeligen Pfahlbauten fehlen die Farben. Kein überflüssiges Stück Stoff hängt vor den Fenstern, kein Plastik, weder Kübel noch buntes Spielzeug durchbrechen das Braungrün der Natur.

In dieser Umgebung machen die Wassertanks, mit denen das Rote Kreuz die Haushalte versorgt, einen beinahe deplatzierten Eindruck. Die grauen Betonkugeln scheinen im Kampf gegen Armut, Unterernährung und Krankheit eher hilflose Geschütze. Tatenlos wie überdimensionierte Ostereier liegen sie neben den Bambushütten. Aber sie haben einen wertvollen Inhalt. Die Tanks enthalten und speichern sauberes Trinkwasser, von dem die Kinder nicht krank werden und das die Familie während der Trockenzeit versorgt.

»Meine Kinder hatten Bauchweh, seit sie laufen konnten«, erzählt die stolze Kugelbesitzerin Hour Sina aus Vel Theboung. »Das Wasser ist wie Medizin, es hat die Schmerzen weggeblasen.«

Im ländlichen Kambodscha haben 70 Prozent der Menschen keinen Zugang zu sauberem Trinkwasser. In Vel Theboung ist das Grundwasser wegen der Nähe zum Meer salzhaltig und ungenießbar. Das Prinzip der Betonkugeln ist einfach: Während der Regenzeit wird das Wasser direkt vom Hausdach in den Tank geleitet. Etwa 4200 Liter sammeln sich auf diese Weise in der Kugel, genug für eine fünfköpfige Familie, um über die trockenen Monate zu kommen.

Positiver Kreislauf

»Damit das Wasser frei von Bakterien gehalten werden kann, wurden die Strohdächer der Hütten durch verzinkte Blechdächer ersetzt«, erklärt Walter Hajek, Delegierter des Österreichischen Roten Kreuzes. Auch die allgegenwärtigen Hausschweine und Hunde können das Wasser in der geschlossenen Kugel nicht verunreinigen. Abgezapft wird mit einem Hahn, ein Keramikfilter sondert Bakterien aus. Sauberes Trinkwasser ist in Vel Theboung aber mehr als ein gesunder Durstlöscher in trockenen Zeiten. Es setzt einen positiven Kreislauf in Gang: Die Wasserstelle neben dem Haus spart Zeit, da die stundenlangen Fußmärsche zum nächsten Brunnen entfallen.

Penmon investiert die vier Stunden, die er früher zum Brunnen in der Pagode unterwegs war, in sein Feld und erwirtschaftet mehr Ertrag. Seine Kinder haben nun Zeit für die Schule, die alle vier besuchen, wie er stolz erklärt. Die Ausgaben für Trinkwasser, das die Familie manchmal von einem fahrenden Händler kaufen musste, fallen weg. Und gesunde Kinder brauchen keine teure Medizin.

Wasser spart Geld und stärkt dadurch die Familien. »In einem Dorf wie Vel Theboung, in dem 30 Prozent der Bewohner unter der Armutsgrenze leben, macht diese Ersparnis auch weniger anfällig für so grausame Dinge wie Menschen- und Kinderhandel«, sagt der ÖRK-Delegierte Walter Hajek.

In Vel Theboung hat das Rote Kreuz 160 Haushalte mit den Kugeltanks ausgerüstet. Im Nachbardorf Vel Cheung sind die Bauarbeiten für 170 Tanks noch in vollem Gange. Am Dorfeingang ist die Kugelwerkstatt eingerichtet. Unter der grünen Zeltplane herrscht reger Betrieb. Die zukünftigen Tankbesitzer arbeiten bei der Herstellung der Betonkugeln mit.

Walter Hajek: »So entsteht ein Gefühl der Eigentümerschaft, die

Familien leisten auch gestaffelt nach ihren Möglichkeiten finanzielle Beiträge für die Tanks.«

Wasser ist Hygiene

Wasser gibt es beim Roten Kreuz immer in Kombination mit Hygiene, eine Voraussetzung für die gesundheitlichen Wunder, die das saubere Trinkwasser bewirkt. Dazu versammeln sich am Tag unseres Besuchs die Frauen und Kinder von Vel Cheung unter einem ausladenden Mangobaum. Freiwillige Rotkreuz-Mitarbeiterinnen stehen mit großen Schautafeln vor der Gruppe. Die Bilder zeigen Grundregeln der Hygiene wie Händewaschen und Wasserabkochen. Aber auch Tipps zur Aufbewahrung von Lebensmitteln stehen auf dem Lehrplan.

Wege in die Zukunft

Dass die Hygieneschulungen buchstäblich vom Nullpunkt ausgehen, hat seinen Grund auch in der Vergangenheit. »Wissen und Überlieferung von Wissen wurden in Kambodscha ausradiert. Die Angst, die unter den Roten Khmer damit verbunden war, etwas zu können oder zu wissen, steckt den Menschen heute noch in den Knochen«, erklärt Men Neary Sopheak vom Kambodschanischen Roten Kreuz. »Und die Stimme der Jungen ist noch nicht stark genug«, sagt sie mit Blick auf die vielen Kinder in Schuluniformen, die wir auf der Fahrt in die Dörfer passieren. Die erzwungenen Wissenslücken bremsen das Land und die Menschen in ihrer Entwicklung. Doch so mancher Blick zurück in die Vergangenheit eröffnet auch einen Weg in die Zukunft.

Die Seidenfrauen von Phnom Penh zum Beispiel haben den Spagat zwischen den Zeiten gewagt und die ausgelöschte Tradition der Seidenweberei wieder belebt. Ihr Geschäft »Kravon House« in einer belebten Seitenstraße von Phnom Penh schillert in allen Farben des Regenbogens. Handgewebte Schals und Tücher, Taschen und Börsen in schicken Designs bietet die farbenprächtige Boutique. Die Verkäuferin spricht uns mit »Sista« an und erzählt, dass ihr gesamtes Angebot von Frauen hergestellt wird, die Opfer von Frauenhandel waren.

Zumindest hier hat die Beschäftigung mit der schmerzvollen Vergangenheit geholfen, eine Lücke zu schließen.

Virtuelles Wasser
und realer Durst

*Ja, ich glaube an den Menschen, und das heißt, ich glaube
an seine Vernunft. Ohne diesen Glauben würde ich nicht die
Kraft haben, am Morgen aus meinem Bett aufzustehen.*

Galileo Galilei

Gemäß einer Erhebung des United Nations Environment Program
(UNEP) von 1998 werden in den Ländern des Südens zwischen 85
und 95 Prozent der Süßwasserressourcen für die Landwirtschaft genutzt. In industrialisierten Ländern des Nordens liegt dieser Anteil
nur noch bei etwa 15 bis 35 Prozent. Gleichzeitig ist festzustellen,
dass weltweit die Gesamtfläche des bewässerten Agrarlandes seit einigen Jahren stagniert, was auf eine Erschöpfung der Wasserreserven
in Ländern des Südens hindeuten könnte. Parallel dazu nimmt der
Trend zur Verstädterung oder zur industriellen Wassernutzung in diesen Ländern laufend zu.[1]

Der Wasserfußabdruck

Wir wollen in diesem Kapitel, auf die Problematik des virtuellen
Wasserhandels eingehen.

Der »Ökologische Fußabdruck« ist mittlerweile unter den kritischen
Konsumenten ein Begriff. Er beschreibt den Flächenverbrauch, den
ein Mensch benötigt, um seinen Lebensstandard gleich bleibend aufrecht zu erhalten. Das bedeutet folgendes: Stellen Sie sich eine jung-
fräuliche Schneefläche vor. Betreten Sie diese mit Schneeschuhen
oder Langlaufschiern, so wird Ihre Spur spätestens mit dem nächsten
Schneefall verwischt sein, der Eindruck reicht je nach Schneelage
nicht einmal bis zum Untergrund, Sie haben Ihr Gewicht so verteilt,

186

dass Ihr Fußabdruck fast ohne Beeinträchtigung der Natur verschwindet. Fahren Sie aber mit dem Geländewagen oder dem Traktor über dieselbe Fläche, so wird die Spur bis zum Erdreich unterhalb der Schneedecke durchdringen, den Boden verdichten, an diesen Stellen sammelt sich Wasser an, das nicht abfließen kann, keine oder bestenfalls Ruderalpflanzen können aus dem verhärteten Boden wachsen. Genauso verhält es sich mit Ihren Lebensgewohnheiten. Der Ökologische Fußabdruck berechnet, wie tief sich beispielsweise Ihre Reisen mit dem Flugzeug, mit dem Auto oder aber mit dem Fahrrad in die Umweltbilanz des Landes, in dem Sie leben, einprägen. Letztere wird dann auf die Umweltbilanz weltweit hochgerechnet. Ihr Fußabdruck zählt also mit.

Eine Spielart dieses Ökologischen Fußabdrucks ist der – bis jetzt nur auf englisch offiziell benannte – »water footprint«, also ein »Wasserfußabdruck«. Die UNESCO (Organisation der Vereinten Nationen für Bildung, Wissenschaft, Kultur und Kommunikation) hat die folgende Definition veröffentlicht:

»Der ›Wasserfußabdruck‹ einer Person ... ist das Komplettvolumen an Süßwasser, das benötigt wird, um die Nahrungsmittel und Dienstleistungen zu produzieren, die von dieser Person ... verbraucht werden.«[2]

Die obige Definition sagt uns im Klartext, dass das Stück Rindfleisch, das vor mir auf dem Teller liegt, nicht nur einen Teil des Wassers enthält, den das Vieh zu Lebzeiten getrunken hat, sondern auch den Wassergehalt des Futters in sich trägt, den die Kuh konsumiert hat. Letzterer variiert wiederum stark je nachdem, ob sie Kraftfutter oder frisches Gras, Heu oder Sojaschrot zu fressen bekam.

Eng in Verbindung mit dem Wasserfußabdruck steht auch der Begriff »Virtuelles Wasser«, für das die UNESCO folgende Definition anbietet: »Unter ›Virtuellem Wasser‹ versteht man die Wassermenge, die man braucht, um landwirtschaftliche oder industrielle Produkte herzustellen.«[3]

Der Brite Tony Allan hat 1993 das erste Mal den Begriff des »virtuellen Wassers« verwendet. Aus diesem Begriff heraus entwickelte sich in intensiver Forschungszusammenarbeit das Konzept des Wasserfußabdrucks, der 2002 vom holländischen Universitätsprofessor für »multidisziplinäres Wassermanagement« Arjen Hoekstra eingeführt wurde. Er unterscheidet zwischen den Bewässerungen aus Oberflächen- und Grundwasser, die als »blaues« Wasser bezeichnet werden, und dem im Boden gebundenen Regenwasser, dem »grünen« Wasser, das durch Verdunstung an die Oberfläche aufsteigt. Eine große Rolle in dieser ganz jungen Wissenschaft spielt auch der Wasserfußabdruck der einzelnen Nationen beziehungsweise der von Industrie- und Gewerbebetrieben. Weiters wird berücksichtigt, welcher Teil des benötigten Wassers im Inland verwendet wird und welcher Teil im Ausland. Wir beschränken uns hier auf die Berechnungen, die uns ganz direkt im täglichen Leben betreffen, also auf den Wasserfußabdruck für jeden Einzelnen.

Seit der Einführung des Begriffes »virtuelles Wasser« hat sich auf diesem Gebiet viel getan: es wurde der virtuelle Wasserhandel weltweit näher beleuchtet. Folgende Erklärung von Lena Horlemann und Susanne Neubert aus der deutschen Studie »Virtueller Wasserhandel – ein realistisches Konzept zur Lösung der Wasserkrise?« hat uns da besonders angesprochen: Das Konzept des virtuellen Wasserhandels basiert »auf der Idee, dass wasserarme Entwicklungsländer ihre Nahrungsmittel verstärkt aus wasserreichen Ländern importieren, um eigene Wasserressourcen zu sparen und diese in anderen, produktiveren Bereichen, in denen eine größere Wertschöpfung pro Liter Wasser erzeugt wird, einzusetzen.«[4]

Klingt ziemlich theoretisch, ist es aber nicht: der virtuelle Wasserhandel findet bereits statt. Zwischen 1997 und 2001 betrug er 987 Kubikkilometer pro Jahr.[5]

Und das Problem dabei ist, dass gerade in den wasserarmen Ländern – siehe Kapitelbeginn – überwiegend Agrarprodukte produziert werden, die einerseits in der Produktion viel Wasser benötigen, andererseits wenig Wertschöpfung erwarten lassen, sprich: wenig Geld einbringen. Für die Länder des Südens – bei uns oft der Einfachheit halber Entwicklungsländer genannt – wird nun angedacht, einen »Tauschansatz« zu erstellen. Statt dessen sollten diese Länder veredelte Güter erzeugen, die mehr Wertschöpfung beinhalten und stattdessen selbst vermehrt Agrarprodukte importieren. Dies scheitert jedoch vor allem daran, dass sich diese Länder nicht in die Abhängigkeit der großen Getreideproduzenten, wie beispielsweise die USA es sind, begeben möchten. Andererseits beschäftigen diese Länder traditionell viele Menschen in der Landwirtschaft. Also ein Dilemma, das es zu lösen gilt.

Was kann dieser Entwicklung im großen Stil Einhalt gebieten? Die konsequente Anwendung neuester Bewässerungstechniken würde schon ein Riesenpotenzial zum Wassersparen enthalten. Aber auch die Schulung qualifizierten Personals ist nicht zu unterschätzen, wenn zur richtigen Zeit am richtigen Ort bewässert wird, ist schon viel gewonnen. Auch ein Mulchen der Flächen – also

» In den wasserarmen Ländern werden Agragprodukte produziert, die viel Wasser benötigen, aber wenig Wertschöpfung haben

ein Aufbringen einer Deckschicht auf den Boden – hält ihn länger feucht und erspart Verdunstungsverluste. Möchte man noch mehr Schatten gewinnen, kann man auch versuchen, in das Mikroklima einzugreifen und Bäume zu setzen, um die Luft insgesamt kühler zu halten. Weiters ist die Mehrfachnutzung von Wasser in Kreislaufsystemen in den Bekleidungsindustrien des Südens zu nennen. Da immer mehr Betriebe aus der Bekleidungsindustrie in den Süden abwandern, bringt die Anwendung des letzten Standes der Technik hier eine große Verbesserung. Hilfreich wären aber auch Förderungen der Regierungen für besonders wassersparend produzierte Ware und Handelserleichterungen für diese Güter.

Zuallerletzt ist ein aufgeklärter Konsument, der über den wahren Wassergehalt eines Produktes informiert ist und danach seine Kaufentscheidungen richten kann, für die Umwelt von großem Vorteil.

Darum sehen wir uns die Berechnung des »Wasserfußabdrucks« genauer an: diese Zahlen gehen im Allgemeinen auf Arjen Hoekstra zurück. Dieser legt allerdings Wert darauf festzuhalten, dass noch kein anerkanntes Verfahren zur Berechnung des virtuellen Wassergehaltes eines Produktes existiert, deshalb schwankt auch die Bandbreite der Werte teilweise enorm. Die Berechnungsformel erscheint auf den ersten Blick einfach: Wasserbedarf des Produktes in Kubikmeter pro Hektar geteilt durch den Ertrag in Tonnen pro Hektar. Doch wie so oft liegt der Teufel im Detail, der sich hier auf vier Hauptkomponenten beschränken lässt:

1. Region und Zeitpunkt des Anbaus
2. Messpunkt, beispielsweise, wenn bewässert wird, wird an der Wasserentnahmestelle gemessen oder erst auf dem Feld selbst (vielleicht ging bereits einiges an Wasser durch die Zuleitung verloren?)
3. Produktionsweise – könnte irgendwo in der Produktionskette Wasser verschwendet worden sein?
4. der Wasserbedarf, der während der Produktion von weiterverarbeiteten Gütern durch Zwischenschritte dazukommt – zum Beispiel bei Frühstücksflocken: wieviel Wasser wird in all den Zwischenschritten von der Ernte bis auf meinen Teller für das Produkt aufgewendet?[6]

Beginnen wir mit den Dingen, die wir direkt am Körper tragen und rechnen wir der Einfachheit halber minimalistisch:

- Ein Paar Jeans = zwischen 7.000 und 29.000 Liter Wasser
- Ein T-Shirt = etwa 15.000 Liter Wasser
- Ein Paar Lederschuhe = etwa 8.000 Liter Wasser

Ergibt eine Summe zwischen 17.000 Liter im besten Fall und 39.000 Liter Wasser im schlimmsten Fall. Der beste Fall resultiert daraus, dass zum Beispiel Baumwolle je nach klimatischen Verhältnissen an manchen Orten mehr und an manchen Orten weniger Wasser zum Gedeihen braucht. Auch die Rinder, deren Haut das Leder für gutes Schuhwerk abgibt, fressen im Laufe ihres dreijährigen Lebens bis zur Schlachtreife 1.300 Kilogramm Getreide und 7.200 Kilogramm Raufutter wie beispielsweise Heu, dieses Futter braucht in der Erzeugung Unmengen an Wasser, je nachdem, wo es angebaut wird.[7]

Und bei dieser simplen Berechnung haben wir ja noch nicht mal

Unterwäsche oder Socken an und kalt darf es auch nicht werden, denn Pullover und Jacke fallen noch einmal wasserreich ins Gewicht. Wenn wir der Wahrheit eines mitteleuropäischen Wintertages ins Auge sehen, kann man annehmen, dass wir einen halben Tankwagen Wasser am Körper tragen. Aber wie kann man dem als Konsument entgegenwirken? Beispielsweise könnte man sich im Kaufrausch überlegen, ob es wirklich das hundertste – oder fünfzigste – T-Shirt sein muss, ob es neue Schuhe sein müssen oder die alten doch repariert werden könnten? Wenn die Kleider nicht mehr gefallen, kann man sie zumindest über einen Flohmarkt anbieten oder an Freunde verschenken und

» Zwischen 1997 und 2001 betrug der virtuelle Wasserhandel 987 Kubikkilometer pro Jahr

wem das immer noch zu mühsam – oder peinlich – erscheint, der kann immerhin einen der Altkleidercontainer benutzen, damit ist auch jemandem geholfen. Empfehlenswert ist ebenfalls, beim Neukauf darauf zu achten, ob ein Kleidungsstück in der Region, wo man lebt, erzeugt wurde oder von sehr weit anreisen musste, wo eventuell die Produktionsbedingungen noch nicht dem Stand der Technik angepasst wurden und viel Wasser unnötig im Herstellungsprozess verloren geht oder extrem verschmutzt wird. Zudem musste dieses Produkt über weite Strecken transportiert werden, das fällt ökologisch auch ins Gewicht. In diesem Zusammenhang sei Ihnen eine sehr hilfreiche Internetseite als Entscheidungshilfe beim Neukauf von technischen Produkten aufs Wärmste empfohlen, denn hier wird zu mehreren Produktgruppen jeweils das energiesparendste Modell unter Berücksichtigung der Kosten und Ökoeffizienz angeführt: www. ecotopten.de.

Und wie sieht es beim täglichen Konsum aus? Beginnen wir am Morgen: Ein Frühstücksei enthält etwa 135 Liter virtuellen Wassers, eine Tasse Kaffee – schwarz – etwa 140 Liter, gibt man noch einen Schuss Milch hinzu, macht das weitere 40 Liter virtuelles Wasser und eine Scheibe Brot: nochmals 40 Liter. Oder bevorzugen Sie Tee? Dann schlägt sich diese Tasse nur mit 35 Litern virtuellen Wassers in unserer Bilanz nieder.

Angenommen, Sie leben heute – ausnahmsweise natürlich! – richtig ungesund und konsumieren mittags ein klassisches Fast Food Menü, so schlagen hier Hamburger, Pommes frites und ein Softdrink mit insgesamt ungeheuerlichen 6.000 Litern virtuellen Wassers zu Buche. Der Tag ist noch nicht um, und Sie haben nach Feierabend Lust auf ein kleines Bier mit Freunden: weitere 90 Liter, abends ein Steak von 200 Gramm und dazu Kartoffeln und Salat: sage und schreibe 5.688 Liter! Und Sie hätten noch gerne eine aufgeschnittene Tomate dazu? Für schlappe 13 Liter kriegen Sie die auch noch. Aber Sie haben noch nichts getrunken: also 90 Liter für ein weiteres Bierchen. Rechnen wir zusammen: 12.236 Liter an virtuellem Wasser haben Sie heute »getrunken«. Teetrinker dürfen sich über »nur« 12.131 Liter verbrauchten Wassers freuen. Diese Zahlen sind keineswegs repräsentativ und stellen ein mögliches Horrorszenario dar.

Aber wie kann jeder Einzelne seine persönliche Wasserbilanz senken? Indem beispielsweise weniger Fleisch konsumiert wird, denn ein Kilo Rindfleisch enthält 14.000 Liter virtuelles Wasser, wie oben stehendes Extrembeispiel zeigt. In Nordamerika, wo gerne und viel Fleisch konsumiert wird, liegt der individuelle Wasserbedarf nach virtuellen Gesichtspunkten berechnet bei durchschnittlich fünf Kubikmetern pro Person und Tag. Daniel Zimmer, der Leiter des UNESCO Wasserinstituts in den Niederlanden, meint dazu:»Wenn die ganze Welt so viel virtuelles Wasser verbrauchen würde wie die Menschen in Nordamerika, bräuchte sie 75 Prozent mehr Wasser für die Nahrungsmittelproduktion als heute.«[8]

Wie gut, dass Inder vor allem vegetarisch leben, denn sie brauchen nur 1.400 Liter virtuelles Wasser pro Tag zur Aufrechterhaltung ihres Lebensstandards.

Man muss aber nicht gleich völlig zum Vegetarier werden: Schweinefleisch und Hühnerfleisch verbrauchen aufgrund der Nahrungsgewohnheiten dieser Tiere weniger Wasser als Rindfleisch. Aber auch wenn regionales und saisonales Gemüse gekauft wird, birgt das erhebliches Sparpotenzial. Der Genuss von Kartoffeln ist ebenfalls zu empfehlen: sie enthalten pro Kilo nur 500 Liter Wasser, im Gegensatz dazu hat Reis zwischen 3.000 und 5.000 Liter.

Weitere Tipps für den Alltag: Papier verbraucht pro DIN A4 Blatt in konventioneller Herstellung zehn Liter virtuelles Wasser. Wenn Sie dies beidseitig bedrucken oder Ihren Kopierer auf doppelseitig einstellen, haben Sie hier schon kräftig eingespart. Der durchschnittliche Papierkonsum eines mitteleuropäischen Büroangestellten liegt immerhin bei 70 Kilo pro Monat! Wo wir schon im Büro sind: ein Mikrochip von zwei Gramm Gewicht verbraucht 32 Liter Wasser.

Berücksichtigt man nur die Werte für Konsumprodukte, die ganz einfach erhebbar sind, sehen die Zahlen schon viel erfreulicher aus: so braucht ein PKW während seiner Produktion »nur« mehr etwa 20.000 Liter Wasser, während er – berücksichtigt man das gesamte virtuelle Wasser im Herstellungsprozess – im Extremfall bis zu 450.000 Liter Wasser braucht. Ähnlich sieht es bei Bier aus – virtuelles Wasser

»
Wussten Sie, dass ein PKW während seiner Produktion 20.000 bis 450.000 Liter Wasser braucht?

inkludiert: 300 Liter für einen Liter Bier, auf konventionelle Art berechnet bloß fünf Liter.[9]

Aber man darf sich nicht täuschen lassen. Will man ehrlich zu sich und der Umwelt sein, ist es ratsam, in virtuellem Wasser zu rechnen und zu denken. Dann wird die Geschichte der Wasserknappheit vielleicht wirklich nur eine Geschichte bleiben…

Wahrscheinlich hatte Oma doch recht: es lebt sich auch königlich ohne Lachs, Kaviar und andere Luxusgüter, auch aus heimischen Raritäten lässt sich Erstaunliches zaubern, das Ihre Gäste bestimmt noch nicht kennen. Oder haben Sie schon einmal die alte Tomatensorte mit dem klingenden Namen »Quedlinburger Frühe Liebe« kredenzt zusammen mit heimischem Kuhmozzarella aus regionaler Landwirtschaft? Oder eine Butternut Kürbissuppe mit Kernöl? Auch die Kapstachelbeere oder Andenbeere gedeiht sogar im Topf in unseren Breiten und macht als Nachspeise viel her: innen leuchtend orange, außen pergamentene Hülle, sie kommt quasi von selbst hygienisch verpackt daher… Aber auch Zuckerwurz und Knollenziest werden bei Ihren Gästen mehr Entzücken auslösen als Lachs mit Oberskren. Natürlich muss man sich die Mühe machen, diese Pflanzen selbst im zu ziehen oder in einem anderen Garten ziehen zu lassen, dafür hat man dann den genauen Überblick über den Bedarf an tatsächlichem Wasser! Und man tut in vielerlei Hinsicht etwas für seine Umwelt: Erhaltung alter Kultursorten statt fader Einheitstomate, Artenvielfalt statt Supermarkteinfalt sozusagen. Solche regionalen Speisen ersparen darüber hinaus viel an Transportkosten und deren CO_2-Folgelast. Und auch wenn man bislang die Illusion hegte – Stichwort Fisch – das Meer sei eine unerschöpfliche Nahrungsquelle, so muss ich Sie an dieser Stelle enttäuschen: obwohl die Meere 71 Prozent der Erdoberfläche bedecken, können sie längerfristig nur einen bescheidenen Beitrag zur Ernährung der Menschen leisten. Denn 90 Prozent der Meeresflächen sind als »Meeres-Wüsten« zu bezeichnen, wirklich produktiv sind nur die Küstenregionen bis etwa 200 Meter Tiefe. Gerade diese sind aber am stärksten bedroht. Hier wirkt sich die Fischerei, die Abwasserbelastung, die Zersiedelung und anderes mehr besonders aus. Die Produktion an Land ist rund 25 Mal so hoch wie im Meer: so lässt sich – grob gesagt – aus zehn Kilogramm Gras ein Kilogramm Schaf oder Ziege produzieren, für einen Kilogramm Tunfisch braucht es allerdings bis zu zehn Tonnen Seegras. Dies nur als kleiner Exkurs, warum Omas »armselige« Ernährung ohne Firlefanz eventuell doch eines näheren Hinsehens bedarf.

Wie nachhaltig Ihr persönlicher Lebensstil in Bezug auf den virtuellen Wassergehalt ist, können Sie ganz leicht über den folgenden Test errechnen. Für Fragen, die nicht auf Sie zutreffen, berechnen Sie 0 Punkte. Um Ihnen einen Überblick zu geben, um welche Bewertungen es in diesem Test geht, haben wir für Sie folgende Tabelle zusammengestellt, die verdeutlicht, wieviel virtuelles Wasser ein Produkt tatsächlich enhält (Zahlen nach Allan und Hoekstra):

> **Wussten Sie, dass man aus zehn Kilogramm Gras gerade einmal ein Kilogramm Schaf oder Ziege produzieren kann?**

Virtuelle Wassergehalte in Litern

1 Liter Apfelsaft	900
1 Liter Orangensaft	850
1 Liter Cola	9
1 Tasse Kaffee	140
1 Tasse Tee	35
1 Liter Milch	1.000
1 Liter Bier	300
1 kg Käse	5.300
1 Kilo Rindfleisch	15.000
1 kg Schweinefleisch	4.600
1 kg Hühnerfleisch	4.100
1 kg Reis	4.000
1 kg Weizen	1.150
1 kg Mais	900
1 kg Soja	1.000
1 kg Kartoffel	500
1 Ei	135
1 kg Tomaten	186
1 DIN A4-Blatt Papier	10
1 Paar Lederschuhe	8.000
1 Baumwoll-T-Shirt	15.000
1 Auto	450.000

Diese Zahlen sind nicht als absolut zu betrachten, sondern können je nach Anbaugebiet und Art der Bewässerung variieren.

Test zum persönlichen Wasserbedarf

Eine Bemerkung vorweg: unser kleiner Test erhebt nicht den Anspruch auf Vollständigkeit, er soll lediglich dazu dienen, sich den persönlichen Wasserverbrauch bewusst zu machen. Und noch etwas: das größte Einsparpotenzial liegt neben bewusster Ernährung bei den täglichen Verrichtungen.

Tägliche Verrichtungen

1. Zähneputzen
Wie oft?

a. 1 x täglich	0
b. 2 x täglich	5
c. öfter	10

Auf welche Art?

a. bei laufendem Wasser	10
b. bei abgedrehtem Wasserhahn	0

Pro 3-Minuten-Zähneputzen braucht man etwa 15 Liter Wasser, wenn bei laufendem Wasserstrahl geputzt wird.
Tipp: den guten, alten Zahnputzbecher reaktivieren!

2. Rasieren

a. 1 x wöchentlich	0
b. 2 x wöchentlich	5
c. öfter	10

Auf welche Art?

a. bei laufendem Wasser	10
b. bei abgedrehtem Wasserhahn/mit Elektrorasierer	0

Während einer Durchschnittsnassrasur bei laufendem Wasser werden etwa 80 Prozent mehr Wasser verschwendet.

Tipp: Waschbecken mit etwas Wasser befüllen und die Klinge darin ausspülen. Funktioniert genauso gut.

3. Duschen

Wie oft?

a. 1 x täglich	0
b. 2 x täglich	5
c. öfter	10

Wie lange?

a. 3 Minuten	0
b. 5 Minuten	5
c. länger	10

Pro Drei-Minuten-Duschgang werden etwa 40 bis 50 Liter Wasser verbraucht. Ein herkömmlicher Duschkopf hat einen Wasserdurchfluss von etwa 25 Litern pro Minute, ein Wasser sparender schafft den gleichen Komfort bei bis zu 50 Prozent Ersparnis! Und vermeiden Sie das Rasieren und Zähneputzen unter der Dusche – dies verlängert unnötigerweise die Duschzeit.
Tipp: beim Einseifen und Haare Waschen Wasser abdrehen.

4. Baden

a. 1 x wöchentlich	0
b. 2 x wöchentlich	5
c. öfter	10

Pro Vollbad in einer durchschnittlichen Badewanne werden 150 Liter verbraucht.
Tipp: öfter mal duschen statt baden!

5. Wie oft am Tag betätigen Sie die WC-Spülung?

a. 3 x täglich	0
b. 5 x täglich	5
c. öfter	10

Betätigen Sie den Spülstopp?
a. ja   0
b. nein   10

Ein Standard WC-Kasten hat etwa neun Liter Inhalt, ohne Spülstopp rauscht die gesamte Menge in den Kanal, mit Spülstopp nur ein Drittel!

6. Haben Sie tropfende Wasserhähne?
a. ja, einen   5
b. ja, mehrere   10
c. nein   0

Ein tropfender Wasserhahn verschwendet zirka 17 Liter Wasser pro Tag, summiert man dies auf ein Jahr auf, kommt man auf über 40 volle Badewannen, die ungenutzt den Abfluss hinunterfließen.
Tipp: tropfende Wasserhähne und Spülkästen sofort reparieren lassen!

7. Geschirrwaschen
Handwäsche
Wie oft am Tag spülen Sie Ihr Geschirr?
a. 1 x   0
b. 2 x   5
c. öfter   10

Auf welche Art?
a. bei laufendem Wasser   10
b. mit Laugenwasser in der Spüle   0

Bei laufendem Wasser verbraucht man pro Handwäsche je nach Abwaschstil etwa 150 Liter, das entspricht einer vollen Badewanne. Wäscht man mit Laugenwasser in der Spüle ab, sind es nur noch 20 bis 30 Liter pro Spülgang.

Geschirrspüler
Wie oft in der Woche betätigen Sie Ihren Geschirrspüler?
a. 1 x   0
b. 3 x   5
c. öfter   10

Vor allem bei modernen, wassersparenden Geräten ist es besser, den Geschirrspüler zu benutzen anstatt per Hand abzuwaschen. Moderne Maschinen brauchen nur 12 bis 14 Liter pro Spülgang.

8. Wäschewaschen
Wie viele Waschmaschinenfüllungen waschen Sie pro Woche?
a. 1   0
b. 3   5
c. mehr   10

Eine moderne, wassersparende Waschmaschine braucht etwa 35 bis 50 Liter Wasser pro Füllung.
Tipp: die Waschmaschine bis zum erlaubten Maximum befüllen birgt enormes Einsparungspotenzial.

9. Garten Gießen
Wie lange gießen Sie Ihren Garten wöchentlich mit Leitungswasser über den Gartenschlauch/Sprenkleranlage?
a. 1 Stunde   0
b. 2 Stunden   5
c. länger   10

Tipp: gießen Sie mit Regenwasser aus der Tonne!

10. Autowaschen
Wie oft waschen Sie Ihr Auto monatlich?
a. 1 x   0
b. 2 x   5
c. öfter   10

Tipp: waschen Sie Ihr Auto in modernen Waschanlagen mit Wasser-kreislaufführung anstatt zuhause per Hand! Zudem ist diese Waschmethode auch für das Grundwasser zuträglicher, da der Schadstoffeintrag ins Grundwasser auf diese Art vermieden wird.

11. Swimmingpool
Wieviel Kubikmeter fasst Ihr Pool?
a. 15   0
b. 30   5
c. mehr   10

Virtueller Wasserbedarf

1. Lebensmittel
Wieviele Tassen Kaffee trinken Sie pro Tag?
a. 1   0
b. 2   5
c. mehr   10

Eine Tasse Kaffee enthält zirka 140 Liter virtuelles Wasser.

Wieviele Tassen Tee trinken Sie pro Tag?
a. 1   0
b. 2   5
c. mehr   10

Eine Tasse Tee enthält etwa 35 Liter virtuelles Wasser.

Wieviele Gläser à 200 ml nichtalkoholische Getränke nehmen Sie täglich zu sich?
a. 1 bis 2   0
b. 3 bis 5   5
c. mehr   10

Ein Liter Apfelsaft enthält 900, ein Liter Orangensaft 850, ein Liter Cola 9 Liter virtuelles Wasser.

Wieviele Gläser Bier à 300 ml nehmen Sie täglich zu sich?
a. 1 bis 2   0
b. 3 bis 5   5
c. mehr   10

Ein Liter Bier enthält zirka 300 Liter virtuelles Wasser.

Wieviele Eier essen Sie pro Woche (inklusive Süßspeisen)?
a. 1 bis 2   0
b. 3 bis 5   5
c. mehr   10

Ein Ei enthält zirka 135 Liter virtuelles Wasser.

Wieviel Fleisch essen Sie pro Woche?
a. bis 0,5 kg   0
b. 0,6 bis 1 kg   5
c. mehr   10

Ein Kilogramm Rindfleisch enthält zirka 15.000, ein Kilogramm Schweinefleisch etwa 4.600, ein Kilogramm Hühnerfleisch ungefähr 4.100 Liter virtuelles Wasser.

Welche Menge Kartoffel essen Sie pro Woche?
a. bis 1 kg   0
b. 2 kg   5
c. mehr   10

Ein Kilogramm Kartoffel enthält zirka 500 Liter virtuelles Wasser.

Welche Menge Reis/Getreide essen Sie pro Woche (inklusive Muesli, Frühstücksflocken, Backwaren)?

a. bis 1 kg   0
b. 1,1 bis 3 kg   5
c. mehr   10

Ein Kilogramm Reis enthält etwa 4.000, ein Kilogramm Weizen zirka 1.150, ein Kilogramm Mais ungefähr 900 Liter virtuelles Wasser.

Welche Menge Milch-/Sojaprodukte essen Sie pro Woche?

a. bis 0,5 kg   0
b. 0,6 bis 1,5 kg 5
c. mehr   10

Ein Liter Milch enthält zirka 1.000, ein Kilogramm Käse etwa 5.300, ein Kilogramm Soja ungefähr 1.000 Liter virtuelles Wasser.

Welche Menge an Gemüse und Obst essen Sie pro Woche?

a. bis 1,5 kg   0
b. 3 kg   5
c. mehr   10

Ein Kilogramm Tomaten beispielsweise enthält zirka 186 Liter virtuelles Wasser.

2. Konsumgüter

Wieviel Paar Schuhe kaufen Sie pro Jahr?

a. 1 bis 4   0
b. 5 bis 10   5
c. mehr   10

Ein Paar Lederschuhe enthält zirka 8.000 Liter virtuelles Wasser.

Wieviele Kleidungsstücke aus Baumwolle kaufen Sie pro Jahr (inklusive Unterwäsche und Socken)?
a. 1 bis 15 Stück   0
b. 16 bis 25 Stück   5
c. mehr   10

Ein Baumwoll-T-Shirt enthält etwa 15.000 Liter virtuelles Wasser.

Durchschnittlich verbraucht jeder Mitteleuropäer 18 Kilogramm Papier im Monat. Schätzen Sie Ihren monatlichen Papierbedarf inklusive Verpackungsmaterial, Bürobedarf, Zeitungen/Zeitschriften und Bücher:
a. 1 bis 10 kg   0
b. 11 bis 25 kg   5
c. mehr   10

Ein DIN A4-Blatt Papier enthält zirka 10 Liter Wasser.

Welchen Anteil an Ihrem Jahreseinkommen geben Sie für Luxusgüter aus (Auto, Reisen, Sport, Kosmetika, Elektronik, CD, etc.)?
a. 1 bis 15 %   0
b. 16 bis 30 %   5
c. mehr   10

Ein Auto enthält bis zu 450.000 Liter virtuelles Wasser.

Diese Zahlen nach Professor Hoekstra – dem Erfinder des Wasserfußabdruckkonzepts – sind nicht als absolut zu betrachten, sondern können je nach Anbau-/Produktionsgebiet und Art der Bewässerung/Art der Wasserverwendung im Herstellungsprozess variieren.

Auswertung

Addieren Sie Ihre Werte und erfahren Sie, welchen aquatischen Fuß-abdruck Sie hinterlassen.

0 bis 55 Punkte: Leichtfuß
Ihnen ist zu gratulieren: Sie nutzen alle Arten der Wassereinsparung aus und sind kaum zu übertreffen. Verwenden Sie schon Regenwasser zur Gartenbewässerung? Auch der Einsatz eines Dampfkochtopfs spart Wasser und Energie und ist zudem vitaminschonend. Wenn beim Wasserverbrauch kein zusätzliches Einsparpotenzial bei Ihrem Lebensstil vorhanden ist, können Sie vielleicht im Energiebereich noch einsparen?

60 bis 150 Punkte: Mittelgewicht
Sie liegen im europäischen Durchschnitt, es gibt noch Wassereinsparpotenzial in Ihrem Leben. Statten Sie sich beim Fachmann Ihres Vertrauens mit Durchflussbegrenzern für die Wasserhähne und Ihre Dusche aus. Montieren Sie bei Ihrem WC einen nachträglich einbaubaren Spülstopp. Sprechen Sie in jedem Fall die einzelnen Nachrüstungsmaßnahmen mit einem Fachmann ab – nicht jede Maßnahme ist für jeden Haushalt uneingeschränkt empfehlenswert.

185 bis 310: Bleifuß
Bei Ihnen gibt es noch jede Menge Wasser und auch Bares einzusparen: beherzigen Sie die Tipps bei jeder einzelnen Frage und lesen Sie zusätzlich die beiden anderen Typen durch! Bei Neukauf eines Gerätes wie Waschmaschine oder Geschirrspüler achten Sie auf den Wasserverbrauch – das Gerät kostet in der Anschaffung meist mehr, doch der Mehrpreis rechnet sich schnell über die Wasserersparnis.

Anhang

Fußnoten

Klimawandel macht Hochwasser

1 www.sghl.ch
2 www.zalf.de
3 www.unet.univie.ac.at
4 »Der Tagesspiegel« vom 20.9.2006
5 Helga Kromp-Kolb/ Herbert Formayer: Schwarzbuch Klimawandel, 2006
6 »Der Tagesspiegel« vom 20.9.2006
7 Spiegel-online vom 9.3.2006
8 www.unwetter.de
9 Gerhard Berz, GeoRisikoForschung
10 www.bmbf.de
11 www.netzeitung.de
12 www.klimaforschung.net, www.unesco.de
13 www.wettergefahren-fruehwarnung.de, C.J. Neumann: »Global Overview – Chapter 1« Global Guide to Tropical Cyclone Forecasting, WMO/TC-No. 560, Report No. TCP-31 1993, WMO (World Meteorological Organization)
14 Helga Kromp-Kolb in einem Interview mit Greenpeace abrufbar unter www.greenpeace.at
15 »die tageszeitung« 18.11.2005, www.zdf.de
16 www.cipra.de
17 www.cru.uea.ac.uk
18 »die tageszeitung« vom 18.11.2005
19 Spiegel online vom 28.10.2005
20 Zeitschrift Nature 436, (686-688) vom 4.8.2005 oder unter www.nature.com
21 »die tageszeitung« vom 18.11.2005
22 www.dradio.de
23 www.lebensministerium.at
24 www.ag.ca.gov
25 oceans.greenpeace.org
26 www.proclim.ch
27 www.dradio.de
28 Science Magazine, Ausgabe 311 vom 24.3.2006
29 www.gletscherarchiv.de
30 Horstmann, B. (2004): Gletschersee-Ausbrüche in Nepal und der Schweiz. Neue Gefahren durch den Klimawandel. Germanwatch, Bonn

31 www.dradio.de
32 »Was Sie über vorsorgenden Hochwasserschutz wissen sollten« Umweltbundesamt – für Mensch und Umwelt Dessau 2006
33 www.allianz-umweltstiftung.de
34 www.waldwissen.net
35 www.innovations-report.de
36 www.ufz.de
37 Univ.Prof. für Europarecht Waldemar Hummer von der Uni Innsbruck in dem Artikel »Schutz vor Hochwasser in der EU« der Wiener Zeitung vom 5.4.2006
38 www.restrhein.de
39 www.lebensministerium.at
40 www.donau.bmvit.gv.at
41 »Grünspecht«, 2/2004
42 www.grid.unep.ch
43 »Hochwasserschutz in Österreich« Broschüre des Lebensministeriums Bundesministerium für Land- und Forstwirtschaft, Umwelt und Wasserwirtschaft, Wien 2006
44 »Die Kraft des Wassers« Richtiger Gebäudeschutz vor Hoch- und Grundwasser Lebensministerium Ministerium für Land- und Forstwirtschaft, Umwelt und Wasserwirtshaft Wien 2006

Bei mir kommt das Wasser aus der Leitung

1 www.giub.unibe.ch
2 www.eds-destatis.de, www.ovgw.at, www.wasserwerk.at
3 www.hydrogeographie.de, www.dvgw.de, www.eds-destatis.de
4 itu107.ut.tu-berlin.de
5 www.trinkwasser.ch, www.eds-destatis.de
6 Koblizek/Süssenbek: Wasser in jedwedes Bürgers Haus – die Trinkwasserversorgung Wiens, Memo – Verein zur Geschichtsforschung Wien 2003
7 MA 31 – Wiener Wasser
8 www.noezsv.at
9 www.waterquality.de, www.noezsv.atm, Tageszeitung »Der Standard« vom 25.7.2006
10 www.der-brunnen.de, www.noezsv.atm
11 C. Schramm, J. Grath, G. Eisenkölb, A. Scheidleder, G. Vincze, E. Stadler (UBA, Wien): »Nitratkonzentrationen im Grundwasser« Hg.: Bundesministerium für Land- und Forstwirtschaft, Umwelt und Wasserwirtschaft 2004 Wien
12 www.umweltbundesamt.at
13 www.bund.net
14 www.umweltbundesamt.at
15 www.bund.net
16 www.stern.de; www.faz.net
17 www.heise.de
18 www.zeit-fragen.ch
19 »Abschätzung des nachhaltig nutzbaren Quellwasserdargebotes im alpinen Raum Österreichs« Das Lebensministerium Bundesministerium für Land- und Forstwirtschaft, Umwelt und Wasserwirtschaft November 2001.
20 Hans Kronberger »Brüssel frontal. So geht's zu in der EU« Uranus, 2004

21 Wirtschaftsblatt, 28.2.2002
22 www.forum-mineralwasser.at
23 Reportage »Die Geldquelle« 19.8.2004, Donnerstag 20.15 Uhr auf Phoenix
24 www.s-wasserforum.de, www.rwe.de
25 Die Siedlungswasserwirtschaft unter Wettbewerbsdruck: Nachhaltigkeit, Demokratie und die Neuregulierung des Öffentlichen; Dissertation zur Erlangung des Doktorgrades der Philosophie an der Fakultät für Human- und Sozialwissenschaften der Universität Wien; Michael Katzmayr Wien, Juni 2005
26 www.freitag.de
27 www.forum-mineralwasser.at
28 »Zertifikate Journal. EinfachIntelligentInvestieren.« Ausgabe 07/06 vom 17.2.2006 www.zertifikatejournal.de
29 www.eco-world.de
30 www.zeit-fragen.ch
31 www.ich-bin-gats.de
32 www.manager-magazin.de
33 www3.rwecom.geber.at
34 www.weltwirtschaft-und-entwicklung.org
35 Christina Deckwirth: Sprudelnde Gewinne? Transnationale Konzerne im Wassersektor und die Rolle des GATS, www.weed-online.de
36 www.labournet.de 14.4.2005
37 »Blaues Gold – Krieg ums Trinkwasser« ARD Monitor-Beitrag vom 15.04.2004
38 Maude Barlow, Tony Clarke »Blaues Gold« Kunstmann Verlag 2004
39 House of Commons Select Committee on the Environment Seventh Report 1999-2000, Water Prices and the Environment, HC597 14.11.2000, www.parliament.the-stationeryoffice.co.uk; www.dvgw.de Deutsche Vereinigung des Gas- und Wasserfaches e.V. Technisch-wissenschaftlicher Verein
40 Manny Bueno, UNISON (Gewerkschaft Öffentlicher Dienst in England), in: Soziale Politik & Demokratie, Nr. 52 www.politikberatung.or.at
41 www.pictetfunds.com
42 www.innovations-report.de – Forum für Wissenschaft, Industrie und Wirtschaft
43 www.politikberatung.or.at
44 www.wzu.uni-augsburg.de
45 www.hiik.de
46 www.weltpolitik.net
47 www.hiik.de
48 www.uni-muenster.de
49 www.spiegel.de, www.uni-muenster.de, www.dradio.de
50 www.dradio.de
51 www.abayfor.de
52 www.uni-muenster.de
53 www.eca-watch.at
54 www.qantara.info
55 attac Österreich
56 www.manager-magazin.de
57 www.umweltmedizin.de
58 Catherine Ferrier: »Bottled Water – understanding a social phenomenon« Discussion paper April 2001 for WWF

59 Hans-Jürgen Leist in: »Anforderungen an eine nachhaltige Trinkwasserversorgung« Teil III: Energiebilanz der Trink- und Flaschenwasserversorgung sowie allgemeine Handlungsempfehlungen, Oldenbourg Industrieverlag – Zeitschriften 3/2002 gwf-Wasser/Abwasser; Das Gas- und Wasserfach
60 www.wasserwissen.de
61 www.menschen-recht-wasser.de
62 business.guardian.co.uk/, www.commondreams.org
63 www.uni-kassel.de
64 www.dradio.de
65 »Bericht über die menschliche Entwicklung 2006« UNDP, November 2006

Wieviel Wasser braucht der Mensch

1 www.alternative-technologie.de
2 www.wasserchemische-gesellschaft.de, www.baumarkt.de
3 www.spiegel.de
4 www.nysun.com
5 Agenda 21 »Wassersparen in Deutschland« Leist/Magoulas, online abrufbar unter www.learn-line.nrw.de
6 www.3sat.de
7 ww.taz.de
8 »Water – a shared responsibility« The United Nations World Water Development Report Volume II, 2006
9 www.lebensministerium.at
10 www.trinkwasser.ch, www.helvetas.ch
11 www.haus.de
12 »Versickerung und Nutzung von Regenwasser« Vorteile, Risiken; Anforderungen Umweltbundesamt für Mensch und Umwelt Dessau 2005
13 www.nabu.de
14 Agenda 21 »Wassersparen in Deutschland« Leist/Magoulas, online abrufbar unter www.learn-line.nrw.de
15 »Versickerung und Nutzung von Regenwasser« Vorteile, Risiken; Anforderungen Umweltbundesamt für Mensch und Umwelt Dessau 2005
16 »Regenwasser richtig nutzen« Möglichkeiten und Grenzen Bundesamt für Umwelt, Wald und Landschaft BUWAL 2003, »Ökobilanz von Trinkwasserversorgung und Regenwassernutzung« Bundesamt für Umwelt, Wald und Landschaft BUWAL 2002
17 Heidi Dumreicher, Bettina Kolb »Sieben Thesen zur Qualität der Stadt«, Auftraggeber Österreichisches Bundesministerium für Land- und Forstwirtschaft, Umwelt und Wasserwirtschaft 1999
18 Bernhard Freyer »Umweltauswirkungen der Lebensmittelproduktion in Europa und den Entwicklungsländern« Institut für Ökologischen Landbau, Universität für Bodenkultur, Wien 2004
19 www.heise.de
20 www.innovations-report.de
21 www.innovations-report.de
22 www.arcticpaper.com, www.mediaforum.ch
23 www.greenpeace-magazin.de

Wasser ist zum Plantschen da

1 www.tondok-verlag.de
2 www.sfv.de
3 Arbeitskreis Tourismus & Entwicklung
4 www.statistik.at
5 www.world-tourism.org
6 UNESCO Water Portal newsletter No.155: water and tourism
7 www.wwf.at
8 www.flevoland.nl
9 www.springerlink.com
10 www.heute.de
11 www.greenpeace-magazin.de
12 www.mallorca.de
13 www.respect.at
14 www.sghl.ch
15 www.wwf.it
16 Respect – Institut für integrativen Tourismus und Entwicklung, Integra Heft 2/2005
17 ORF, 15.1.2007 ZIB 1
18 Pressemitteilung des Nationalen Olympischen Komitees für Deutschland vom 26.4.2004
19 Peter Haßlacher, Österreichischer Alpenverein
20 www.ch-forschung.ch
21 www.seilbahn.net
22 www.slf.ch
23 www.alpmedia.net
24 www.nachhaltigkeitsrat.de
25 www.european-fair-trade-association.org
26 www.lebensministerium.at
27 www.wwf.de
28 www.innovations-report.de
29 www.bafu.admin.ch
30 www.unterwasserreich.at
31 www.naturpark-bayer-wald.de
32 www.nabu-wollmatingerried.de, www.spuersinn-bodensee.info
33 www.wattwandern.de (sehr empfehlenswerte link-Liste über andere Wattwander-der Destinationen auf dieser Seite!)
34 www.myswitzerland.com
35 www.sonntagsausflug.at

Alles geht den Bach runter

1 www.umweltbundesamt.at, www.iksr.org , www.rivernet.org
2 www.wachau.at
3 www.br-online.de
4 www.iksr.org
5 www.talsperrenkomitee.de

6 www.heute.de
7 www.dams.org
8 www.wasser-macht-schule.de: Aralsee – vom Meer zur Wüste aus »Landschaftsveränderungen« SWF; www.wienerzeitung.at; www.geoscience-online.de; www.hydrogeographie.de; Dr. Lev Desinov, Geographisches Institut der russ. Akademie der Wissenschaften
9 San Francisco Chronicle, 24.3.2003; http://cns.miis.edu; The sunshine project: Biowaffen-Telegramm Nr. 15, 16. April 2003
10 www.bibliothek-alexandria.de, www.water-technology.net, www.arabicnews.com
11 www.3sat.de
12 geocities.com, www.unesco.org
13 Vandana Shiva »Der Kampf um das Blaue Gold – Ursachen und Folgen der Wasserverknappung« Rotpunktverlag 2003, www.evb.ch Erklärung von Bern, www.nvda.nic.in The Official Website of Narmada Valley Development Authority, www.bpb.de Bundeszentrale für politische Bildung
14 »Wasser für Umwelt und Entwicklung – Sind wir auf dem Weg zu einem nachhaltigen Umgang mit Wasser? Eine Bilanz zehn Jahre nach der Rio-Konferenz« Brot für die Welt und Forum Umwelt & Entwicklung, Bonn 2002; www.surtrek.de/pantanal-wildlife-brasilien.html
15 www.weed-online.org
16 Dieser Beitrag wurde dankenswerterweise von der Limnologin Dr. Marianne Katzmann zur Verfügung gestellt.
17 www.kamptal-flusslandschaft.at
18 www.bitoek.uni-bayreuth.de

Hinter uns die Stinkflut

1 www.harappa.com
2 www.hydrology.unikiel.de
3 »Vom Hasenmoor zum Transportsiel – 160 Jahre Hamburger Stadtentwässerung« Infocenter Wasser Gesundheit Umwelt 2002; www.hhse.de
4 www.crossness.co.uk,The Crossness Pumping Station; Stephen Halliday: »The Great Stink of London: Sir Joseph Bazalgette and the Cleansing of the Victorian Metropolis«, Sutton Publishing 2001 www.wallstreet-online.de
5 MA 30 Kanal
6 Alexander Glück, Marcello La Speranza, Peter Ryborz: Unter Wien – Auf den Spuren des Dritten Mannes durch Kanäle, Grüfte und Kasematten. Christoph Links Verlag, Berlin 2001
7 EAWAG Aquatic Research, www.eawag.ch
8 ebenda

Virtuelles Wasser und realer Durst

1 www.sghl.ch
2 www.unesco.ch
3 ebenda
4 Quelle: Horlemann, Lena: Virtueller Wasserhandel: ein realistisches Konzept

zur Lösung der Wasserkrise? ; Studie im Auftrag des Bundesministeriums für wirtschaftliche Zusammenarbeit und Entwicklung (BMZ) im Rahmen des Forschungsprojektes »Virtueller Wasserhandel : ein realistisches Konzept im Umgang mit Wasserarmut in Entwicklungsländern?« / Lena Horlemann ; Susanne Neubert. – Bonn : Dt. Inst. für Entwicklungspolitik, 2006. – (Studies / Deutsches Institut für Entwicklungspolitik ; 22)

5 ebenda

6 »Virtual water trade Proceedings of the International Expert Meeting on Virtual Water Trade« Edited by A.Y. Hoekstra; Value of Water Research Report Series No. 12, IHE Delft Netherlands February 2003

7 A.J.Hoekstra, A.K. Chapagain »Water Footprints of Nations: Water Use by People as a Function of their Consumption Pattern« UNESCO IHE Delft, The Netherlands, Springer Science and Business Media 2005

8 www.sueddeutsche.de

9 Quelle der einfach berechneten Zahlen: Uni Oldenburg; Quelle aller virtuellen Wassergehalte: www.waterfootprint.org, WWF – http://assets.panda.org/downloads/wwfbookletthirstycrops.pdf, UNESCO water portal newsletter No. 145, www.worldwatercouncil.org, www.gdrc.org/uem/footprints/water-footprint.html

Literaturtipps

Klimawandel
»Schwarzbuch Klimawandel. Wie viel Zeit bleibt uns noch?«
von Helga Kromp-Kolb, Herbert Formayer, Ecowin Verlag März 2005

»Der Klimawandel«
von Stefan Rahmstorf und Hans-Joachim Schellnhuber
C.H.Beck Wissen, März 2006

»Eine unbequeme Wahrheit«
von Al Gore, Richard Barth, Thomas Pfeiffer
Riemann Verlag 2006

»Klima«
von Mojib Latif
Fischer Verlag Juni 2004

Bodenkunde
»Bodenkunde«
von Herbert Kuntze, Günter Röschmann, Georg Schwerdtfeger
Ulmer – UTB für Wissenschaft 5. Auflage Januar 1994

»Allgemeine Geologie – Einführung in das System Erde«
von Frank Press, Raymond Siever
Spektrum Wissenschaftlicher Verlag 3. Auflage Oktober 2003

Wasserversorgung
»Wasserversorgung"
von Rosemarie Karger, Klaus Cord-Landwehr, Frank Hoffmann
Teubner Verlag 12. Auflage Dezember 2005

»Taschenbuch der Wasserversorgung«
von Johann Mutschmann, Fritz Stimmelmayr, Gerhard Brendel
Vieweg Verlag Januar 2007

Nachhaltigkeit
»WE FEED THE WORLD - Was uns das Essen wirklich kostet«
von Erwin Wagenhofer
Orange Press April 2006

»50 einfache Dinge, die Sie tun können, um die Welt zu retten
und wie Sie dabei Geld sparen«
von Andreas Schlumberger
Heyne Verlag Oktober 2006

»Die Einkaufsrevolution. Konsumenten entdecken ihre Macht«
von Tanja Busse
Blessing Verlag Oktober 2006

»Shopping hilft die Welt verbessern«
von Fred Grimm
Mosaik bei Goldmann September 2006

»Die Billig Lüge«
von Franz Kotteder
Droemer Verlag 2005

»König Kunde ruiniert sein Land«
von Bernhard Pötter
Oekom Verlag 2006

»Nachhaltigkeit schafft neuen Wohlstand«
von Karin Feiler (Hg.)
Peter Lang – Europäischer Verlag der Wissenschaften 2003

Die Donau
»Deutsche Geschichte im Osten Europas. Land an der Donau«
von Günter Schödl (Hrsg.)
Siedler, Berlin 1995

»The Danube, its history, scenery, and topography«
von William Beattle (Hrsg.), duchgehend illustriert von William Henry Bartlett
George Virtue, London 1844. (online)

»Die Donau. Eine Abenteuerreise von der Quelle bis zum Schwarzen Meer«
von Manfred Fiala
Steirische Verlagsgesellschaft, Graz 2004

»Biographie eines Flusses«
von Claudio Magris: Donau
Hanser, München/Wien 1988

Die Donau. Natur, Kultur, Land und Leute«
von Dieter Maier
Edition Dörfler. Nebel-Verlag, Utting 2001

Die Donau. Ein europäischer Fluss und seine dreitausendjährige Geschichte«
vonMichael Weithmann
Pustet, Regensburg; Styria, Graz u. a. 2000

Der Rhein
Vom Zauber des Rheins ergriffen... Zur Entdeckung der Rheinlandschaft«
von Klaus Honnef, Klaus Weschenfelder, Irene Haberland (Hrsg.)
Klinkhardt & Biermann, München 1992

»Brücken über den Rhein«
Landschaftsverband Rheinland (Hg.)
Köln 1996

»Mythos Rhein. Kulturgeschichte eines Stromes«
von Gertrude Cepl-Kaufmann, Antje Johanning (Hrsg.)
Wissenschaftliche Buchgesellschaft, Darmstadt 2003

»Der Rhein – Unser Weltkulturerbe«
von Hans Chr. Hoffmann, Dietmar Keller, Karin Thomas (Hrsg.)
Dumont, Köln 2003.

»Der Rhein. Schaffhausen – Nordsee und zum IJsselmeer. Führer für Binnengewässer«
von Manfred Fenzl
Delius Klasing, 4. Aufl., Bielefeld 2005

»Links + Rechts, der andere Rheinreiseführer, vom Kölner Dom bis zur Loreley«
von Martin Stankowski
Kiepenheuer und Witsch, Köln 2005.

Register

Danksagung

Ohne ein ganzes Heer an Helfern in Anspruch nehmen zu können, wäre das Zustandekommen des vorliegenden Buches innerhalb der vorgegebenen Zeitspanne nicht möglich gewesen.

Zunächst danke ich meinem Mann Michael, der durch seine Unterstützung und Liebe in allen Lebenslagen immer für mich da ist, meinen beiden kleinen Söhnen Valentin (4) und Laurenz (2), die mich ohne ihre Zustimmung für einige Monate an den Computer verleihen und meine Launen ertragen mussten.

Auch ohne die Hilfe meiner Mutter, Marianne Katzmann, die wochenweise die Kinder, den Hund und den Haushalt am Laufen hielt und darüber hinaus als Süßwasserbiologin mit fachlichen Etzes diente, wäre das Buch nicht zustande gekommen.

Weiters ein großes Dankeschön an meine Freundin Ulli Schreiber, die uns dreimal pro Woche mit vollwertigem Bio-Essen per Fahrrad versorgte und an meine Freundin Sonja Herzog, die regelmäßig meinen Sohn Valentin am Nachmittag zum Spielen abholte.

Danke auch an meine Tante Susan Katzmann, die sich ebenso meiner Kinder wie auch der teilweisen Übersetzung des Buches auf englisch annahm, meinem Onkel Helmut Katzmann, dank dessen unermüdlicher Korrekturarbeit auch noch der kleinste Fehler bemerkt wurde, und meiner Schwester Sophie Katzmann, die als Biologin das Buch auf fachliche Fehler durchsah.

Nicht zuletzt möchte ich mich beim Molden Verlag bedanken. Durch die Hilfe von Marion und Emanuel Mauthe gelang es, das Buch in eine aparte und verständliche Form zu bringen.

Ohne dieses große und gut funktionierende Netzwerk wäre das Buch noch lange nicht fertig. Danke!